U0749116

大学生职业发展与就业指导

唐 雁 主 编

葛彦伟 郭愫愫 副主编

清华大学出版社
北 京

内 容 简 介

本书是一本全面而专业的就业指导教育用书。本书符合思教融合一体化的要求，强调职业培养的重要作用，关注学生的全面发展和终身教育，通过激发大学生职业生涯发展的自主意识，树立正确的就业观，促使大学生理性地规划自身未来的发展，并努力在学习过程中自觉地提高就业能力和生涯管理能力。全书以通俗易懂的语言，结合实际需求，全面介绍了职业发展与就业指导的相关内容。全书共分为四大部分，共 12 章，内容涵盖职业与生涯规划、就业能力与创新、求职方法与技巧，以及就业权益与政策。

本书具有易学性和全面性，从当代大学生的实际需求出发，用通俗的语言来指引读者如何全面、详细地规划管理个人职业生涯。本书特别关注了当代大学生在职业发展与就业中迷茫的心理状态，增设了大学生求职与就业心理的分析与调适，以及大学生基本就业权益的介绍及如何在求职过程中增强个人保护意识。本书可作为高等院校及各类社会培训学校的教材，也是广大求职者的首选参考书。

本书配套的电子课件可以到 http://www.tupwk.com.cn/downpage 网站下载，也可以扫描前言中的二维码获取。

图书在版编目(CIP)数据

大学生职业发展与就业指导 / 唐雁主编. —北京：清华大学出版社，2024.2 （2025.9重印）

ISBN 978-7-302-65388-2

Ⅰ. ①大… Ⅱ. ①唐… Ⅲ. ①大学生—职业选择 Ⅳ. ① G647.38

中国国家版本馆 CIP 数据核字 (2024) 第 019946 号

责任编辑：胡辰浩
封面设计：周晓亮
版式设计：孔祥峰
责任校对：成凤进
责任印制：丛怀宇

出版发行：清华大学出版社

网　　　址：https://www.tup.com.cn，https://www.wqxuetang.com
地　　　址：北京清华大学学研大厦 A 座　　　　　邮　　编：100084
社 总 机：010-83470000　　　　　　　　　　邮　　购：010-62786544
投稿与读者服务：010-62776969，c-service@tup.tsinghua.edu.cn
质 量 反 馈：010-62772015，zhiliang@tup.tsinghua.edu.cn

印 装 者：三河市天利华印刷装订有限公司
经　　销：全国新华书店
开　　本：185mm×260mm　　印　　张：13.75　　字　　数：326 千字
版　　次：2024 年 2 月第 1 版　　印　　次：2025 年 9 月第 3 次印刷
定　　价：72.00 元

产品编号：104198-01

党的二十大明确指出，人才是第一资源，实施就业优先战略，强化就业优先政策，健全就业促进机制，促进高质量充分就业。《国务院办公厅关于切实做好2007年普通高等学校毕业生就业工作的通知》(国办发〔2007〕26号)关于"将大学生就业指导课程作为必修课或必选课纳入教学计划"和《教育部办公厅关于印发〈大学生职业发展与就业指导课程教学要求〉的通知》(教高厅〔2007〕7号)明确提出，从2008年起提倡所有普通高校开设职业发展与就业指导课程，并作为公共课纳入教学计划，贯穿学生从入学到毕业的整个培养过程。2022年11月，《教育部关于做好2023届全国普通高校毕业生就业创业工作的通知》(教学〔2022〕5号)指出，要建设高质量就业指导服务体系，全面加强就业指导，确保有需要的学生都能获得有效的就业指导；要进一步完善就业创业指导课程标准，打造一批就业指导名师、优秀就业指导课程和教材，鼓励用人单位、行业组织更多参与高校生涯教育和就业指导。

本书结合大学生群体的实际特点，帮助大学生了解和掌握职业生涯和就业指导的相关知识和规律，提高大学生的就业意识和就业能力。本书从当代大学生的实际需求出发，在讲解相关知识的同时结合当前就业市场需求，力求用通俗的语言来指引读者如何全面、详细地规划和管理个人职业生涯。本书特别关注了当代大学生在职业发展与就业中迷茫的心理状态，增设了大学生的求职与就业心理的分析与调适，以及大学生基本就业权益的介绍及如何在求职过程中增强个人保护意识。本书在进一步帮助大学生了解职业生涯规划与就业的基础上，从科学发展的角度帮助大学生树立正确的职业观、就业观，引导大学生以自信饱满的状态进入社会。

本书内容具有较强的实用性和指导性，对大学生的职业发展具有十分重要的教育意义，知识讲解全面，有助于引导大学生树立正确的职业生涯规划意识、择业观和就业观。

大学生职业发展与就业指导课作为学校公共教育课，既强调职业在人生发展中的重要地位，又关注学生的全面发展和终身发展。本书遵循职业教育教学规律，顺应大学生的发展特点，致力于帮助大学生构建科学的职业生涯发展观、择业观和就业观。教师可根据教学对象和授课学时的不同，灵活选择相关内容进行重点教学。

本书由沈阳大学校务委员唐雁任主编，负责全书的指导编写、统稿和审稿工作。葛彦伟、郭愫愫任副主编，李敏参与编辑，共同负责全书各章节的编写、修改工作。全书共计12章，各章编写人员及分工如下：唐雁编写第1、2、10、11章；郭愫愫编写第3、4、5章；葛彦伟编写第6、7、8、9章；李敏编写第12章。全书最终由唐雁总纂。

由于编者水平有限，书中难免有不足之处，恳请专家和广大读者批评指正。本书在编写过程中，参考了相关书籍、论著和期刊等，限于篇幅，恕不一一列出，特此说明并致谢。因各种条件所限，未能与有关作者取得联系，引用与理解不当之处，敬请谅解！我们的电话是010-62796045，邮箱是992116@qq.com。

本书配套的电子课件可以到http://www.tupwk.com.cn/downpage网站下载，也可以扫描下方的二维码获取。

编者
2023年10月

目 录

第一部分

职业与生涯规划

第 1 章

职 业 认 知

1.1 职业概述

职业与每个人息息相关。每个具有劳动能力的人一生中都会从事一种或几种职业。职业选择是大学生真正进入社会的重要行为，是大学生挑选、确定自己的就业种类及就业目标的关键环节。职业的成功是长期有价值的积累加上机遇的结果，大学生要考虑职业是否适合自身并具有积累性，认真地做好职业定位，为自己的职业生涯打下坚实基础，走好职业生涯的第一步。

1.1.1 职业的含义

职业作为一种社会现象，是社会分工的产物。人类要生存、社会要发展，首先要解决衣食住行的问题，因此需要从事各种社会劳动，有的做工、有的务农、有的经商、有的从医、有的执政，等等，于是就形成了不同的职业。

从词义学的角度来说，"职业"一词由"职"和"业"构成。"职"，即职责、天职、权利和义务；"业"，即事业、事情、行业和独特性工作。从社会劳动学的角度来说，职业是劳动者能足够稳定地从事的有酬工作。从科学的角度看，职业是指人们从事的相对稳定的、有收入的、专门类别的社会劳动。职业是一个人的权利、义务、社会职责和社会地位的综合表现，也是人们的生活方式、经济状况、文化水平、行为模式、思想情操的综合反映。职业可以反映个人与社会两方面的内容，是个人与社会互动的范畴。此外，职业往往是一个人最基本的符号与最重要的特征，可以反映一个人的社会身份、社会地位，以及自身的文化、能力、素质等。

职业是由职业名称、职业主体、职业客体、职业报酬、职业技术等诸多方面要素构成的。职业名称是职业的符号表征，一般由社会通用称谓来命名；职业主体是指从事一定社会分工的劳动者，需具备承担该职业活动所需的资格和能力；职业客体是指职业活动的对象、内容、场所和劳动方式等；职业报酬是指通过职业活动所取得的各种报酬；职业技术是指劳动者在从事职业活动中所运用的自然技术、社会技术和思维技术的总和，体现于人们从事职业活动所使用的工具、材料和工艺方法等。职业要素体现了职业是社会与个人、整体与个体的联结点。整体依靠个体通过职业活动来实现目标，个体则通过职业活动对整体做出贡献，并索取一定的报酬维持生活。众多职业分工和从业者的工作构成了人类共同生活的社会基本结构。

综上所述，职业是指参与社会分工，利用专门的知识和技能，为社会创造物质财富和精神财富，使劳动者获取合理报酬并满足其精神需求的工作。职业从本质上反映了人和社会的关系，它既是对人们的生活方式、经济状况、行为方式、文化水平、思维情操的综合反映，也是权利、义务、职责的象征。因此，职业对人生具有重要意义，它时刻影响着人们的生活质量、收益、发展前途及社会地位，并还会影响家庭生活。

1.1.2 职业的特点

1. 社会性和时代性

职业是生产发展和社会分工的产物，是个人和社会存在的基础。它体现的是劳动力与劳动资料之间的结合关系，也体现出劳动者之间的关系，劳动产品的交换体现的是不同职业之间的劳动交换关系。职业的形式和内容都离不开社会的存在，除了受社会政治、经济、文化等因素的影响，还与社会制度和社会政策相关。随着时代的发展和社会的进步，职业在不断地发生变化。旧的职业不断被淘汰，新的职业不断产生。相同的职业在不同时期会有不同的内容和形式。从不同时期出现的不同热门职业可以看出，职业具有鲜明的时代特色。职业具有时代性，新职业的劳动力要素也具有典型的时代特征。《2019年生活服务业新职业人群报告》中介绍了多个生活服务领域的新职业形态，包括宠物摄影师、旅拍策划师、收纳师等，这既反映了消费者消费需求的普遍升级，也体现出当前众多从业者将自身的爱好和特长转化为长远职业发展的择业态度。

《2023年新职业发展趋势白皮书》指出，新职业越来越受青年青睐。从业规模方面，近五年来，受产业结构调整、平台经济兴起、青年就业观念转变等因素影响，我国职工队伍整体状况较此前发生明显改变。其中，以新职业从业者为重要组成部分的新就业形态劳动者队伍持续发展壮大。全国总工会第九次全国职工队伍状况调查结果显示，全国职工总数约为4.02亿人，其中，新就业形态劳动者有8400万人，占比约两成。

新职业与新产业相伴而生，是反映我国经济社会发展的一面镜子。近年来，电竞经济、网络直播、AI技术等热潮席卷全国，并由此衍生出多条完整的产业链，吸纳了一大批上下游新职业从业者，极大地丰富了青年群体的就业选择。与此同时，优质人才的涌入也为各个新兴产业持续不断地注入新鲜血液，带动行业走上高质量、创新发展的快行道。

实际上，除人社部已公布的74个新职业外，当前，我国还存在许多尚未被官方认可，但从业规模已十分可观的新兴职业，如密室设计师、剧本杀非玩家角色、整理收纳师、改娃师、芳香治疗师、AI提示词工程师等。现如今，各种新奇小众的职业正如雨后春笋般涌现，并逐渐走进人们的日常生活，为大家所熟知。人民数据研究院数据显示，近一年来，网络配音员、陪诊师、上门厨师、上门遛狗师、助浴师、塔罗师等新兴职业舆论关注较高。

2. 专业性和规范性

职业是人们从事的专门业务。一个人要从事某一种职业，就必须具备这一职业的专门知识、能力，以及遵从特定的职业道德要求，例如，医生必须要有一定的医疗专业知识、技能和救死扶伤的服务态度。随着社会的发展、科技的进步，劳动的专业化程度越来越高，职业的专业性越来越强。职业的规范性体现在两方面，一是指职业内部的规范操作要求性；二是指职业道德的规范性，不同的职业在其劳动过程中都有一定的操作规范性，这是保证职业活动的专业性要求。另外，职业主体所从事的职业活动必须符合国家的法律规定和社会伦理道德准则。并不是所有的社会群体活动都是正当的职业，例如，有组织的走私、贩毒、贩黄是不符合国家法律规定的，或有悖于社会伦理道德的准则要求也是不允许的，因而这些社会群体活动并不属于正当的职业范畴。

3. 经济性和稳定性

职业的经济性也称为职业的功利性，是指职业作为人们赖以谋生的劳动过程中所具有的逐利性一面，在职业活动中既满足职业者自己的需要，也满足社会的需要，只有把职业的个人功利性与社会功利性结合起来，职业活动及其职业生涯才具有生命力和意义。人们从事职业活动，在创造价值的同时还要求参与利益分配，获得一定的报酬，从而维持自己和家庭的生存与发展。作为从事专门生产劳动活动的职业，它的形式和内容在一定时期内是相对固定的，这也保证了劳动者能通过连续从事这一职业获得稳定的收入。因此，经济性和稳定性是不可分割的。只有稳定性没有经济性的工作不是职业，如家庭主妇；只有经济性没有稳定性的工作也不是职业，如彩票中奖。

4. 知识性和技能性

每一种职业都需要劳动者具有一定的知识和技能，不同的职业要求不同的知识和技能。有的知识和技能比较简单和容易，不需要专门的学习和培训，可以在社会生活中通过经验的总结和常识的积累来获得。原始农耕文明就是先民们在天文、气象、水利等方面知识耕作、播种、收获等技巧的积累和总结。而现代社会各种新职业层出不穷，职业的知识含量越来越高，技术越来越复杂，需要从业者经过专业的学习和培训，具备专门的知识和技能，才能胜任特定工作。

5. 多样性和层次性

职业的多样性体现在职业领域的范围十分广泛，涉及人类社会生产和生活的方方面面，而且职业的分化还在继续，职业的种类还在不断增加。同时，这些不同的职业岗位对劳动者素质和条件有着多样的要求。职业的层次性包括各类职业间的层次和各个职业类型内部的层次。从社会需要角度来看，职业并没有高低贵贱之分，但是现实生活中由于对职业素质的要求不同，以及人们对职业的看法或舆论评价不同，职业便有了层次之分。职业层次往往是由不同职业中体力与脑力劳动付出的多少、收入水平的高低、工作任务的轻重、社会声望和权力地位的高低等因素决定的。

6. 同一性和差异性

在同一类别的职业内部，由于劳动条件、工作对象、生产工具、操作内容相同或相近，人们往往形成同一的行为模式、语言习惯和道德规范。正是基于职业的同一性，才分别产生了医生、教师、工程师等各种不同的职业群体。由于劳动条件、工作对象、工作性质等都不相同，不同职业之间存在很大的差异，各自具有不同的行为模式和道德规范，因而具有差异性。随着科学技术进步和经济体制改革，新的职业还会不断产生，各种职业间的差异也会不断变化。但不同的职业间也不是完全不同的，也具有特定的同一性，如岗位基本固定、工作时间固定、按劳取酬等方面基本上是同一的，这有利于从事不同职业的人们相互之间交流和沟通。

1.1.3 职业的功能

所谓职业的功能，是指职业活动与职业角色对人、对社会的作用和影响。

1. 职业的个人功能

(1) 职业是个人谋取利益的重要手段。职业是人们的主要经济来源，也是维持生存和家庭生活的物质基础。职业是以获取经济收入为目的的社会活动，这也是其区别于其他社会活动的重要标志。另外，职业也可以获得多种非经济利益，如名誉、权力、地位等，从而使人们获得心理上的满足。

(2) 职业是促进个性发展、发挥个人才能的途径。每种职业都有不同于其他职业的活动内容和形式，因此从业者按照社会规范从事特定职业类别的工作时，能够使自身的才能得到发挥，个性得到不断发展与完善，进而促进个性健康的发展。随着个性的发展和才能的提高，从业者也满足了自我实现的需要。

(3) 职业是承担社会义务的重要方式。职业是人们参与社会活动、从事社会劳动、进行人生实践的主要活动，也是一种经济行为。一个人从事某种职业，就意味着进入某个社会劳动分工体系之中，并参与其活动。这也是一种为社会做贡献的方式。

2. 职业的社会功能

(1) 职业是社会存在的基础。也可以理解为，职业发展是促进社会进步的推动器，其作为一种社会存在是一个人社会身份和层次的体现。人们通过职业劳动生产出大量的社会财富，这不仅反映了当前社会经济发展的水平，还为社会的发展提供物质基础。

(2) 职业是社会发展的动力。人们为了追求某种职业而不断学习，通过职业岗位上的具体工作成效体现出社会贡献，这无疑推动了社会发展和进步。职业和职业岗位，既是人主观能动性和社会发展相结合的载体，也是社会发展的动力。

(3) 职业是社会控制的手段。职业是人们重要的生活方式，职业状况是维持社会稳定的安全阀，政府为公众创造大量的职业岗位，积极促进并优化调整"稳就业"的政策措施，确保就业形势总体稳定，就是为了减少社会问题，维护社会稳定，促进社会和谐。

1.1.4 职业的分类

职业的分类是指按照一定的规则、标准及方法，根据职业的性质和特点，把一般特征和本质特征相同或相似的社会职业分类并统一归纳到一定的类别系统中。

1. 国际职业分类

英、美等西方发达国家最早对职业进行了分类，主要有以下三种划分方式。

(1) 根据脑力劳动和体力劳动的性质、层次进行分类，把工作人员划分为白领工作人员和蓝领工作人员两大类。

(2) 根据心理的个别差异进行分类，即霍华德人格—职业类型匹配理论，把人格类型划分为六种：现实型、研究型、艺术型、社会型、企业型、常规型，与人格类型相对应的就是六种职业类型。

(3) 根据每个职业的主要职责或"从事的工作"进行分类。这种分类方法较为普遍，以如下两种代表为例。

其一，国际标准职业分类，即1958年国际劳工局颁布的第一部《国际标准职业分类》，这也是各国编制职业分类的依据和交流标准。它将职业划分为4个层次，即8个大类，83个小类，284个细类，1506个职业项目。

其二，加拿大的《职业岗位分类词典》。该词典将分属于国民经济中主要行业的职业划分为23个主类，81个子类，489个细类，7200多个职业基本名称。

2. 中国职业分类

我国第一部《中华人民共和国职业分类大典》(以下简称大典)颁布于1999年，大典将中国职业归为8个大类，66个中类，413个小类，1838个细类(职业)。

近年来，由于经济社会的不断发展，我国社会职业构成也发生了很大变化。为适应发展需要，我国于2015年对《中华人民共和国职业分类大典》进行了修订。2015版大典延续职业分类的大类、中类、小类和细类结构，细类是最基本的类别，即职业。调整后的职业分类结构为8个大类、75个中类、434个小类、1481个职业。与1999版相比，维持8个大类不变，增加9个中类、21个小类，减少547个职业(新增347个职业，取消894个职业)。新增职业包括"网络与信息安全管理员""快递员""文化经纪人""动车组制修师""风电机组制造工"等；取消职业包括"收购员""平炉炼钢工""凸版和凹版制版工"等。

2022年，新版《中华人民共和国职业分类大典》在保持八大类职业类别不变的情况下，净增了158个新的职业，现在职业数达到了1639个。例如，围绕制造强国，此次修订把工业机器人操作员和运维人员纳入大典，根据乡村振兴的需要，把农业数字化技术员和农业经理人纳入大典；结合绿色职业发展状况，将碳排放管理员、碳汇计量评估师等新兴职业纳入大典。

1.2 自我认识

自我认识是职业生涯规划的重要步骤，也是决定职业生涯选择的重要因素，科学的职业生涯规划是在科学的自我认识基础上进行的。自我认识即了解自己是一个什么样的人，并通过客观探索选择适合自己的职业。

1.2.1 自我认识的内容

自我认识是通过对自己的洞察和理解，认识自己的个性。其中包括自我观察和自我评价。自我观察指对自己的感知、思维和意向等方面的觉察；自我评价指对自己的想法、期待、行为及人格特征的判断与评估。换言之，自我认识就是自己对自己以及对自己周围环境的认识与评价。

自我认识包含自己生理、心理和社会等方面的意识，也就是生理我、心理我和社会我。生理我是一个人对自己的身体、健康状态、容貌、动作技能等方面的感受，包括身高、体重、视力、体力、相貌等可以量化或直观得到的指标，即个人对自身生理情况的认识。心理我也称为心理自我概念，是指个体对自己心理属性的意识、情感和评价，包括个体对自己感知、记忆、思想、智力、性格、气质、动机、需要、价值观和行为等心理过程、心理状态和心理特征的认识和评价，其本身也是一个多层次的独立系统。社会我是个体对自己在社会生活中所担任的各种社会角色的知觉，包括对各种角色关系、角色地位、角色技能和角色体验的认识和评价。社会我是自我概念的重要组成部分，会影响一个人的人际关系及在社会中的角色定位，进而影响一个人的职业生涯规划。

1.2.2 自我认识的方法

每个人都是神秘的，想要揭开神秘的面纱，发现一个真实的自我，我们需要足够的智慧、勇气和时间，更重要的是正确的方法。

1. 气质的类型

人的气质可以划分为几种类型。最早对人的气质进行分类的是古希腊医生希波克里特(Hippocrates)，后经过罗马医生盖伦(Galen)的验证修订，正式形成气质类型学说。当时的人们认为人体内有四种液体，即血液、黏液、黄胆汁和黑胆汁，这四种液体在人体内的含量决定了人的气质类型。由此，人们将人的气质类型分为四种，即胆汁质、多血质、黏液质和抑郁质。

(1) 胆汁质：情绪兴奋性高，反应迅速，心境变化剧烈，抑制能力较差；易于冲动，热情直率，不够灵活；精力旺盛，动作迅猛，性情暴躁，脾气倔强，粗心大意；感觉性较低而耐受性较高，外倾性明显。

(2) 多血质：情绪兴奋性高，思维、言语、动作敏捷，心境变化快但强度不大，稳定性差；活泼好动，富于生气，灵活性强，乐观，亲切，善交往；浮躁轻率，缺乏耐力和毅力；不随意，反应性强，具有可塑性，外倾性较强。

（3）黏液质：情绪兴奋性和不随意反应性都比较低，沉着冷静，情绪稳定，深思远虑，思维、语言、动作迟缓；交际适度，内心很少外露，坚毅执拗，淡漠，自制力强；感受性较低而耐受性较高，内倾性较高并且明显。

（4）抑郁质：感受性很强，善于觉察细节，见微知著，细心谨慎，敏感多疑；内心体验深刻但外部表现不强烈，动作迟缓，不活泼；易于疲劳，疲劳后也易于恢复；办事不果断，缺乏信心，内倾向性明显。

我国学者刘仲仁等根据多血质、胆汁质、黏液质和抑郁质的特点，参照国内外各种测试方法，设计了一套气质测量表。他由四个分量表组成，即多血质因素测试表、胆汁质因素测试表、黏液质因素测试表和抑郁质因素测试表（表1-1至表1-4）。如果想了解自己的气质，可对这四组测试题一一作答，本着实事求是的原则，平时怎么想、怎么做，就怎么填。读完一道题后，如果认为该题与自己平时所想和所做的事情"完全符合"，则可为该题记3分；如果处于模棱两可之间，即"符合又不太符合"，则应为该题计2分；如果大部分"不符合"，则为该题计1分；如果差之千里，则为该题计0分。

表1-1　多血质因素测试表

序号	题目	计分
1	假如工作枯燥无味，马上就会情绪低落	
2	反应敏捷，大脑机智	
3	在人群中不觉得过分拘束	
4	在多数情况下情绪是乐观的	
5	希望做变化大、花样多的工作	
6	能够很快忘记那些不愉快的事情	
7	疲倦时只要进行短暂的休息，就能精神抖擞地投入工作	
8	能够同时注意几件事物	
9	讨厌做那些需要耐心的细致工作	
10	符合兴趣的事情，做起来劲头十足	
11	接受一项任务后，就希望把它迅速解决	
12	工作和学习时间长了，常常感到很厌倦	
13	理解问题比别人快	
14	善于和人交往	
15	到一个新的环境，很快就能适应	

（资料来源：周文霞. 职业生涯管理[M]. 上海：复旦大学出版社，2019.）

表1-2　胆汁质因素测试表

序号	题目	计分
1	做事有些莽撞，常常不考虑后果	
2	兴奋的事情常常使自己失眠	

(续表)

序号	题目	计分
3	做事总有旺盛的精力	
4	羡慕那些能够克制自己情感的人	
5	宁愿侃侃而谈，不愿窃窃私语	
6	别人说我"出口伤人"，可我并不觉得这样	
7	喜欢运动量大的剧烈运动，或参加各种文体活动	
8	情绪高昂时，觉得做什么都有趣；情绪低落时，又觉得做什么都没有意思	
9	认准一个目标就希望尽快实现，不达目的，誓不罢休	
10	遇到可气的事情就怒不可遏，想把心里的话一吐为快	
11	喜欢参加气氛热烈的活动	
12	爱看情节起伏跌宕、激动人心的小说或其他文学作品	
13	和周围人的关系总是相处不好	
14	对学习、工作、事业有很高的热情	
15	和别人争吵时，总是先发制人，喜欢挑衅	

(资料来源：周文霞.职业生涯管理[M].上海：复旦大学出版社，2019.)

表1-3 黏液质因素测试表

序号	题目	计分
1	喜欢安静的环境	
2	做事力求稳妥，不做无把握的事	
3	理解问题时常比别人慢	
4	遇到令人气愤的事，能很好地自我控制	
5	当注意力集中于一件事情时，别的事情就难以使自己分心	
6	能够长时间做枯燥、单调的工作	
7	与人交往不卑不亢	
8	喜欢有条理而不甚麻烦的工作	
9	做事有规律，很少违反制度	
10	别人讲授新知识、新技术时，总希望他讲得慢些，并且多重复几遍	
11	不能很快地把注意力从一件事情转移到另一件事情上去	
12	在学习和生活中，常常因为反应慢而落后于人	
13	认为墨守成规比冒风险好	
14	对工作报以认真、严谨、始终如一的态度	
15	不喜欢长时间谈论一个问题，而愿意付诸实际行动	

(资料来源：周文霞.职业生涯管理[M].上海：复旦大学出版社，2019.)

表1-4 抑郁质因素测试表

序号	题目	计分
1	别人说我总是闷闷不乐	
2	别人讲新概念时，我常常听不懂，但是听懂后就很难忘记	
3	碰到陌生人觉得很拘束	
4	遇到问题时常常举棋不定，优柔寡断	
5	小时候会背的诗歌，我似乎比别人记得清楚	
6	爱看感情细腻、描写人物内心活动的文学作品	
7	喜欢一个人工作	
8	心里有事，不愿说出来	
9	同别人一样学习、工作，一段时间后常比别人更疲劳	
10	喜欢复习知识，重复做已经做过的工作	
11	做作业或完成一件工作总比别人花更多的时间	
12	当我烦闷的时候，别人很难使我高兴起来	
13	一点小事情就能引起情绪波动	
14	碰到危险情况时，常常有一种极度恐惧感	
15	厌恶那些强烈的刺激，如尖叫、噪声、危险镜头	

(资料来源：周文霞. 职业生涯管理[M]. 上海：复旦大学出版社，2019.)

多血质因素测试表总分超过30分的，是典型的多血质类型的人。胆汁质因素测试表总分超过30分的，是典型的胆汁质类型的人；如果得分在15至30分，则为一般型的胆汁质类型的人。黏液质因素测试表总分超过30分的，是典型的黏液质类型的人。抑郁质因素测试表总分超过30分的，是典型的抑郁质类型的人。值得注意的是，一个人回答全部问题后，如果某类气质得分明显高于其他三种，均高出4分以上，则可以确定他就是该种气质类型的人；如果两种气质类型的总分十分接近，两者的分差小于3分，而又明显高于其他两种类型，高出部分超过4分以上，则为两种气质的混合型；如果三种气质的总分相差无几，但又明显高于第四种，那么这个人的气质属于三种气质的混合型。

2. MBTI(myers-briggs type indicator)人格类型测试

MBTI人格类型测试是根据著名精神分析学派心理学家卡尔·古斯塔夫·荣格(Carl Gustav Jung)的心理类型学说，由一对母女凯瑟琳·库克·布里格斯(Katharine Cook Briggs)和伊莎贝尔·布里格斯·迈尔斯(Isabel Briggs Myers)编制而成。它是一种必选型、员工自我报告式的人格测试问卷，用以衡量和描述人们在获取信息、做出决策和生活取向等方面的偏好。这套工具为人们提高自我认识、了解人际的差异与相似提供了一种有效的方法。MBTI人格类型测试是世界上使用最广泛的人格类型测试工具之一，每年有200多万人使用这一工具。在世界500强企业中，有不少高层管理者、高级人事主管使用MBTI人格类型测试。

荣格认为，世界上有3种人格维度和8种人格类型。布里格斯母女在此基础上又发展了一种人格维度(判断—知觉)，这样就共有4种人格维度、8种行为风格、16种人格类型。这4

种人格维度都可以看作两种极端之间的连续体，每个人在每个人格维度上都处于连续体上的某一点，大多数人只是在两种对立的行为风格中相对更偏向其中的一种。

四种人格维度如下：外向(E)—内向(I)，感觉(S)—直觉(N)，思维(T)—情感(F)，判断(J)—知觉(P)。

人格类型的第一个维度"外向—内向"主要测量人们注意力集中的方向。外向型的人将注意力集中在身外的世界，主动与人交往，喜欢互动，与人为伴就会精神抖擞，常常认识很多人。内向型的人专注于自我的内心世界，喜欢独处并陶醉其中，他们总是先想后做，心理活动居多，他们不喜欢受人注目，一般比外向型的人更矜持。

人格类型的第二个维度"感觉—直觉"与人们平时接受信息的方式有关。感觉型的人倾向于通过感觉器官获取真实存在的信息，他们注意自己看到、听到、触到、嗅到或尝到的具体感觉，他们只相信可以测量、能够记录下来的东西，只注重具体细节，比较实际。直觉型的人更相信"第六感觉"(直觉)，他们善于理解字面以外的含义，对一切事情都要寻求内在意义，他们富有想象力，倾向于看到事物的整体和抽象性的东西，通常不愿意维持事物的现状，比较有创造性。

人格类型的第三个维度"思维—情感"涉及人们做决定和结论的方式。思维型的人处理信息和做决策时依赖的是逻辑的因果关系，善于客观分析一切，不以情感为转移，比较理智公正。情感型的人常常依靠自己的喜好和感觉决策，他们容易将自己置于问题情境中，过多考虑情感因素而忽略客观事实，他们很能体贴人、富有同情心。

人格类型的第四个维度"判断—知觉"所关注的是一个人更愿意有条理还是随意地生活。判断型的人条理性很强，只要生活安排得有条不紊、事事井井有条，他们就快乐无比，他们对所有事都要判断分明，喜欢决策。知觉型的人生活散漫随意，生活动机性强时最高兴，他们乐于尝试一切可能的事情，他们往往理解生活，而不是努力控制生活。

MBTI人格类型测试中所使用的16种人格类型见表1-5。

表1-5　MBTI人格类型测试中所使用的16种人格类型

		感觉型(S)		直觉型(N)	
		思维型(T)	情感型(F)	思维型(T)	情感型(F)
内向型(I)	判断型(J)	ISTJ 严肃、沉静，因专注和执着而取得成功。务实、有条不紊、尊重事实、逻辑严密、现实、可信，能够承担责任	ISFJ沉静、友好、可靠、尽责，全力以赴承担责任，持之以恒、勤劳、细致、忠诚、周到	INFJ凭借毅力、创造力及做事情的强烈愿望而取得成功。稳重、尽责、关注他人，尊重组织的原则	INTJ通常富有创造力，有很强的按照个人愿望和目标行事的动机。疑心较重、挑剔、独立性强、坚定、较为固执
	知觉型(P)	ISTP 沉静、少言、好分析问题。通常对一些非人际的原则及事物的运作机制感兴趣，常有创造性的幽默闪现	ISFP爱独处、沉静、友好、敏感、友善，回避矛盾，忠实的追随者，做事不积极	INFP对学习、思想、语言比较感兴趣，独立制订个人计划。倾向于承担过多的工作，并且会设法完成。待人友善，但是常常过于全神贯注	INTP 沉静、少言、非感情性，喜欢理论性和科学性的问题。只对思想感兴趣，对聚会或者闲谈不太喜欢。个人的兴趣范围是严格界定的

(续表)

		感觉型(S)		直觉型(N)	
		思维型(T)	情感型(F)	思维型(T)	情感型(F)
外向型(E)	知觉型(P)	ESTP 尊重事实、不慌不忙，能够坦然面对发生的一切。会略显迟钝或不敏感，对于容易拆分或组合的具体问题有较强的处理能力	ESFP喜欢交往、易于相处，易于接受他人，友好，能够根据他人的喜好让事情变得更有意思。喜欢运动和做事。对于他们来说，记住某种事实比掌握某种理论更容易	ENFP充满热情、精力旺盛、富有创造性的想象力。能够做大多数让他们感兴趣的事情，能够快速找到解决问题的办法，乐于助人	ENTP 思维敏捷、富有创造性、多才多艺，可能会与某一问题中的任何一方开玩笑。在解决富有挑战性的问题方面能力很强，但是常常会忽略一些例行的任务
	判断型(J)	ESTJ务实、现实、尊重事实，天生就是经商或者从事机械类工作的料。他们对认为没用的事物不感兴趣，喜欢组织和开展活动	ESFJ 热心肠、健谈、受人欢迎、负责、善于与人合作，需要和平相处。在受到鼓励时能把事情做得更好。对于抽象思维或者技术性问题不感兴趣	ENFJ敏感、有责任心。通常真正关心他人的想法和需要，好交际、受人欢迎。对于表扬和批评很敏感	ENTJ热心、坦诚，是坚定的领导者。通常比较擅长需要推理和机智性交谈的工作，有时在某些领域比在他们的正式工作领域还要活跃

（资料来源：周文霞. 职业生涯管理 [M]. 上海：复旦大学出版社，2019.）

1.3 兴趣与职业

1.3.1 兴趣的概念

兴趣是指个体积极探究某种事物及爱好某种活动的心理倾向。它是人认识需要的情绪表现，反映了个体对客观事物的选择性态度。兴趣是一种无形的动力，每个人都会对自己感兴趣的事物优先注意和进行积极的探索，并表现出心驰神往的样子。

兴趣是成功的重要推动力之一，它能将个人的潜能最大限度地发挥出来，使人长期专注于某一方向，取得令人瞩目的成绩。当兴趣直接指向与职业有关的活动时，就可被称为"职业兴趣"。

在影响职业选择的众多因素中，兴趣的作用是不容忽视的。一个人如果对某种职业感兴趣，就会对该职业活动表现出肯定的态度，并积极思考、探索、追求。例如，我国昆虫分类专家李传隆为研究蝴蝶，跋山涉水，跑遍祖国的大江南北，历经数十年精心采集，获得珍稀蝴蝶标本近千盒，完成巨著《中国蝶类图谱》，如图1-1所示。由此可见，兴趣是人们选择职业的重要因素之一。

图1-1 《中国蝶类图谱》

1.3.2 兴趣与职业的关系

大学生在将来的求职过程中可能会遇到这样的情况：一份职业工资待遇高，但与自己的兴趣并不吻合；另一份职业工资待遇相对较低，却是自己喜欢的。相信大部分人会选择自己喜欢的职业。拥有职业兴趣将增加个人的工作满意度、职业稳定性和职业成就感。选择自己感兴趣的职业，将有利于调动自己的积极性，使智力与体能进入最佳状态，从而最大限度地施展自己的才华，使自己充分发挥主动性和创造性。

在选择职业或岗位时，不仅需要了解自己的性格，还需了解自己的兴趣。有的人对研究自然知识感兴趣，如天文、地理、物理、化学等；有的人倾向于情感世界，活跃于人际关系领域；有的人则倾向于理智世界，在数学及公式领域内自由翱翔；有的人对智力操作感兴趣，对读书、写作、演算、设计乐此不疲；有的人则对技能感兴趣，对修理、车、钳、刨、铣、摄影、琴、棋、书、画津津乐道。不同的职业也需要不同的兴趣特征，例如，一个擅长技能操作的人，靠他灵活的双手，在技能操作领域得心应手，如果硬把他的兴趣转移到书本理论上来，他就会感到无用武之地。正是这种兴趣上的差异，构成了人们选择职业的重要依据。

更为重要的是，如果一个人选择的职业与自己的兴趣吻合，那么枯燥的工作也会变得丰富多彩、趣味无穷，从而会产生一种动力，如同装有强力电池的电子表一样自动运转，而且会自动钻研，甚至有时能达到痴迷的程度。痴迷就能深入，深入就能钻透，钻透就有惊人发现，就会有丰硕的成果，就会有成功的人生。

如果一个人的兴趣与职业不吻合，那么这个人的工作始终就是被动的，领导让做什么就做什么，让做多少就做多少，一点也不会多做。因为他对工作不感兴趣，只是为了完成任务，一切都是应付。为了应付的工作完成后不会产生成就感，因此也不会再有新的动力，进而在这个岗位上缺乏发展空间，不利于个人未来成长。

1.3.3 职业兴趣测验

兴趣是最重要的心理特征之一，是个体力求认识某种事物或从事某种活动的心理倾向，表现为个体对某种事物、某项活动的选择性态度或积极的情绪反应。职业兴趣是职业的多样性、复杂性与就业人员自身个性的多样性相对应所反映出的一种特殊的心理特点，是人们选择职业的重要依据。如果一个人对其从事的职业有兴趣，就能够发挥全部才能的80%至90%，并且能较长时间保持高效率而不感到疲劳；而如果一个人对职业缺乏兴趣，则只能发挥其全部才能的20%至30%，且容易精疲力竭。职业兴趣测验是对职业指导有直接用途的工具之一。职业兴趣测验之所以对职业指导有直接作用，是因为通过职业兴趣测验可以测出求职者未知的或未经识别的兴趣，或者证实求职者声称的职业兴趣等。通过职业兴趣测验可以发现一个人真正的职业兴趣所在，正因如此，职业兴趣测验越来越广泛地应用到职业指导上，在诸如高考专业选择、人员安置、下岗职工再就业、人才选拔、劝导改行等方面发挥出它特有的效能。

1. 霍兰德职业兴趣理论

美国心理学教授约翰·霍兰德是美国著名的职业指导专家，著有《职业决策》(Making Vocational Choices，1973)一书，并编制了"职业偏好量表"(VPI)和"自我指导索"(SDS)。它们是目前使用比较广泛而且信度和效度较高的职业兴趣问卷，能够有效地协助企业进行招聘选拔、晋升、职业发展和职业指导工作。霍兰德将个体职业兴趣划分为六个基本类型(见表1-6)，并形成了性向六角形理论。个体职业性向可以通过职业适应性测试问卷确定，这个问卷分为不设时限的八个答题模块，依次是：①你心目中的理想职业；②你感兴趣的活动；③你擅长或胜任的工作；④你喜欢的职业；⑤你的能力类型简评；⑥统计和确定你的职业性向；⑦你看重的东西——职业价值观；⑧你的基本情况。基于完整的问卷数据构建人格剖面图，即可判定个体的职业性向。

表1-6　霍兰德职业价值观模型

类型	特点	适合的职业
现实型 (realistic)	喜欢有规则的具体劳动和需要基本技能的工作，愿意与机械和工具打交道，尤其是操作大型机械，但往往不善交往，社会交往能力较弱，在自我表达和向他人表达感情方面会感到困难或遇到麻烦	木匠、操作X光的技师、工程师、飞机机械师、鱼类和野生动物专家、自动化技师、机械工(车工、钳工等)、电工、火车司机、公共汽车司机、机械制图员、机器修理员、电器师等
研究型 (investigative)	对探索有热情，喜欢独立的、智力的、抽象的、分析推理的任务，习惯于通过思考在头脑中解决面临的难题，而不一定进行具体的操作，喜欢面对疑难问题的挑战。在科学领域中常有反传统的观点，倾向于创新和怀疑。不喜欢必须遵循固定程序的任务，喜欢需要创造力的工作，对工作表现出极大的热情，但对周围的人不大感兴趣	气象学家、生物学家、天文学家、药剂师、动物学者、化学家、科学报刊编辑、地质学者、植物学者、物理学者、数学家、试验员、科研人员等

(续表)

类型	特点	适合的职业
艺术型 (artistic)	兴趣在于艺术性工作，喜欢通过艺术作品表现事物，喜欢具有许多自我表现机会的艺术环境。不喜欢从事笨重的体力活动，对高度规范化和程序化的任务不感兴趣。艺术型的人与研究型的人类似，喜欢单独一个人活动，不同之处在于前者有强烈的自我表现欲望，往往对自己过于自信。感情丰富，情绪变化大，敏感，爱想象，有创造性，但往往办事能力较弱	作家、画家、艺术家、作曲家、歌唱家、音乐演奏家、音乐教师、戏剧导演、诗人、演员、工艺美术师、时装设计师等
社会型 (social)	关心社会和教育的问题，责任感强，具有较强的人道主义倾向，社会适应能力强。通常善于表达及与周围的人相处，乐于帮助别人、喜欢处于集体的中心地位，喜欢通过与他人讨论、调整与他人的关系来解决存在的难题。不喜欢需要剧烈运动的工作，不喜欢与机器打交道，机械操纵能力较弱	社会学者、导游、福利机构工作者、咨询人员、社会工作者、社会科学教师、学校领导、公共保健护士等
企业型 (enterprising)	通常精力充沛，热情洋溢，喜欢有胆略的活动，敢于冒险，自信，支配欲强，对管理和领导工作感兴趣。通常追求权力、财富、地位，善于辞令，总是力求使别人接受自己的观点，具有劝说、调配人的才能。但缺乏从事细致工作的耐心，不喜欢需要长期智力活动的工作	管理、销售方面的工作，如厂长、经理、推销员、房地产经纪人、调度员、校长、教导主任、其他管理干部、经营人员及电影电视节目制作人、政治家、社会活动家等
常规型 (conventional)	喜欢从事稳定的高度有序的具体工作，包括言语方面和数量方面规范性较强的工作。在大型机构中从事一般性工作就会感到满足，不寻求担任领导职务。习惯于服从、执行上级命令，而不习惯自己对事情做判断和决策，因而不喜欢模棱两可的指示，希望精确了解到底要求自己做什么，对于明确规定的任务可以很好地完成。不喜欢从事笨重的体力劳动，也不喜欢在工作中与他人形成过于密切的联系	会计、银行出纳、速记员、成本估算员、税务员、核算员、办公室职员、统计员、秘书等

霍兰德划分的六大类型并不是并列的，而是有明晰边界的，他以六边形标示出了六大类型的关系，即生涯类型六边形，如图1-2所示。从图中可以看出，每一种类型与其他类型之间都存在不同程度的不同关系。

(1) 相邻关系。如现实型与常规型、研究型、研究型与现实型、艺术型等。属于相邻关系的两种类型，其个体之间的共同点较多，一致性较高，如现实型和研究型的人都不太偏好人际交往，这两种职业环境的特点也包括与人接触的机

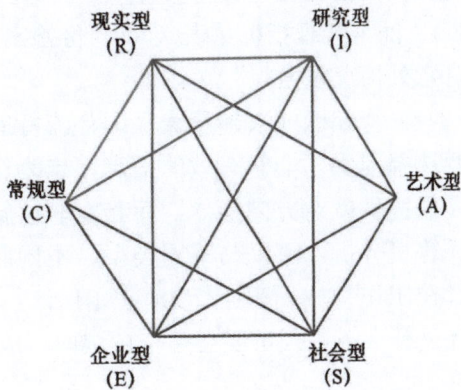

图1-2 生涯类型六边形

会较少。霍兰德在实验中发现，尽管大多数人的人格可以主要归为某一类型，但每个人都有广泛的适应能力，其人格类型在某种程度上相近于另外两种人格类型，因此也能够适应另外两种类型的工作。

(2) 相隔关系。如现实型与艺术型、企业型等。属于相隔关系的两种类型，其个体之间的共同点较相邻关系少，如现实型的特点是为人、做事稳重、务实，而艺术型的特点则是感性化、情绪化。

(3) 相对关系。在六边形上处于对角位置的类型之间为相对关系，如现实型与社会型、常规型与艺术型等。其个体之间的共同点最少，基本属于相斥关系。因此，一个人同时对处于相对关系的两种职业环境都很感兴趣的情况较为少见。如果一个人选择与其人格类型相斥的职业环境，则可能很难适应，甚至无法胜任工作。

2. 坎贝尔职业兴趣测验

早在20世纪20年代，美国就开始对职业兴趣测量进行了大量研究。1921年，坎贝尔职业兴趣测验(campell interest inventory)最早在美国面世，它从人与职业匹配的角度将人的职业兴趣分为三类：D，对数字、符号等工作的兴趣；P，对人及社会性工作的兴趣；T，对机械、工具操作等工作的兴趣。

3. 斯特朗职业兴趣量表

1927年，E. K. 斯特朗(E. K. Strong)编制完成了第一个正式的职业兴趣表(strong vocational interest blank)，这是最早的职业兴趣测验之一。他的方法是先编制涉及各种职业、学校科目、娱乐活动及人的类型的问卷，然后取两组被试者，一组代表专门从事某种工作的标准职业者，另一组代表一般人，让两组被试者接受测试，将两组被试者反应不同的题目放在一起，构成职业兴趣量表。1927年的量表仅适用于男性，专门为女性编制的量表则于1933年出版。1968年，D. P. 坎贝尔(D. P. Campbell)主持了对该量表的修订工作，增加了基本兴趣量表(BIS)和一般职业主题(GOT)，更名为斯特朗-坎贝尔兴趣量表(strong-campbell interest inventory，SCII)。

斯特朗-坎贝尔兴趣量表1985年的版本中包括325个项目，组成了264个量表，其中包括6个一般职业主题量表(能够反映被试者总体倾向于哪种工作类型)、23个基本兴趣量表(能够反映被试者对特定领域喜好或反感的具体程度)、207个职业兴趣量表(能够反映被试者的兴趣及其性格特征与109种具体不同职业的相似程度)、2个特殊量表(满意度量表和内—外向量表)、26个管理指标量表(对每一份答案进行常规性统计，以确保在施测及数据录入过程中没有意外情况发生)。

斯特朗职业兴趣量表是国外流行的职业兴趣量表，被广泛应用于人才测评，为个人职业选择提供了非常有效的信息，也为企业的选员提供了非常有益的信息。该量表不但能为人们提供就业方向指导，而且对职位转换和职业发展也有帮助。某被试者的测试结果经过计算机分析，可以与不同类型、不同职业的人群平均水平做比较，这样就能够了解该被试者在工作领域、职业行为、休闲活动、教育专业等方面感兴趣的程度，明确自己的兴趣到底是什么，以及可能在哪个领域取得成功。

4. 库德职业兴趣量表

1934年，G. F. 库德(G. F. Kuder)所编制的一些兴趣量表也经历了与斯特朗-坎贝尔兴趣量表差不多长的历史。最早的这类量表是库德偏好记录——职业篇(kuder preferencerecord—vocational)。库德采用的是三择一的强迫选题，所得的分数不描述在某特定职业上得分的多少，而是10个广泛的兴趣领域分数。这10个兴趣领域是：户外活动、机械、计算、科学、游说、艺术、写作、音乐、社会服务和文书。1966年，该量表改为库德职业兴趣量表(kuder occupation al interest survey，KOIS)，主要用于检查人的特定职业兴趣。1985年出版的库德职业兴趣量表由100组三择一强迫选择模式项目构成，以百分数按等级顺序排列，有高、中、低三个职业兴趣范围。

5. 我国的职业兴趣测验

我国学者借鉴国外职业兴趣的理论框架，汲取了国外已有测验的优点，根据国人及我国职业的特点设计了我国的职业兴趣测验。该测验将艺术取向、事务取向、经营取向、研究取向、技能取向和社交取向6种职业偏好作为测量维度，共60道题目，每一道题目都给出一种活动、一种技能或一种职业，要求被试者用5分制描述自己是否喜欢该项活动，或者是否擅长或希望学习该种技能，或者是否乐意选择该种职业。下面是这六个维度的定义。

(1) 艺术取向。喜欢艺术性工作，如音乐、舞蹈、唱歌等。这类人往往具有某些艺术技能，喜欢创造性工作，富有想象力，通常喜欢同观念而不是同事务打交道，他们较开放、好想象、有创造性。

(2) 事务取向。这类人喜欢传统性工作，如记账、测算等。这类人有很好的数字和计算能力，喜欢室内工作，乐于整理、安排事务，他们往往喜欢同文字、数字打交道，比较顺从、务实、细心、节俭，做事利索、很有条理和耐心。

(3) 经营取向。这类人喜欢诸如推销、服务、管理类的工作。这类人通常具有领导能力和口才，对金钱和权力感兴趣，喜欢影响、控制别人，喜欢同人和观念而不是事务打交道，他们热爱交际、冒险，精力充沛，乐观、和蔼、细心，抱负心强。

(4) 研究取向。这类人喜欢各种研究性工作，如科学研究人员、医师、产品检验员等。这类人通常具有较高的数学和科学研究能力，喜欢独立工作和解决问题，善于同观念而不是人或事务打交道，他们逻辑性强、聪明、好奇、仔细、独立、安详、简朴。

(5) 技能取向。这类人喜欢现实型的实在工作，如机械维修、木工、烹饪、电器技术等。这类人通常具有机械能力和体力，喜欢户外工作，乐于使用各种工具和机器设备，喜欢同事务而不是人打交道，他们真诚、谦逊、敏感、务实、朴素、节俭、腼腆。

(6) 社交取向。这类人喜欢社会交往性工作，如教师、咨询顾问、护士等。这类人通常喜欢周围有别人存在，对别人的事很感兴趣，乐于帮助别人解决难题，喜欢同人而不是事务打交道，他们往往乐于助人、有责任心、热情、善于合作、富于理想、友好、善良、慷慨、有耐心。

从以上六个维度测评一个人的工作兴趣并加以综合，可以判断出一个人最突出的职业兴趣及各个方面职业兴趣强弱的对比特征。

1.4　性格与职业

1.4.1　性格概述

　　性格是一个人在对待客观事物的态度和行为方式中所表现出来的比较稳定的个性心理特征。不管选择的职业是否合适，选择的范围有多大，基本的原则之一都是适合自己的性格。

　　职业心理学的研究表明，不同的职业对从业者的性格要求不同。如对从事医生职业的人要求乐于助人，耐心正直，责任心强，冷静自信，稳定性好；从事科学研究的人必须敢于怀疑，有批判精神和创新意识；而自我创业者应具有敢于冒险、乐观、自信、有雄心、敢于创新等性格。

1.4.2　性格与职业的关系

　　性格与职业的关系是既彼此制约又互相促进。大学生要尽量选择适合自己性格特点的工作。因为每种工作都对从业者的性格品质有特定的要求，要适应某一职业就必须具备这一职业要求的性格特征。研究表明，不同的职业有不同的性格要求。对企业而言，员工的性格特征决定着其工作岗位和工作业绩；对个人而言，自己的性格特征决定着自己的事业能否成功。例如，一名教师，除了应具有丰富的知识，还应具备热爱教育事业、正直、谦逊、以身作则和对学生认真负责的良好品质；一名医生，要具有救死扶伤的人道主义品质、同情心、高度的责任感，以及精益求精、一丝不苟的工作态度；一名工程技术人员，要有实事求是、严谨认真、坚持真理及集体主义的合作精神；一名管理干部，要有宽广的胸怀，要有关心集体荣誉和利益、公而忘私、用人之长、容人之过及密切联系人民群众的民主作风。

　　对于同一环境工作或生活在同一环境中的人，其性格往往有某些共同的特点，这就是所谓的职业性格。职业性格是职业活动本身所要求的，人的职业性格是可以在职业活动中造就的。特殊的职业会造就特殊的性格，例如，服务人员一般具有热情、周到、耐心、和气的性格，文艺工作者一般具有活泼、开朗、情感丰富的特征，科学工作者一般具有实事求是的性格等，这些都是在职业活动中形成的。因此，性格并不是一成不变的，它具有较大的可塑性，在长期的职业实践中经过磨炼会发生适应性变化。

1.4.3　职业性格及测评方法

　　近年来，一些教育学心理学研究人员根据我国的实际情况，将职业性格分为九种基本类型(见表1-7)。

表1-7 职业性格的九种基本类型

类型	特征	适合的职业
变化型	在新的和意外的活动或工作情境中感到愉快,喜欢有变化的和多样化的工作,善于转移注意力	记者、推销员、演员
重复型	适合连续从事同样的工作,按固定的计划或进度办事,喜欢重复的、有规律的、有标准的工种	纺织工、机床工、印刷工、电影放映员
服从型	愿意配合别人或按别人的指示办事,而不愿意自己独立做出决策,担负责任	办公室职员、秘书、翻译
独立型	喜欢计划自己的活动和指导别人的活动,或对未来的事情做出决定,在独立负责的工作情境中感到愉快	管理人员、律师、警察、侦察员
协作型	在与人协同工作时感到愉快,善于引导别人,并想得到同事们的喜欢	社会工作者、咨询人员
劝服型	通过谈话或写作等使别人同意自己的观点,对别人的反应有较强的判断力,并善于影响别人的态度和观点	辅导员、行政人员、宣传工作者、作家
机智型	在紧张和危险的情况下能自我控制、沉着应对,发生意外和差错时不慌不忙,并能出色地完成任务	驾驶员、飞行员、公安人员、消防员、救生员
自我表现型	喜欢表现自己的爱好和个性,根据自己的感情做出选择,能通过自己的工作来表现自己的思想	演员、诗人、音乐家、画家
严谨型	注重工作过程中各个环节、细节的精确性,愿意按一套规划和步骤工作,尽可能做得完美,倾向于严格、努力地工作以看到自己出色完成工作的效果	会计、出纳员、统计员、校对员、图书管理员、档案管理员、打字员

除此之外,还有一些职业性格测评的方式,具体如下。

1. 若有块地用来盖养老用的房子,你会盖在哪儿?

    a. 靠近湖边(8分)

    b. 靠近河边(15分)

    c. 深山内(6分)

    d. 森林(10分)

2. 吃西餐最先吃哪一道?

    a. 面包(6分)

    b. 肉类(15分)

    c. 沙拉(6分)

    d. 饮料(6分)

3. 如果节庆要喝点饮料,你认为如何搭配最适当?

    a. 圣诞节/香槟(15分)

    b. 新年/牛奶(6分)

    c. 情人节/葡萄酒(1分)

    d. 国庆日/威士忌(6分)

4. 你通常什么时候洗澡?

    a. 吃完晚饭后(10分)

    b. 吃晚饭前(15分)

    c. 看完电视后(6分)

    d. 上床前(8分)

    e. 早上起床才洗(3分)

    f. 没有特定时间(6分)

5. 如果你可以化为天空的一隅,你希望自己成为什么?

    a. 太阳(1分)

    b. 月亮(1分)

    c. 星星(8分)

    d. 云(15分)

6. 你觉得用红色笔写的"爱"字比用绿色笔更能代表真爱吗?

    a. 是(1分)

    b. 否(3分)

7. 如果你在选择窗帘的颜色,你会选择哪种?

    a. 红色(15分)

    b. 蓝色(6分)

    c. 绿色(6分)

    d. 白色(8分)

    e. 黄色(1分)

    f. 橙色(3分)

    g. 黑色(1分)

    h. 紫色(10分)

8. 挑选一种你最喜爱的水果吧!

    a. 葡萄(1分)

    b. 梨子(6分)

    c. 橘子(8分)

    d. 香蕉(15分)

    e. 樱桃(3分)

    f. 苹果(10分)

    g. 葡萄柚(8分)

    h. 哈密瓜(6分)

    i. 柿子(3分)

    j. 木瓜(10分)

    k. 凤梨(15分)

9. 若你是动物,你希望身上搭配什么颜色的毛?

    a. 狮子/红毛(15分)

b. 猫咪/蓝毛(6分)

c. 大象/绿毛(1分)

d. 狐狸/黄毛(6分)

10. 你会为名利权位，刻意讨好上司或朋友吗？

a. 会(3分)

b. 不会(1分)

11. 你认为朋友比家人更重要吗？

a. 是(15分)

b. 否(6分)

12. 若你是只白蝴蝶，你会停在哪一种颜色的花上？

a. 红色(15分)

b. 粉红色(8分)

c. 黄色(3分)

d. 紫色(6分)

13. 假日无聊时，你会选择什么电视节目来看？

a. 综艺节目(10分)

b. 新闻节目(15分)

c. 连续剧(6分)

d. 体育转播(15分)

e. 电影频道(10分)

解析：

100分以上(积极、热情)

个性开放，觉得助人为快乐之本。做事干脆利落，有时会过度激动，但又富有强烈的同情心，令人莫名地想和他们亲近。也因为他们的复原力很强，所以能使人轻易感觉一股够劲的行动力，和他们在一起就像有了一股生命的泉源，不会有想放弃的念头，因为他们总是保持着乐观进取的态度。

积极人：勇于追求目标理想，不会放弃任何希望，也具有越挫越勇的特质和困难环境中不易被击败的精神。

热情人：生活圈广泛、五彩缤纷，比较不拘小节，因此造成他们坦率、直来直往、活泼好动的性格，也常有孩子气的举动。

90~100分(领导人)

做事慢条斯理，喜欢思考、沉淀思绪，爱好命令别人，讨厌别人的反抗与被质疑的态度，不容许自己输给别人。喜爱学习，想让自己成为最好的，而达不到目标时会不分青红皂白地生闷气。

79~89分(感性人)

表达能力丰富，想象空间大，因此常胡思乱想而变得多愁善感，容易沉醉在罗曼蒂克与甜言蜜语中，对爱情总是既期待又怕受伤，常无厘头又莫名地对号入座。个性属于优柔寡断型，通常不顾现实只跟着感觉走，让人猜不透他的想法与思考逻辑。

60～78分(理性、淡定)

做事总是深思熟虑，考虑再三，谨慎小心，冷静且愿意当个易妥协的人，有时候宁愿自己承受舆论与压力，也不愿说出来和好友谈谈，因为他们总是认为自己能熬过那么苦不堪言的日子，但其实这都只是在逞强罢了。他们通常讨厌被束缚，更酷爱自由。

理性人：深思熟虑为第一原则，凡事要求公私分明，生活可能较拘谨严肃，对赞美、悲伤或开心等没什么差异性。

淡定人：与世无争的恬淡主义者，内心没什么波澜，就像温驯的绵羊，只要能够生活就好，不必计较太多，成为只羡鸳鸯不羡仙的那一类人。

40～59分(双重、孤寂)

环境的因素会让你不知道该怎么表现你自己，所以你可能有见人说人话的习惯，其实你热爱人多的时候，只是有时会导致你慌乱，不过你还会因为现实的需要而委屈自己配合他人。通常会得不到满足而受挫，造成自闭。

双重人：不会适时表达情感，压抑情绪总是他们碰到阻碍和困难时的第一个反应，学习如何发泄情绪与传达自己的意见，是必须优先学习的。

孤寂人：对于现实不满，不易与人相处，难以找到生活的目标与重心，觉得没人了解自己，常引发强烈的自我防卫意识，就算与人交往，心中仍有一份挥之不去的孤单。

40分以下(现实、自我)

喜欢刺激多变的事，是个很有心机的人，而且计划周详，别人难以对你进行揣测，对任何事你都充满企图心，刚愎自用，想突显自己求表现。常追求遥不可及的梦想造成不平衡的心态，隐瞒自己也欺骗别人。

现实人：为了讨好上司、朋友，让人觉得你墙头草两边倒、心机重、心眼小。自私又自利，但往往能为自己打算未来，为自己创造一番天地。

自我人：常通过主观的感受来表达意见，然而，人际关系的走样或许是造成压力的来源。不自觉地压抑情绪，也不愿被外在所影响而尝试改变，更不会考虑别人的感受，即使经历了挫折也仍然固执己见。

不过，大多数职业并不一定过分强调与性格之间的严格对应，因为不同类型的性格在同一职业领域中能够有各具特色的表现，同一性格的人在不同的职业领域中也会有各显魅力的展示。例如，情绪型的人，如果从事文学创作，会因感情丰富细腻而将人物的心理活动刻画得惟妙惟肖；如果从事科学研究，则会因善于想象而在非逻辑思维上比理智型的人更胜一筹。

而且，人的性格是极其复杂的，任何对性格与职业关系的固定、静止、片面的看法都是有失偏颇的。人所具有的性格类型并不是绝对单一的，大多数的人可能主要划分为某一种性格类型，但还有相近的和具有中性关系的其他性格类型，真正相排斥的并不多。因此大学生对自己进行职业设计时，也不必顾虑过多。

性格和职业是相辅相成的，所以，在职业选择中，我们既要考虑性格和职业的适合性，也要在职业实践中培养和强化相应的优良职业性品质。

第 2 章

职业生涯规划

2.1　相关概念与意义

2.1.1　职业生涯的概念

职业生涯是指一个人一生连续从事和担负工作职业、工作职务和工作职位的过程。它不仅仅是职业活动，而且包括与职业有关的行为和意愿等内容。与职业不同，职业生涯是一个发展的概念，即将个人的职业生活看作一个动态的过程，具有浓厚的个人色彩。它不仅包括过去、现在和未来可以实际观察到的职业发展过程，而且包括个人对职业生涯发展的见解和期望。

美国著名职业问题专家萨帕(Donaid E. Super)曾指出，职业生涯是指一个人终生经历的所有职位的整体历程，是生活中各种事件的演进方向和历程，是统合人一生中的各种职业和生活角色，由此表现出的个人独特的自我发展组型，它也是人自青春期直至退休之后，一连串有酬或无酬职位的综合，甚至包括了副业、家庭和公民的角色。

无论是哪一种定义，都淡化了职业作为谋生手段的作用，而指向个人生命的意义。在这里，职业不只是谋生手段，更是实现个人价值、追求理想生活的重要途径。 一个人的职业生涯是一个漫长的过程，他可能遵循传统，一生只从事一种职业，持续而稳定地在此职业岗位上晋升、增值；也可能由于个人兴趣、能力、价值观及工作环境的变化而经历不同岗位、职业甚至行业。现实中大多数人还是希望找到一种相对稳定、适合自己的职业。

简要地说，职业生涯就是一个人终生的工作经历，是一个人一生中所有与职业相联系的行为与活动，以及相关的态度、价值观、理想、愿望等连续性的经历过程，也是一个人一生中职业、职位的变迁及工作理想、人生目标的实现过程。在职业社会中，人的职业准备和职业生活占据了主要而关键的部分，从这个意义上看，人的职业生涯就是生涯。

具体地讲，职业生涯是以心理开发、生理开发、智力开发、技能开发、伦理开发等人的潜能开发为基础，以工作内容的确定和变化，工作业绩的评价，工作待遇、职称、职务的变动为标志，以满足需求为目标的工作经历和内心体验。职业生涯是人生中最重要的历程，是追求自我实现的重要人生阶段，对人生价值起着决定性作用。

2.1.2 职业生涯规划的概念

每个人都需要选择职业，都渴望成功，但许多人并不知道什么职业最适合自己，怎样设计才容易事业有成。如"经商热"时，一些并无商业才能的人也纷纷"下海"创办公司；研究生、大学生毕业时，大多数人首先选择经济发达地区和大单位，然后才考虑专业及个人所长。这种"随大流""随热门"的职业选择方式，由于欠缺对自身特点和环境的认识，往往难以在事业中有所发展。要想成就一番事业，就必须规划自己的职业生涯。

职业生涯规划是指个人发展与组织发展相结合，对决定一个人职业生涯的主客观因素进行分析、总结和测定，确定一个人的事业奋斗目标，选择实现这一事业目标的职业，编制相应的工作、教育和培训行动计划，并对每一步骤的时间、顺序和方向做出合理的安排。

大学生的职业生涯规划即大学生对将来的就业进行规划，更重要的是通过这个规划为自己的大学时期确立一个明确的目标，为将来的就业做好更充分的准备。

良好的职业生涯规划应具备以下特性。

(1) 可行性：规划要有事实依据，并非美好的幻想或不着边际的梦想，否则将会贻误职业生涯良机。

(2) 适时性：规划是预测未来的行动，确定将来的目标。因此，各项主要活动何时实施、何时完成，都应有时间和时序上的妥善安排，以作为检查行动的依据。

(3) 适应性：规划未来的职业生涯目标，牵涉到多种可变因素，因此设计应有弹性，以增加其适应性。

(4) 持续性：人生的每个发展阶段应能连贯衔接。

职业生涯规划要求大学生根据自身的兴趣、特点，将自己定位在一个最能发挥自己长处的位置，可以最大限度地实现自我价值。职业生涯规划实质上是追求最佳职业生涯的过程。一个人的事业究竟向哪个方向发展，他的一生要稳定从事哪种职业类型，扮演何种职业角色，都可以在此之前做出设想和规划。

2.1.3 职业生涯规划的意义

职业生涯规划的目的，绝不只是帮助个人按照自己的资历条件找到一份工作。达到和实现个人目标，更重要的是帮助个人真正了解自己，为自己定下事业大计，筹划未来，进一步详细估量主客观条件和内外环境的优势及限制，在"衡外情、量己力"的情形下，设计出符合自己特点的、合理且可行的职业生涯发展方向。其意义可以归纳为以下几点。

1. 职业生涯规划有利于适应社会发展

当今社会处在变革的时代，到处充满着激烈的竞争。物竞天择，适者生存。职业活动的竞争非常突出，要想在这场激烈的竞争中脱颖而出并保持立于不败之地，就必须设计好自己的职业生涯规划。

职业生涯规划是指从未来和发展的角度来看待人的一生，重视和强调大学生对未来发展的适应性，要求大学生能够通过职业生涯规划，适应社会的快速变迁，适应社会职业的变化。职业生涯规划可以提升应对竞争的能力，增添大学生们接受社会挑战的勇气，促使他们更快成长。

2. 职业生涯规划有利于确定职业发展的目标和方向

对职业规划而言，最重要的就是方向，即目标。无数事实证明，一个人能否成就一番事业，很大程度上取决于有无一个正确而适当的人生目标。一份行之有效的职业生涯规划可以帮助个人进行全面的自我分析，从而认识自己的个性特质、自己的综合优势与劣势，准确评估个人目标与现实之间的差距，通过分析树立明确的职业发展目标与职业理想。

职业生涯规划可以帮助大学生充分认识自我，客观分析社会环境，及早进行职业发展定位，并朝着目标努力，有意识地进行自我积累，创造条件，使自己的行为和态度观念符合目标。

3. 职业生涯规划有利于实现终身发展

职业生涯规划即要实现未来社会所需要的人的发展目标。要使职业生涯获得成功，就必须充分重视发掘个体的发展潜能，强调和尊重人的个性，在提高人的各项能力和素质的基础上，使人能够把握各种有利于个体发展的机会。随着规划的逐步实现，会有不断的成就感，也更能激发人们努力工作，时刻准备得到更进一步的发展。

4. 影响职业生涯规划的因素

影响职业生涯规划设计和选择的因素很多。总体上看可以分为：个人因素、社会因素、家庭因素和环境因素，这些因素共同构成一个人职业目标设计的基础。

1) 个人因素

个人因素在人的职业生涯中起着基础作用，决定着人的发展方向和前景。个人因素包含的内容比较多，其中最重要的就是教育程度、性格、身心素质及价值观。

教育是赋予一个人才能、塑造人格、促进个人发展的社会活动，也在某一程度上奠定了一个人的基本素质。获得不同教育程度的人，在职业选择与被选择时，具备了不同的能量，这关系到一个人的职业生涯开端与适应期是否良好，更关系到职业后期的发展。一般情况下，教育水平较高的人，在就业后会有较大的发展空间，即使职业不如意，再次进行职业选择的能力和竞争力也更强。

性格与一个人的职业生涯有极大的相关性，从事与自己性格合适的工作，才能充分施展自己的才华，全身心地投入工作，取得更好的成绩。如果性格与工作不适合，再好的能力也难以发挥。

身心素质就是生理和心理素质，一个人在进行职业生涯规划时，还要考虑个人的身体和心理情况与目标职业的要求是否适合。有的职业对视力、身高、体重等生理因素有要求；有的职业对反应敏捷度有要求；有的职业对抗压承受能力有要求；有的职业需要不断重复某一种操作等。

简单来说，价值观就是一个人用于区别好坏、分辨是非及其重要性的心理倾向体系。价值观使人的行为带有稳定的倾向性，也能够反映一个人对客观事物的是非及重要性的评价。因此，不同的人对同样的工作有着不一样的态度，同样的人对不同的职业有着不同的抉择。人们常常根据自己对职业的评价和价值取向来选择未来的职业。人们在不同的年龄阶段、不同的阅历、不同的职业经历情况下，对职业的选择和调整方面有着不同的动机和需求。

2) 社会因素

社会因素有着丰富的内容，包含社会的政治经济体制与形势、社会文化与习俗、职业的社会评价等，这些社会因素决定着社会上职业岗位的层次、数量与结构，决定着行业或企业出现的随机性与波动性，也决定了人们对不同职业的认可和步入职业生涯、调整职业生涯的决策。社会对不同岗位的赞誉或贬低的态度和程度，都会影响人们步入职业生涯的基本方式，开始职业生涯后的基本态度，以及由此引起的职业生涯的变化。此外，人们所处的学校、社区、工作单位、家族关系、人际交往氛围等这些狭义的社会因素，也决定了其具体的活动范围、内容，以及其职业生涯的际遇。

就业市场的供求关系、国家有关劳动与人事方面的政策及法规的颁布与实施等，也是影响一个人职业生涯规划的社会因素之一。

3) 家庭因素

家庭是每个人出生后的第一所学校，一个人的家庭也是造就其素质以至影响其生涯的主要因素之一。从幼年起，人们就开始潜移默化地受到来自家庭的影响，从而形成一定的价值观和行为模式。有的人还会从家庭中自觉或不自觉地获得某些行业领域相关的职业知识或技能，从而影响其职业理想和职业目标，以及未来的职业选择。此外，在大学生择业期和就业后的流动中，家庭成员往往给予了一定的影响或干预，这种影响有时在很大程度上是长期性的。

除此之外，每个人都要对家庭及财务状况承担一定的义务，家庭的财务状况也是影响职业生涯规划不可忽略的要素之一。家庭负担重的人，家庭责任促使其就业的压力提高，迫切性更强，甚至会改变原来规划的职业目标。因此，在职业生涯规划时，不得不考虑家庭财务状况、负担状况等因素，以此平衡道德与理想之间的关系。

4) 环境因素

环境对个人的职业有着直接或间接的影响，它左右着人所从事的行业，改变着人生的发展轨迹。环境可分为地理环境和行业环境。地理环境指的是工作所处的地理位置及自然环境。越来越多的人对工作的环境非常重视，例如，很多土木工程的学生因为心理或生理原因，无法接受下工地而纷纷转行。此外，同一行业在不同的地区会面临不同的状态，例如，旅游行业在一些旅游城市面临的选择和就业机会更多，而在一些非旅游型城市中，就业面窄且选择性低，从而导致从业者转行。行业环境指的是从事的目标行业的行业宏观及微观环境，包含行业发展状况，行业发展会受到哪些影响，行业的优势和劣势，以及行业前景。在时代的发展下，很多行业渐渐遇冷，而有些行业渐热，还有一些行业一直如日中天。在不同的时代背景下，有些行业得到了保护，有些行业被限制，有些行业被大力支持，这些都会影响职业条件、职业要求、酬劳福利等，进而影响就业者的职业生涯规划。

2.2　职业生涯规划的设计与实施：职业生涯规划书

职业生涯规划的目的不仅仅帮助个人找到理想的工作，达到和实现个人目标，更重要的是帮助一个人真正地了解自己，帮助自己进一步详细估量主客观条件和内外环境的优势和限制，筹划未来，设计出符合自己特点的、合理可行的职业生涯发展方向。因此，生涯规划的设计应该是全方位的，能够使个人事务、职业生涯和家庭均衡发展，相互促进。

大多数人都认为自己对自己有足够的了解，但很多错误的职业生涯抉择就是因为对自己认识不清导致的。职业生涯设计的目的是通过以往成长经验的反思，评估自己的价值。求职者在设定职业生涯前，应全方位地分析自身的优势、弱势、机会和威胁，同时，充分且正确地认识到自己本身的条件、相关环境，必须对自己本身及环境有深层次的了解，并以此设定职业生涯及目标的基础。

在充分认识自己之后，求职者需要着手考虑人生和职业规划中的具体细节。这样，就需要有一个个人职业发展计划，这个计划可以是5年的计划，也可以是10年、20年，甚至更长久的计划。

因此，我们也可以简单理解为，职业生涯规划=知己+知彼+抉择。

2.2.1　职业生涯规划的步骤

职业生涯规划是一个长期、连续的过程，确保其顺利完成的步骤，包括客观认识自我、评估职业环境、设定职业生涯目标、制订行动计划并实施、评估与反馈。

1. 客观认识自我

在制定职业生涯规划前，求职者应明确"我是一个什么样的人？我将来想做什么？我能干什么？"等一系列问题。自我认识的目的是更好地了解自己。求职者只有认识了自己，才能对自己的职业做出正确的选择，才能选定适合自身发展的职业生涯路线。自我认识的内容包括自己的兴趣、特长、性格、学识、技能、智商、情商、思维方式及社会自我等。

近几年来，MBTI人格类型测试在生活和网络中广受欢迎。很多企业招聘时会关注求职者的人格类型，求职者也会根据自己的人格类型匹配适合的职业与企业。

2. 评估职业环境

职业环境的评估主要是指评估各种环境因素对自己职业生涯发展的影响。求职者在制定职业生涯规划时，要分析环境的发展变化情况、自己与环境的关系、自己在这个环境中的地位及环境对自己提出的要求等。求职者只有充分了解了这些环境因素，才能在复杂的环境中趋利避害，使自己的职业生涯规划具有实际意义。

职业环境的评估主要包括四方面内容，如图2-1所示。

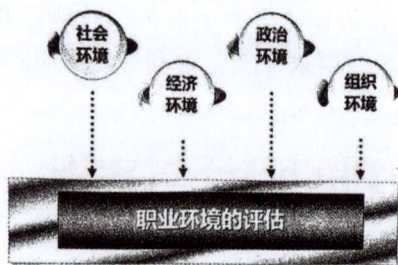

图2-1　职业环境的评估

3. 设定职业生涯目标

求职者应在选择专业之后设定职业生涯目标。按职业生涯目标时间的长短，职业生涯目标可以分为短期目标、中期目标和长期目标。

(1) 短期目标：一般为1～2年。

(2) 中期目标：一般为3～5年。

(3) 长期目标：一般为5～10年。

职业生涯目标应具有一定的挑战性，同时要符合自身的性格特点、顺应环境的发展趋势。求职者通过一段时间的学习，确定了自己的大学生涯发展方向后，未来职业生涯目标的设定也就不在话下了。

4. 制订行动计划并实施

这里所说的行动是指落实目标的具体措施，主要包括工作、训练、教育、轮岗等方面的措施。例如，为达成目标，在工作方面，计划采取什么措施来提高工作效率；在业务素质方面，计划学习哪些知识和技能来提升业务能力等。这些计划要具体，以便于定期检查。

5. 评估与反馈

正所谓"计划赶不上变化"，因此，求职者要使职业生涯规划行之有效，就应不断地对职业生涯规划进行评估与修正。一般来说，修正的内容包括职业的重新选择、人生目标的修正、实施措施与计划的变更等。

此外，求职者可以只对某个阶段性目标的实施路径进行修正，也可以对理想中的目标进行更改等，但这一切都应符合客观现实的需要。

2.2.2　职业生涯规划书

1. 职业生涯规划书的内容

对于大学生而言，其职业生涯规划书的结构相对简单，主要包含以下内容。

(1) 题目。包括姓名、规划期限、年龄跨度、起止日期。

(2) 引言。主要写规划的目的，以及自己对规划意义的认识。

(3) 自身条件及潜力测评结果。

(4) 发展环境分析。包括对政治环境、经济环境、学校环境的分析，还包括专业发展前景分析、相关的职业与行业环境分析，以及所在班级与学院的情况分析。

(5) 大学生涯发展方向及总体目标。

(6) 目标分解及目标组合。

(7) 目标的评估。多听取老师、家人、同学、朋友，以及其他一些了解自己或能帮助自己的人的意见，征询他们对自己大学生涯发展目标的建设性意见。

(8) 目标与现实的差距分析。即自身现实状况与实现目标之间的差距。

(9) 确定目标实现或成功的标准。

(10) 缩小差距的方法及实施方案。

(11) 总结。

撰写职业生涯规划书其实没有固定的格式，只是将我们的职业理想、生活理想文字化和条理化，常见的类型包含文字型和表格型。

2. 职业生涯规划书的样例

样例如图2-2所示。

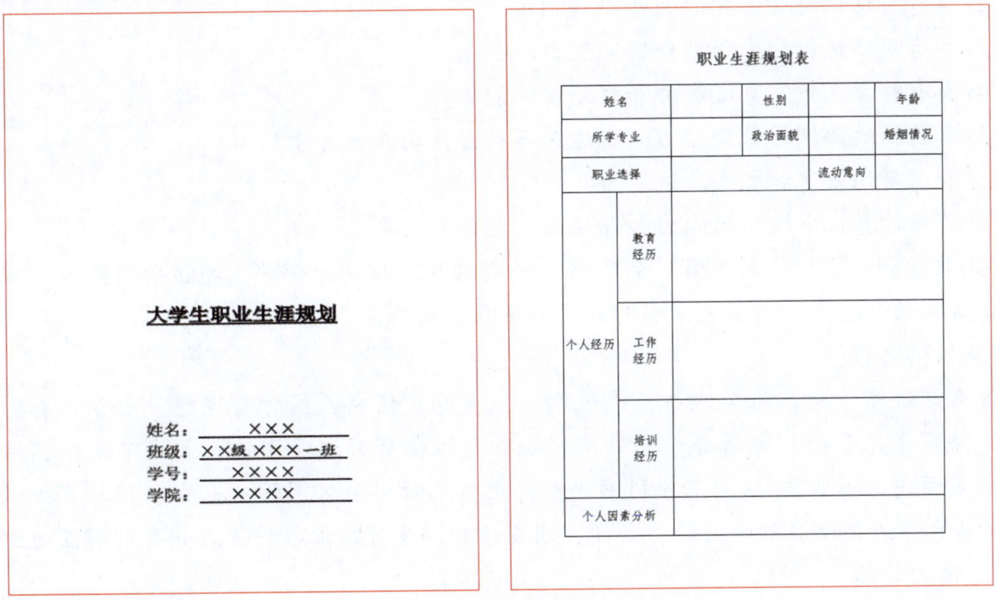
大学生职业生涯规划

姓名：×××
班级：××级×××一班
学号：××××
学院：××××

职业生涯规划表

姓名		性别		年龄
所学专业		政治面貌		婚姻情况
职业选择			流动意向	
个人经历	教育经历			
	工作经历			
	培训经历			
个人因素分析				

图2-2　职业生涯规划书样例

学生职业生涯规划书的样例如下。

1. 自我认知

1.1 职业兴趣

职业兴趣自我测评可依据美国职业指导专家霍兰德(John L. Holland)的理论，对职业兴趣类型按表2-1的顺序进行评价。

表2-1　职业兴趣类型

类型名称	得分	类型解释
现实型	8分	动手能力强，做事保守，较为谦虚
研究型	5分	抽象思维能力强，求知欲强，善于思考
艺术型	7分	思维活跃，创造力丰富，感情丰富
社会型	4分	喜欢与人交往，善言谈
企业型	7分	具有领导才能，为人务实
传统型	8分	尊重权威和规章制度，具有自我牺牲精神

1.2 职业价值观

工作的目的和价值在于帮助他人或为社会做贡献，直接为别人的幸福和利益尽一份力。同时，希望自己的工作不受他人约束与限制，有良好的工作环境，尝试不同的工作内容，使自己不断进步。

1.3 职业能力

(1) 有自动化专业或其他相关专业的本科以上学历。

(2) 具有自动化与管理方面的知识与训练。

(3) 具有观察试验能力和调查研究能力。

(4) 具有综合分析、集成能力和规划设计能力。

(5) 有较强的协调、社交能力，能适应各种复杂局面，善于创新。

(6) 有较好的语言和文字表达能力。

(7) 具有计算机中级应用能力和外语阅读能力。

(8) 敢于和善于提出新见解、新思路，并能够及时接受、倡导、推进暂时没有一定部门或岗位负责的新技术、新工艺、新材料、新方法。

1.4 性格特征

优点是性格外向，为人诚恳，严谨细心，富有责任感，同时有理想、自信，喜爱团队合作，做事考虑全面，力求公平和效率。缺点是性格有时过于固执，做事不果断，做事时总有很多顾虑，不敢尝试。充分利用优点，把自己带出劣势围障；充分利用一直关心和支持我的庞大亲友团，真心向同学、老师、朋友请教，及时指出各种缺点并有针对性地改正。

1.5 能力评估

经过三年的学习，我已经熟悉自动化相关的自动控制设备生产制造流程，有丰富的生产管理、成本控制、质量管理、设备物流管理等实务经验。精通IE手法和工具，运用精益生产经验可分析并解决生产制程的问题。性格直爽、乐观、自信的我，为人坦诚、做事认真、接受与理解力强。对于自己要做的事情一定会尽心尽力、尽职尽责将其做到最好，在任何环境下都能用最短的时间去适应。

1.6 自我分析小结

虽然恒心不够，但可凭借那份积极向上的热情鞭策自己，久而久之，职业素养可以慢慢培养起来。充分利用自身优势，真心向同学、老师、朋友请教，及时指出自身存在的各种不同问题，并制订出相应计划进行改正，经常锻炼，增强体质，以弥补体质不够带来的负面影响。要有温情，有同情心，反应敏捷，有责任感。非常关注别人的情绪、需要和动机。善于发现他人的潜能，并希望能帮助他们实现。能够成为个人或群体成长和进步的催化剂。忠诚，对赞美和批评都能做出积极的回应。友善、好社交，在团体中能很好地帮助他人，并有鼓舞他人的领导能力。

2. 职业认知

2.1 外部环境分析

(1) 家庭环境分析。

家庭环境和睦，父母平时无争吵。家中经济条件不错，有更多的就业机会。

(2) 社会环境分析。

当今经济全球一体化，我国已从工业化社会进入信息化社会；我国加入世界贸易组织之后国际竞争更加激烈；加上近期的国际金融风暴，新的机会在产生。

(3) 就业环境分析。

大学毕业生越来越多，就业压力越来越大，再加上金融危机所带来的一系列问题，我们至少要一技之长，才能立于不败之地。如果从事行政管理，应具备行政学、政治学、管理学、法学等方面的基本理论和基本知识，受到行政学理论研究、公共政策分析、社会调查与统计、外语、公文写作和办公自动化等方面的基本训练，具备行政管理的基本能力及科研的初步能力，这方面是我的不足，因此我更应该选择技术型工作。

2.2 职业定位

职业目标：将来成为一名自动控制固件开发工程师，再通过自己的努力成立自己的自动控制固件设备企业。

2.3 SWOT分析

(1) 优势：注重实践，关心结果；能够自始至终地关注组织的目标；责任心强，容易取得别人的信任；办事精确，效率高，很少出错，有把工作做好的强烈愿望；处事客观，能够敏感地觉察出不合逻辑、不连贯、不现实和不称职的人或者事情；有果断的决策能力和较强的组织管理能力，必要时能够快刀斩乱麻，意志坚定；相信传统的可取之处，并且能够遵循传统模式；可以很好遵循已经建立起来的工作安排和工作程序。

(2) 劣势：不愿意尝试新的、没有经过考验的观点和想法，对变动感到不安，排斥变革，对不遵循工作程序和忽略重要细节的人有点不耐烦；对低效率的或者需要花很长时间才能完成的工作或者程序缺乏耐心；往往只考虑眼前利益不考虑长远利益，难以看到将来的可能性，对于方针或者决定将会对别人造成什么样的影响缺乏敏感；可能忽略他人的情感和意见，有为了实现自己的目标而无视他人利益的倾向；不喜欢听相反的意见，可能频繁打断别人的发言。

(3) 机遇：要成为一名合格的自动控制固件开发工程师，我还有很多东西要学。在国外，自动控制固件开发工程师在企业中很重要，现在，国内自动控制各类固件的生产和使用也正在被引入企业，因此未来发展的空间很大，缺口很大。

(4) 挑战：好的自动控制固件开发工程师应具备"一专多能"，知识广泛；坚实的编程技术基础，良好的语言、文字表达能力；良好的沟通、协调能力；良好的团队合作能力。成为一名企业家应具有良好的领导能力及人际关系；终身学习、持续创新的能力；坚持原则、永不言败的精神；超强的抗压能力；善于观察、勤于思考且具备一定的心理学知识；广阔的心胸；工作的主动性。以上品质，有些我还不具备，我应更加努力。

3.职业生涯规划设计

(1) 早期职业规划管理：毕业后，我准备应聘自动控制固件开发工程师。如果不能达到这个目标，我也不会就此放弃。我会认真详细分析自己的差距，如果是自己能力的问题，我会先就业，在工作期间认真学习自动控制和固件开发方面的知识，不断提升自己的能力，继续通过各种渠道应聘自动控制固件开发工程师的相关工作。

(2) 中期职业规划管理：如果在职业生涯早期不能达到我预期的人生目标，即成立自己的自动控制固件设备企业，我会认真分析。如果是自己的能力不行，我会继续留在企业，提升自己的能力和专业水平；如果是资金、人脉等创业条件不具备，那我将调整思路，再用几年时间继续准备。

(3) 我的职业生涯目标及进程。

① 2023—2024年：毕业初适应期。

完成任务：通过各种渠道找工作；适应工作岗位，融入企业文化。

执行方案：找工作可以充分利用亲戚、同学和好友的优势，认真、慎重地选择自己的第一份工作。初步找到适合自身发展的工作环境、岗位。找到工作后，尽快熟悉工作流程，在岗位上尽心尽力，主动积极、高效地完成分内工作，注意自己的言行举止，虚心向他人请教所遇到的困难和问题，与同事们建立良好的关系。继续努力利用业余时间学习自动控制和开发方面的专业知识。

② 2024—2025年：熟悉适应期。

完成任务：为创业做好各方面的准备工作；取得固件开发工程师证书；发展人脉；开始考虑成家。

执行方案：积极配合领导工作，留意观察领导平时对待问题、处理问题的方式、方法，虚心请教；平时勤于思考，分析本部门的发展、运作情况，向领导多提建设性的意见和建议。利用业余时间学习，参加培训，取得固件开发工程师(初级)证书。阅读企业管理方面的书籍，积极为将来的创业打下基础。定期与朋友、同事聊天，增进彼此友谊。

③ 2025—2026年：创业准备期。

完成任务：为创业做好各方面的准备工作；取得固件开发工程师(中级)证书；发展人脉；继续考虑成家。

执行方案：加强经济方面的学习，观察市场动态，为自己的创业打下理论基础；利用业余时间参加培训，取得固件开发工程师(中级)证书；在岗位上，尽我所能为企业效力，开展自动化固件设备活动，提升企业的竞争力；充分发挥自己善于沟通的能力，广交朋友，筹集资金，为创业做好准备；制定生活时间表，约束自己更好地执行。

④ 2027—2028年：创业艰难期。

完成任务：着手开创自己的企业；取得固件开发工程师(高级)证书。

执行任务：利用两年左右的时间做好创业的各项准备工作。此阶段要充分发挥自身能力，并依靠亲友团的强大支持，建立一个小的团队；寻求多方的支持和资助，集合资金，使自己的事业起步。利用业余时间参加培训，取得固件开发工程师(高级)证书。

⑤ 2028—2029年：事业发展期。

完成任务：开创个人事业的全新局面，创办属于自己的自动控制固件设备企业。

执行任务：进一步扩大自己的生活圈子，结交更多的朋友，使自己的人生事业达到第一个高峰。此阶段生活、工作压力最大，必须调整好自身状态，以保证能更好地投入事业发展中，坚持参加体育运动，增强体质。制定生活时间表，让家庭成员督促执行。建立小家庭，教育好下一代。

4. 结论

记得曾听说过："一个人的悲哀不在于目标未达成，而在于没有目标可达成。"如果你对自己的人生毫无目标，毫无规划，我不敢说你不会走向成功，但有一点可以肯定的是，你将会比准备充分的人走更多的弯路，遇到更多的挫折。成功没有捷径，但是有方法。选择比努力更重要，方向比速度更重要。记住：当规划好自己的职业生涯时，就相当于已经从选择与方向这方面开始，再加上自己的努力与速度，人生将会飞黄腾达。计划固然好，但更重要的在于其具体实践并取得成效。任何目标，只说不做到头来都会是一场空。然而，现实是未知多变的，制订出的目标计划随时都可能遭遇问题，要时刻保持清醒的头脑。一个人要想获得成功，就必须拿出勇气，付出努力，拼搏、奋斗。成功不相信颓废，成功不相信幻影，未来要靠自己去打拼，要靠自己的努力。

第 3 章

职业生涯管理

3.1　职业环境

职业环境是指对某种职业生涯发展可能造成影响的各种环境因素。对职业选择和发展的环境因素进行合理的分析，是职业生涯的科学规划和管理中不可或缺的一步。大学生在制定职业生涯规划时，要分析环境的发展变化情况、自己与环境的关系、自己在环境中的地位及环境对自己的要求等。只有充分了解这些环境因素，才能在复杂的环境中趋利避害，使自己的职业生涯规划具有现实意义。

3.1.1　社会环境

一般情况下，社会环境包含社会背景环境、行业环境、组织内部环境和岗位环境。

1. 职业所处的社会背景环境

社会背景环境分析就是评估大学生职业发展的宏观环境及其发展变化趋势。

1) 区域状况及经济发展水平

地域环境不一样，地方的经济水平不同，人才储备、发展空间、竞争状态则不同。选择不同城市就业，各有利弊。应根据自己的实际情况，综合地考虑区域的优势，选择适合自己的区域。

2) 社会文化环境

社会文化环境通常是指一定社会形态下教育水平、道德规范、宗教信仰及世代相传的风俗习惯，体现了国家或地区社会文明程度的精神财富的总和。在良好的社会文化环境中，个人在工作、学习或生活等各个方面，可以获得更好的教育和熏陶，从而为职业发展打下良好的基础。

3) 社会职业价值观念

目前，我国社会职业价值观念的特征为多元并存，新旧交替。了解和分析整体社会职业价值取向，更有利于自我职业价值观的确立和调整，有利于明确自己的职业选择方向，以及制定适合社会发展的生涯规划。

2. 职业所处的行业环境

在做职业选择的时候，需要调查行业内人才的基本要求，储备和竞争的状况等。

1) 行业发展现状

随着经济和社会分工的不断发展，社会行业的数量、种类、结构和要求等也在不断地发生变化。行业发展还将继续随着社会的发展不断地发生变化，因此，大学生在做职业生涯规划和就业选择时，不仅要驻足现在，而且要放眼长远，用动态的眼光审视行业的发展方向。

2) 行业发展前景

在了解目标行业发展阶段的同时，还需要进一步明确自己的目标行业是属于新兴行业还是传统行业。不能以行业的发展时间长短来判断一个行业的未来前途，而是要看这个行业是否具有较强的生命力和强大的资金技术支持，相关的国家政策、法律法规的鼓励和扶持，以及当前国内外的形式等因素也是评估点之一。最后要结合自身的职业兴趣爱好等做出理性的判断和选择。

3. 职业所处的组织内部环境

一般在分析一个组织内部环境时，要分析组织内部的人员状况、实力与规模、组织内部结构和组织文化。

1) 组织内部人员状况

在确定自己的目标单位后，可以通过浏览单位网站、与单位普通员工交谈或到单位实地进行考察等方式，对组织进行了解。应注重观察领导人的领导风格、教育背景、处世方式，以及员工的工作情绪、工作热情和员工间的默契，分析目标单位的人员状况与工作氛围，并与自己的预期值比较，从而做出正确的选择。

2) 组织实力与规模

对组织实力与规模的调查需要对组织的人员规模、设备条件、经济实力、发展前景等进行分析。这些信息一般可以从该组织单位的网页、一些相关报道和行业排行中获得，也可以进行实地考察。

3) 组织内部结构

组织内部结构的基本架构是资质管理的重要组成部分，关系到员工的能力培养、发展方向和晋升机会。学生要了解目标组织的内部结构特点，并结合自己的工作理想抱负和奋斗目标具体分析，选择适合自己的组织机构单位，确定当下及未来自己在组织中的位置。

4) 组织文化

组织文化是指在一定的社会、政治、经济、文化背景条件下，组织在生产与工作过程中所创造或逐步形成的价值观念、行为准则和团体氛围的综合。企业文化的人文力量，可以为员工创造一个具有和谐人际关系、能够充分发挥各自能力、实现自我价值、具有丰富多彩生活的宽松的工作环境。

4. 职业所处的岗位环境

每个入职者都有必要在做规划时对岗位职责、工作要求、薪资情况、岗位流动状况等进行了解。所有的工作岗位都有两个最基本的要求，一方面是通用要求，包括基本的知识要求、素质要求和能力要求；另一方面是特殊要求，包括特殊的专业技能要求等。

3.1.2 自身环境

人的职业生涯发展具有不同的可能，每个人最终都会有自己的职业归宿。最直接影响个人职业选择的莫过于自身的生存生长环境。为此，在制定自己的生涯规划时，必须考虑和分析自身的环境，分析影响自己生涯规划发展的内在因素。

1. 家庭因素

大学生在做个人职业生涯发展规划时，应充分考虑自己的家庭生活背景，分析家庭状况可能给自己提供的机会，以及可能会给自己造成的负担，以免今后产生工作与家庭的冲突。

2. 专业知识

在做职业规划时应该尽量考虑应用自己的专业知识。由于目前就业形势、职业发展趋势和各职业能力要求的变化，通用型人才具有普遍的适应性和更广阔的发展空间。因此，应该在学习专业知识时，努力学习新知识，特别是一些通用知识，提高自己的实际操作能力，这样才能提高自己的适应能力和工作能力。

3. 个人经历

为了使自己的个人职业生涯规划更加合理，更具有可行性，必须在求学阶段尽可能地增加自己的社会阅历和人生经历。

4. 社会关系

要仔细分析自己周围可利用的社会资源，如学校的整体环境资源、老师的资源、同学的资源，以及自己的前辈们所能提供的资源。这些资源不仅是一种财力或物力上的支持，而且是经验上、智力上和精神上的支持。大学生应该学会如何发现和利用自己周围环境的可利用因素，这也是一种基本的生存技能。

3.1.3 SWOT分析法

SWOT法又称态势分析法，最早由旧金山大学的管理学教授海因茨·韦里克(Heinz Weihrich)在20世纪80年代初提出，主要用于制定集团发展战略与分析竞争情况。SWOT是英文strengths(优势)、weaknesses(劣势)、opportunities(机会)、threats(威胁)的缩写。其中，优势与劣势是针对个体自身而言的，而机会与威胁是针对外部环境而言的。通过这种方式，可以综合自身的优劣势，认清周围的职业环境，从而做出最佳决策，其分析方式如图3-1所示。

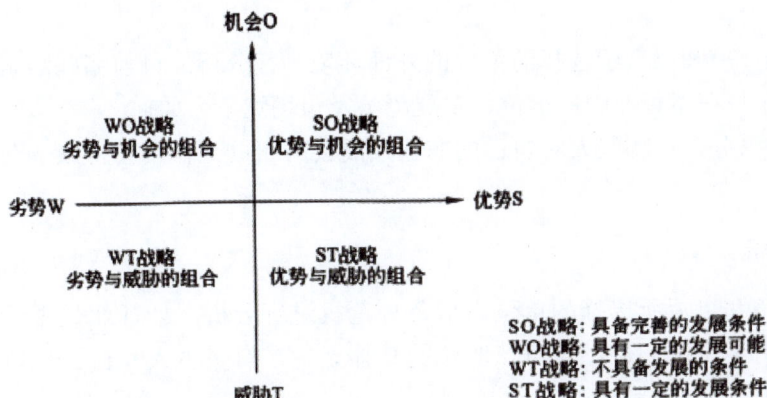

图3-1　SWOT分析示意图

SWOT分析法不仅适用于职业生涯决策和构建自身的SWOT矩阵，还可以评估职业发展机会，如图3-2所示(读者可根据实际情况自行补充)。

优势：	机会：
1.	1.
2.	2.
3. 利用优势和机会的组合	3. 改进劣势和机会的组合
劣势：	威胁：
1.	1.
2. 消除劣势和威胁的组合	2. 监视优势和威胁的组合

图3-2　SWOT分析表

1. 优势分析

(1) 你曾经经历过什么，即已有的人生经历和体验，如在学校期间，曾经参与或组织的实践活动，获得过的奖励等。这反映出一个人的素质状况。在自我分析时，要善于总结经验，确定未来的工作方向和机会。

(2) 你学习了什么。在学校学习期间，你从专业学习中获得过什么培训，自学过什么，有什么独到的想法和专长。

(3) 最成功的是什么。你可能做过很多事情，但最成功的是什么，是偶然还是必然。通过分析，可以发现自我性格优势，如坚强、果断，以此作为个人深层次挖掘的动力的闪光点，也是职业规划的有力支撑。

2. 劣势分析

(1) 缺点，如不善交际、感情用事等。

(2) 经验或经历中所欠缺的方面。例如，学管理专业，却没有管理经验；学中文或新闻专业，却没有到报社实习，缺乏实践经验；学市场营销专业，却没有营销策划经历等。

3. 机会分析

(1) 社会大环境的认识与分析：当前社会政治、经济、科技的趋势是否有利于所选职业的发展。

(2) 对所处环境和以后所选择的单位的外部环境进行分析：目前哪些因素对自己有利，将来所选择的单位在本行业中的地位、发展趋势及市场竞争力如何。

(3) 人际关系分析：哪些人对自己的职业发展会有帮助，作用会持续多久，如何与他们保持联系。

4. 威胁分析

对所处环境和以后所选择的单位内部各种危机进行分析，如行业是否萎缩，单位是否重组或改制，有无空缺职位，竞争该职位的具体条件，有多少人和自己竞争这个职位，目前有哪些因素于己不利，等等。

3.1.4 职业环境分析渠道

可以通过以下几种渠道对职业环境进行分析，做到早定位、早准备。

1. 充分利用网络资源

网络上的资源不仅能获取招聘信息，而且能了解职业环境，并为职业生涯规划决策服务。如今，大学生可以通过互联网获取很多信息，如提前了解用人单位的基本概况、行业排名、单位的发展状况、用人标准等。

2. 生涯人物访谈

对职场人士进行访谈是了解职场社会最直接且最易操作的一种方式之一。大学生可以根据自己的专业或兴趣选择不同的职业人士进行访谈与调查，借鉴他们的成功经验，吸取他们的教训，避免今后走弯路。可以将他们的生涯规划道路与自己的进行比较，进而不断地调整自己的职业生涯规划。

3. 参观、实习

大学生可以利用寒暑假，主动联系目标职业的单位进行实习，亲身走进企业，将自身所学运用到实际工作环境中去，真正做到理论与实践相结合，并从实际工作中寻求自身所学与实际能力要求之间的差距，查缺补漏。同时，加强对职场的认识和理解，从而达到增加阅历、积累经验、增长才干的目的，利用职场中的所学所感指导自己今后的职业生涯规划。

3.2 职业决策

职业决策是职业生涯规划过程中最重要的环节，是对职业发展方案和职业发展方向做出审慎决定的系统过程。这一过程以了解外在职业环境和认识自我为基础，需要从众多的工作领域和工作机会中做出合理的选择，如对行业类型、工作性质、工作地点和发展潜力等内容进行综合分析和筛选。由此可见，职业决策在职业生涯规划的过程中具有导向性作用。

3.2.1　职业决策的概念

　　职业决策是职业生涯规划的进一步精炼，是职业生涯规划过程中最重要的环节。其含义是职业的方向决定与方案选择，另外，它还涉及职业方案的设计等内容。具体来讲，职业决策需要个人根据外在环境的特点进行全面探索和分析，从而对职业生涯的规划和发展进行综合考虑，最终制定和选择可行的发展方案。虽然职业决策的影响因素有很多，但主要依赖于个人的分析和判断。个人对职业方向的判断和把握，很大程度上决定了职业生涯发展的空间和高度。由此可见，应清楚地了解和认识职业决策在职业生涯中的位置和重要性，职业决策是科学规划职业生涯的前提。

　　职业决策的目的是选择最优的职业发展方向，这就需要大学生根据各种条件，经过一系列的判断和筛选，确立个人的职业目标，并设计出达到目标的最佳行动方案。这个过程除了受外在环境的影响，还需要大学生通过意识、思考、分析和行动来进行方案的策划并做出选择，这与个人的心理特征密切相关。

　　大学生在分析职业前景的过程中，需要有清晰的人生目标，从而理智地罗列出可供选择的方案，并能结合现实状况进行相应的分析和评估。由于受到个人价值观、文化环境和社会经济等因素的影响，职业决策的制定方案需要根据实际情况进行相应的调整。在整个职业生涯的发展过程中，职业决策的后续事宜还涉及一连串阶段性目标的可行性问题。若方案和计划过于短浅，发展过程又缺少后续推动力，将不利于职业生涯的长远发展，很可能会让人丧失奋斗的热情。

3.2.2　职业决策的类型

　　职业决策的类型是由个体的决策风格决定的，而决策风格是可以通过后天的学习和经验逐渐养成的。在对职业决策风格的研究过程中，按照个人对职业自我和职业世界的了解程度，可将职业决策类型分为理性型、直觉型、犹豫型和依赖型4种类型，如表3-1所示。

表3-1　职业决策的类型

类别		职业自我	
		了解	不了解
职业世界	了解	理性型	犹豫型
	不了解	直觉型	依赖型

　　从表3-1中可以看出，职业世界与职业自我共有4个交叉格子，每个格子代表一种决策类型。例如，一个人既了解职业世界又了解职业自我，他表现出来的职业决策类型就是理性型；若他既不了解职业世界又不了解职业自我，他表现出来的职业决策类型就属于依赖型。下面介绍各个职业决策类型的特征。

1. 理性型

　　理性型决策方式强调通过综合全面的信息做出理智的思考和冷静的分析判断，以周全的考量进行分析和评估，是最受推崇的决策方式。该类型的决策者崇尚逻辑分析，往往在收集充足信息的基础上，权衡多方的利弊得失，通过理性的思考做决定，以长期效用作为决策的基础依据，这是其他类型决策者所欠缺的。然而，理性型的决策方式也并非完美，该类型的决策者需要避免因强烈的自尊心而忽视整合自己与他人观点的问题，以免造成不必要的麻烦。

2. 直觉型

直觉型决策方式以置身特定情景中的感受或者情绪作为决策的依据，由于决策者做决定全凭直觉和感受，行事比较冲动，因而很少对必要的信息进行收集。该类型的决策者常常会因决策的不确定性产生不良情绪，从而渴望尽快完成决策而摆脱烦恼，由于对快速做决策的过程有着强烈的兴趣，故而往往会出于一时冲动，在缺乏深思熟虑的情况下做出决策，因此通常给人留下冲动和果断的印象。由于直觉型决策的风格以自我判断为主导，思维方式侧重关注内在的感受，因而能在信息缺失的情况下快速做出判断。但是，个人的直觉远不如理性分析准确可靠，因此直觉型决策存在很大的不确定性，发生错误的可能性也较大。虽然直觉型决策者有较强的自信心，但若决策失误会给他们造成较大的影响。

3. 犹豫型

犹豫型决策者十分迟疑，即使他们搜集了很多资料和相关信息，也会在内心反复斟酌。他们往往害怕做出错误决策，担心造成不良后果而承担责任，由于缺乏充分的自我认识，故而错过最佳决断时机。这一类型的大学生需要认识到犹豫和拖延的不良后果，增强职业生涯规划的意识和动机。

4. 依赖型

依赖型决策者由于缺少对环境的认识和对自身的了解，往往比较被动和顺从。这一类型的决策者以拖延的方式来回避决策和决定，在做选择时习惯接受他人的意见和看法，通常将他人的肯定、认可和社会评价作为决策的评判标准。但是，过度依赖他人的指导和建议，也可能因为一味地模仿和复制他人的经历，产生不良的后果。

上述4种职业决策类型分析，虽然不能直接运用于职业决策环节，但可从职业世界和职业自我两方面入手，帮助大学生进一步了解自身的决策特点，从而有针对性地完善对环境和自我的认识，以便更好地进入职业决策的状态。对职业决策类型的探索，是为了研究和分析职业决策的风格和动机，通过分析各个决策类型的利与弊，帮助大学生解决职业决策过程中存在的问题，最终设计出职业生涯发展的最佳方案。

3.2.3 职业决策的原则

职业决策不单单是拟订出职业发展的方向，还需要对整个职业生涯的发展进行长远的展望。如果职业决策太过草率肤浅，职业生涯规划便失去了后续的发展支撑，容易让人丧失奋斗的热情，从而不利于职业生涯的长远发展。大学生在进行职业决策时，需要考虑的因素有很多，主要可以从生存发展的需要，个人的兴趣、能力、价值取向和社会需求等方面进行综合衡量。总体来说，职业决策的原则性问题包含以下三方面。

1. 兴趣发展原则

职业生涯规划的核心在于从事一项自己喜欢的工作。从事自己喜爱的工作，可以有效地将热情转化成兴趣，并最终发展成为从事该项工作的长久动力。在进入大学开始独立生活以后，每个人都会经历各自不同的学习和成长阶段，兴趣和爱好变得十分广泛。但如果缺乏长久的兴趣和长远的计划，当需要选择其中一项作为终身事业时，往往会无所适从。所以，在做职业决策时，不仅要选择自己喜欢的职业方向，还需要主动培养自己的职业兴趣。

2. 能力胜任原则

职业生涯发展的核心在于从事一项自己擅长的工作。从事任何职业都需要具备相应的职业技能，这样才能更好地满足职业岗位的需要。在制定职业规划时，大学生要认真分析自己的优缺点，根据自己的能力特征和个性特点，选择一个既喜欢又有能力胜任的工作岗位，以便最大限度地发挥自身的价值。

3. 利益整合原则

职业生涯维持的核心在于从事一项收益相当的工作。职业作为个人谋生的手段，其目的在于追求物质和精神上的满足，并最终实现个人的幸福。而影响一个人理性职业决策的因素，除了兴趣和特长，还涉及职业回报、行业发展状况和发展前景。所以，在进行职业决策时，不仅要考虑个人预期的经济收益，还要考虑精神需求的满足和发展前景等因素，最终在收入、社会地位、成就感和工作付出之间做出明智的选择，使个人在整个职业生涯的发展过程中收益最大化。

3.2.4　职业决策的方法

职业生涯规划是个体通过对个人能力、兴趣、性格和价值观的解读，并结合外界环境施行的总体战略部署。合理的安排和决断是这一战略发挥作用的关键，因此需要运用宏观的手段进行合理的决策。这就要求个体在环境分析的基础上，不仅要使职业生涯发展的方向符合个人的实际情况，还要安排和实施后续的行动过程。

职业决策的目的是寻找和优化职业生涯的发展方案。由于职业决策与大多数即时决策不同，这个过程中没有固定的选项和思维模式，因此，具体做出的选择在现实条件和要求之间可能存在不同程度的冲突。职业决策方法有很多，主要有5W分析法、CASVE决策法、决策平衡单等。

1. 5W分析法

5W分析法是职业决策过程中最简便易行的方法，又叫"What归纳法"。国内外很多专业的职业咨询机构在辅助个人进行职业规划时，通常采用问句的方式，协助个人逐次进行筛选。在实际运用中，通过依次回答下列5个问题，并找到它们的交集，就可以确定职业生涯规划的大体方向。

- Who am I？我是谁？
- What will I do？我想做什么？
- What can I do？我会做什么？
- What does the situation allow me to do？环境支持或允许我做什么？
- What is the plan of my career and life？我的职业与生活规划是什么？

在不同的情况或个体间，具体的提问内容可能有所差异，但大体的方向和原则是一致的，在此可以将这些问题分解成以下内容。

(1) 个人特征。根据自身状况进行感知，这需要大学生对自己有一个清晰而深刻的认识。把个人的性格特征、特长、能力等方面的优势挖掘出来，可以更加清晰地明确目标的范围。

(2) 个人喜好。虽然随着年龄和经历的增长，每个人在不同阶段的兴趣发展不完全相同，但兴趣对职业的发展有导向作用是毋庸置疑的，因此，可据此来锁定一个人的职业发展方向。

(3) 个人潜能。除了要考虑个人的性格和特长等因素，对自身潜在能力的分析和预测也十分重要。职业的成功依赖于个人的能力，但职业发展的空间往往受个人潜力的限制。通过对潜能的考查，可以进一步缩小职业决策的目标范围。

(4) 环境许可。职业的发展与环境相适宜是十分必要的，这就要求大学生在做决断时，需要考虑影响职业环境的各种因素，从政治环境、经济环境、法治环境、科技环境和文化环境等方面进行综合考量。

(5) 职业目标。对前4个问题进行筛选，已经将可能的职业方向进一步缩小，这时候需要有一个明确的目标来指引职业生涯规划的实施，从而确立个人职业生涯发展的最佳方向。

通过上述分析，可以逐步缩小目标的范围，再结合实现过程中的各种条件，找到适合自己的最佳职业目标，这是职业决策过程最简单且有效的方法。在实际运用的过程中，可以借助如表3-2所示的内容，通过栏目展现的形式回答每个问题，以便捷地寻求它们之间的交集。

表3-2　"5W"职业项目表

项目	个人特征	个人喜好	个人潜能	环境许可	职业目标
符合条件的职业项目					
职业项目的交集					

2. CASVE决策法

该模型指出，一个良好的决策需要经历 C(沟通)、A(分析)、S(综合)、V(评估)、E(执行)5个步骤，如图3-3所示。

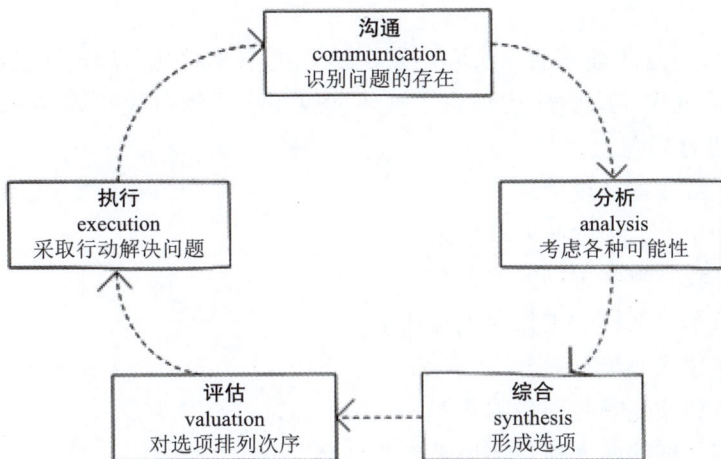

图3-3 CASVE 循环图

(1) 沟通(communication)。在沟通阶段，个体将会收到职业理想与现实之间差距的信息反馈，并通过一定的方式表现出来。例如，当个人意识到问题的所在时，可能会出现一系列厌烦或者焦虑的情绪，甚至是头痛或者身体其他部位不适的信号。另外，在个人接收到来自家人、同事或朋友的交流、询问或者评价，以及从杂志、媒体等相关途径获得信息时，分析和处理问题的意识便会在脑海中形成。这时，人们会通过各种感官来思考和探索问题，发现自身的需要及寻求解决问题的办法，这个阶段称为沟通阶段。

(2) 分析(analysis)。通过前一阶段个体内部的沟通与思考，以及对自身需求的观察和研究，个人会逐渐意识到解决问题的办法。具体而言，职业生涯规划需要建立在对自身兴趣、能力、价值观等自身条件和各种外在环境进行分析的基础上。意识到这一问题后，需要分析现实情况与理想状态之间的共性和差距。

① 分析自我条件。

自我条件主要包括兴趣、能力和价值观等，探究这些个人问题，可以对自身进行有效的分析和了解，具体操作可以参照以下内容。

- 我喜欢做什么？
- 我擅长做什么？
- 我看重什么？
- 我掌握了哪些专业知识？
- 我做什么事情最能够全身心地投入？
- 我做什么事情能得到更多的乐趣与享受？
- 我做什么事情能做到最优秀？
- 我希望工作可以带给我哪些东西？
- 我希望达到的目标是什么？

在这个阶段，问题解决者需要多花心思进行思考和研究，从而更充分地了解自身的情况，在此过程中，首先要弄清楚自己有哪些方面的能力，并尽可能多地将它们罗列出来。其次，要根据自身的实际情况，对这些问题进行思考和分析。只有找到个人的实际需求，才是真正意义上的认识自己。

② 分析环境。

解决问题的一切方法都需要从实际出发，这就离不开对基本环境因素的分析。落实到职业生涯规划的问题中，大学生应该将了解环境放在与了解自我同等重要的位置上，所以不妨从以下方面进行思考。

○ 我需要了解哪些环境因素？
○ 我处于一个什么样的职业环境之下？
○ 环境允许我往哪些方向发展？
○ 我想要一个什么样的工作和生存环境？
○ 我该怎样适应环境？
○ 我能创造和改变哪些环境因素？
○ 我有没有足够的能力抓住环境带来的机会？

结合真实的自我与现实的环境进行分析，是有效把握自己的手段，也是职业生涯规划的必经阶段。在这个多向分析的过程中，大学生通常会改善对自我的认知，不断增加自身对职业世界的认识和需要。该阶段还需要把各种因素和相关知识联系起来，如把个人阅历与职业选择联系起来，或者把个人的生活愿望融入职业选择。客观来讲，分析的透彻与否是产生职业生涯差距的主要原因。

(3) 综合(synthesis)。综合主要是根据分析阶段得出的信息，设计出符合要求的方案。其核心任务是确定解决问题的方法。通过对自身和环境的了解，可以得出许多符合自身需求的职业方向，再将这些职业都列出来，逐步缩小目标的范围。首先，尽可能清晰地认清自己的实际需求，列出可供选择的职业清单；其次，仔细地思考每种途径的可行性；最后，缩小可行办法的范围，尽可能多地满足个人的主要价值观。通常可以筛选3～5个有效选项，这是头脑中最有效的记忆和工作容量的数目，有利于后续的评估过程。

(4) 评估(valuation)。经过综合阶段，已经得出了一组候选职业名单，接下来就需要对得出的职业选项进行详细的评估。这个过程最主要的是评估从事该行业的适应性及个人匹配程度，也要适当考虑对家人和社会的利弊等。最后，对各个选项做一个优先度的排序。

(5) 执行(execution)。执行是CASVE循环的最终目的，其他任务和内容都是为这个实施环节服务的。不管前面分析得多全面，评估得多中肯，要实现职业生涯的良好发展，关键是要在执行阶段将所有想法付诸实践。在执行过程中，不仅需要制订相应的计划，还需要积极地付诸具体行动。这是一个把思考转换为行动的过程，在执行阶段制订相应的行动计划往往令人兴奋，这标志着可以开始采取实际的行动解决问题。若没能满足实际的需要或者达到理想要求，可以再次回到沟通阶段，开始新一轮的CASVE循环，直到职业生涯中的问题被解决为止。

3. 决策平衡单

职业决策实际是平衡多方利弊，并做出最符合自身利益的决断。而决策平衡正是针对这一特点，根据个人的利益和需求，直接对预备选项进行筛选。这种方法经常被应用于实际问题的解决和职业咨询中，前面提到的职业决策方法，都可以运用决策平衡来进行最后的评估和筛选。

1) 主体框架

(1) 内在物质层面的得失。

(2) 外在物质层面的得失。

(3) 内在赞许与否。

(4) 外在赞许与否。

2) 具体运用过程

决策平衡单运用起来简单直观，经过初步的职业筛选，它可以帮助大学生具体地对每个职业选项进行分析。大学生可以通过分析各个方案实施后的利弊得失，结合个人在物质和精神层面的需求，排出各个预备选项的优先顺序，从而得到最优的结果。其具体运用过程如下。

(1) 列出预备的职业选项。需要列出有评估价值的潜在职业选项。

(2) 各项考虑因素的加权计分。大学生需要根据自身的实际情况进行考量，对各个栏目的重要性进行权衡，即根据该栏目的重要程度，分别设定1～5的权重系数。

(3) 判断各个职业选项的利弊。根据各个预备职业在物质和精神上的得失，逐一检视各个职业选项，用0~10的分值，来衡量各个职业在对应栏目下的优势。

(4) 计算出各个职业选项的得分。结合各个栏目的权重系数，计算出各个职业选项的加权总得分。

(5) 排出各个职业选项的优先顺序。依据各职业选项在总分上的高低，排出优先次序，职业选项的优先顺序即可作为大学生职业生涯决策的依据。

在实际运用中，由于"自我赞许与否"和"社会赞许与否"显得比较笼统，因此将这两项改为"内在精神层面的得失"与"外在精神层面的得失"，其实际是由"内在—外在""物质—精神"所构成的四个范围来考虑的。职业决策平衡单如表3-3所示。

表3-3　职业决策平衡单

项目		权重系数 得分	职业1 得分	职业2 得分	职业3 得分	职业4 得分
内在物质层面的得失	1. 经济收入					
	2. 升迁机会					
	3. 办公条件					
	4. 福利待遇					
	5. 休闲时间					
	6. 其他					
外在物质层面的得失	1. 家庭的经济利益					
	2. 对家庭生活的影响					
	3. 社会资源的获取					
	4. 家庭社会地位					
	5. 其他					

(续表)

项目		权重系数 得分	职业1 得分	职业2 得分	职业3 得分	职业4 得分
内在精神层面的得失	1. 兴趣的一致性					
	2. 个性的一致性					
	3. 价值观的契合度					
	4. 个人精神世界的发展					
	5. 其他					
外在精神层面的得失	1. 家庭关系的维系					
	2. 友谊的增进和维系					
	3. 社会关系的培养					
	4. 其他					

3.3　职业生涯管理理论

3.3.1　职业发展阶段理论

每个人的职业生涯发展过程虽各不相同，但根据人的共同生理特点和职业发展的特点，可以发现职业生涯发展有共同的规律可循。许多专家学者对职业生涯发展的过程进行了专门的研究，将职业生涯发展生命周期划分为不同的发展阶段。职业生涯发展阶段理论以心理学为理论基础，综合了差异心理学、职业社会学及人格理论的有关内容，从发展的角度来研究个体的职业行为。

1. 金兹伯格的职业生涯发展阶段理论

1951年，美国著名职业指导专家金兹伯格与其同事在《职业选择》一书中最先提出职业生涯选择的综合理论模型。金兹伯格等人认为应该关注个体成长过程中有关职业选择的决定，这些决定对理解职业选择的过程至关重要。因此，他们选择不同年龄段的学生进行访谈，从中学生、本科生到硕士生和博士生，他们还考虑了环境等其他因素对职业选择的影响，在此基础上形成了职业生涯发展阶段理论。

金兹伯格等认为，职业选择是一个连续发展的过程，具有不可逆转的特点，每一个阶段的发展都为下一个阶段打下坚实的基础，可以实现职业的精细化，而职业领域之间的转换却是费时费力的；另外，职业选择最终总以妥协作为结束，因为个体总是寻求在兴趣、能力、价值和职业之间的最佳匹配。具体来说，个体职业选择可以分为幻想期、尝试期和现实期三个阶段。

(1) 幻想期。幻想期大致出现在6～11岁，这一时期主要的心理和活动为：对外面的信息充满好奇和幻想，在游戏中扮演自己喜爱的角色。此时的职业需求特点是：单纯由自己的兴趣爱好决定，并不考虑自身的条件、能力和水平，也不考虑社会需求和机遇。

(2) 尝试期。尝试期大致出现在11～17岁，这一时期主要的心理和活动为：由少年向青年过渡，人的心理和生理均在迅速成长变化，独立的意识、价值观正在形成，知识和能力显著提升，初步懂得社会生产与生活的经验，开始注意自己的职业兴趣、自身能力和条件、职业的社会地位。尝试期包含兴趣阶段、能力阶段、价值观阶段和综合阶段四个子阶段。

(3) 现实期。现实期大致出现在17～21岁，这一时期主要的心理和活动为：能够客观地把自己的职业愿望或要求与自身的条件、能力及社会需求密切联系起来，已经有了具体的、现实的职业目标。现实期包含试探阶段、具体化阶段和专业化阶段三个子阶段。

尝试期和现实期的子阶段划分及特点见表3-4。

表3-4 尝试期和现实期的子阶段划分及特点

子阶段		子阶段特点
尝试期	兴趣阶段(11～12岁)	开始注意并培养对某些职业的兴趣
	能力阶段(13～14岁)	开始以个人的能力为核心，衡量并检验自己的能力，同时将其表现在各种相关的职业活动上
	价值观阶段(15～16岁)	逐渐了解自己的职业价值观，并能兼顾个人与社会的需要，以职业的价值性选择职业
	综合阶段(17岁)	将上述三个阶段的职业相关资料综合考虑，以了解和判定未来的职业发展方向
现实期	试探阶段	根据尝试期的结果进行各种试探活动，试探各种职业机会和可能的选择
	具体化阶段	根据试探阶段的经历做进一步的选择，具体化
	专业化阶段	依据自我选择的目标做具体的就业准备

(资料来源：徐笑君.职业生涯规划与管理[M].成都：四川人民出版社，2008.)

金兹伯格的职业生涯发展阶段理论，实际上揭示了初次就业前人们职业意识或职业追求的发展变化过程。

2. 舒伯的职业生涯发展阶段理论

舒伯是美国著名的职业管理学家，《职业适应动力学》和《职业生活的心理学》两本著作的出版奠定了他在职业生涯研究领域的权威地位。舒伯把人的职业生涯发展划分为五个主要阶段：成长阶段、探索阶段、确立阶段、维持阶段和衰退阶段。舒伯的职业生涯五阶段见表3-5，前三个阶段的子阶段见表3-6。

表3-5　舒伯的职业生涯五阶段

阶段	成长阶段 (0~14岁)	探索阶段 (15~24岁)	确立阶段 (25~44岁)	维持阶段 (45~64岁)	衰退阶段 (65岁以上)
主要任务	认同并建立起自我概念，对职业的好奇占主导地位，逐步有意识地培养职业能力	主要通过学校学习进行自我考查、角色鉴定和职业探索，完成择业及初步就业	获取一个合适的职业领域，并谋求发展。这一阶段是大多数人职业生涯周期中的核心部分	开发新的技能，维护已获得的成就和社会位，维持家庭和工作两者之间的和谐关系，寻找接替人选	逐步退出职业和结束职业，开发更广泛的社会角色，减少权力和责任，适应退休后的生活

表3-6　前三个阶段的子阶段

主阶段	子阶段		
成长阶段	幻想期(10岁以前)：在幻想中扮演自己喜欢的角色	兴趣期(11~12岁)：以兴趣为中心，理解、评价职业，开始做职业选择	能力期(13~14岁)：更多地考虑自己的能力和职业需要
探索阶段	试验期(15~17岁)：综合认识和考虑自己的兴趣、能力，对未来职业进行尝试性选择	转变期(18~21岁)：正式开始职业生涯，或者参加专门的职业培训，明确某种职业倾向	尝试期(22~24岁)：选定职业领域，开始从事某种职业，对职业发展目标的可行性进行试验
确立阶段	稳定期(25~30岁)：原本以为适合的职业，后来发现不太满意，于是会有一些改变，此阶段是定向后的尝试，不同于探索阶段的尝试	发展期(31~44岁)：致力于实现职业目标，是富有创造性的时期	中期危机阶段(44岁至退休前)：个人在所选择的职业中安顿下来，重点是寻求职业及生活上的稳定

(资料来源：徐笑君. 职业生涯规划与管理[M]. 成都：四川人民出版社，2008.)

　　1980年，为了全面地描述个体职业生涯发展，舒伯对生涯发展理论做出补充，拓宽和修改了他的职业生涯发展阶段理论。为了综合阐述生涯发展阶段与角色之间的相互影响，舒伯创造性地描绘出一个多重角色生涯发展的综合图形——"生涯彩虹图"(见图3-4)，形象地展现了生涯发展的时空关系，更好地诠释了生涯的定义。在生涯彩虹图中，纵向层面代表的是纵观上下的生活空间，由一组职位和角色组成，包括孩子、学生、休闲者、公民、工作者、配偶、持家者、父母和退休者9个不同的角色，它们交互影响出个人独特的生涯类型。横向层面代表的是横跨一生的生活广度，彩虹的外层显示人生主要的发展阶段和大致的年龄：成长期(约相当于儿童期)、探索期(约相当于青春期)、建立期(约相当于成人前期)、维持期(约相当于中年期)及衰退期(约相当于老年期)。在这五个主要的人生发展阶段内，各个阶段还有小的阶段，舒伯特别强调各个阶段的年龄划分有相当大的弹性，应依据个体的不同情况而定。

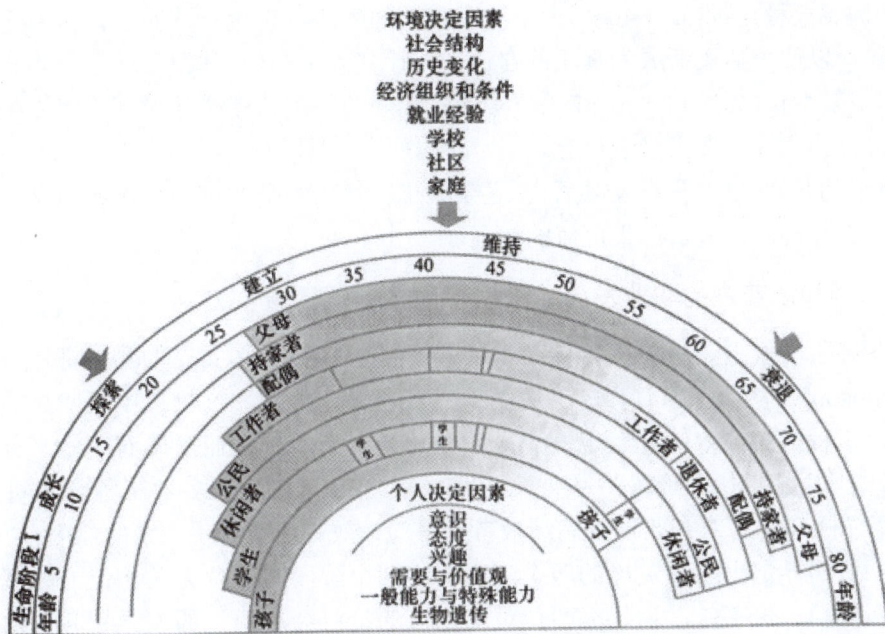

图3-4　舒伯的生涯彩虹图

3. 格林豪斯的职业生涯发展阶段理论

格林豪斯的研究侧重于不同年龄段职业生涯所面临的主要任务，并以此为依据将职业生涯划分为五个阶段：职业准备阶段、进入组织阶段、职业生涯初期、职业生涯中期和职业生涯后期。

(1) 职业准备阶段。职业准备阶段(0～18岁)的主要任务：发展职业想象力，培养职业兴趣和能力，对职业进行评估和选择，接受必需的职业教育和培训。

(2) 进入组织阶段。进入组织阶段(18～25岁)的主要任务：进入职业生涯，选择一种合适的、较为满意的职业，并在一个理想的组织中获得一个职位。

(3) 职业生涯初期。职业生涯初期(25～40岁)的主要任务：逐步适应职业工作，融入组织，不断学习职业技能，为未来职业生涯的成功做好准备。

(4) 职业生涯中期。职业生涯中期(40～55岁)的主要任务：努力工作，并力争有所成就，在重新评价职业生涯的过程中强化或转换职业道路。

(5) 职业生涯后期。职业生涯后期(55岁直至退休)的主要任务：继续保持已有的职业成就，成为一名工作指导者，维护自尊，准备退休。

4. 利文森的职业生涯发展阶段理论

利文森(Levinson)等人曾探讨18～45岁美国成年人的生涯发展历程，将职业生涯分为以下六个阶段。

(1) 20岁转型期(18～22岁)。离开原生家庭，逐渐减少对父母的依赖，准备进入成人世界。

(2) 初期结构建立期(22～28岁)。进入成人世界，开始对成人角色、责任和关系的探索和暂时性承诺，建立初期的生活结构，对未来的人生理想有了更清晰的认识。

(3) 30岁转型期(28～32岁)。对初期的生活结构加以检讨或反省，试图建立新的生活结构。

(4) 结构逐渐稳定期(32~40岁)。个体对初期的生活结构进行修正后，会有进一步追求成就的倾向，以使个体逐渐成为真正的自己，并让其人生的梦想成真。

(5) 40岁转型期(40~42岁)。梦想与实际成就间的差距，使个体重新思考人生的目标，并改变与自己的关系，真正接纳自己。

(6) 中年期开始(43岁左右及以后)。逐渐不在乎外在的是非得失，慢慢地学会以个人的内在追求来引导自己，追求自我价值的实现。

5. 道尔顿和汤普森的职业发展阶段模型

职业发展阶段模型是由美国哈佛商学院教授吉恩·道尔顿(Gene Dalton)和保罗·汤普森(Paul Thompson)开发的。当时，一家大型电气公司来向他们咨询管理中不明显的问题，他们通过跟踪工程师的绩效情况发现，个人绩效的期望会随着职业发展而变化。有些工程师无论处于职业发展的什么阶段，都被列入高绩效者行列，但大多数工程师的进步趋于缓慢，因此道尔顿和汤普森开始调查高绩效者与平均绩效者之间产生差别的原因。

最后，他们界定出职业发展的四个阶段。这四个阶段与职位无关，但能够解释这样的现象，即同样的一份工作，为什么两位员工创造的价值会有巨大的差异。职业发展四阶段模型(见表3-7)为组织和个人提供了一张类似地图的工具，这有助于更好地理解组织中员工的长期期望，而这些长期期望是根据不同职业发展阶段确定的。

表3-7　职业发展四阶段模型

第一阶段 成长依赖期	第二阶段 独立贡献期	第三阶段 指导授能期	第四阶段 策划领导期
主动接受指导。参与工作项目/任务并有良好表现；掌握基本日常工作，在指导下能发挥创造力和主动性，在时间或资源的压力下能正常工作；积极学习团队共同的工作方式	对分内工作尽职尽责，较少依赖监督，能独立完成任务，成绩优良；专业技能有所提高，树立信誉与威望，建立良好的内部工作关系	专业技能得到提升，开阔视野；以自己的见解和知识激发他人，以上司、导师和启蒙者的角色培养他人；有效地代表所在组织与客户和外界交往，建立良好的内外关系网	为组织指明方向，发现重要商机，引导业务需求；负责任地行使权力，获得必要资源支持；乐于奉献的个人成为后备领导人才，代表组织处理重大战略性事务

(资料来源：徐笑君.职业生涯规划与管理 [M].成都：四川人民出版社，2008.)

处于第一阶段的个人需要接受方向性的指导，建立基本的能力，了解、学习与组织和相关专业有关的技能知识。个人在职业发展早期若真能这么做，其工作效率往往较高，但要注意发挥主动性，不能完全依赖指导。处于第二阶段的个人将成为独立的专家，独立的专家应注意拓宽自己的视野或帮助别人一起发展，以保持价值和绩效。处于第三阶段的个人是通过他人的贡献来体现自身价值的，他们有能力发展进入第四阶段。而第四阶段的特点是能影响组织的发展方向，能预见和把握组织发展的前景，对工作有承诺，处于第四阶段的人常常成为组织的领导者。

职业发展四阶段模型与传统的由技术到管理的职业发展理论有很大的差别。道尔顿和汤普森发现，根据不同阶段所界定的贡献，其实与岗位级别无关。例如，第三阶段的特点是发展他人，扩宽视野，理解商业问题，能利用网络和团队来完成任务，这听起来更像是主管或者经理的工作，但事实上，许多主管或经理虽拥有正式的管理权力，但缺乏第三阶段所需的技能。他们还发现，处于第三阶段的大部分人并不在正式的管理岗位上，管理者与非管理者之间的比例为1∶3。在第四阶段，管理者与非管理者之间的比例刚好为3∶1，许多拥有领导才能的人仍处于技术专业岗位，这也会影响组织的发展方向。

研究还发现，第三阶段和第四阶段的非管理者的贡献与组织规模缩小和扁平化趋势的到来有关。随着组织规模和形式的变化，理解职业发展四阶段模型就显得格外重要。个人从一个阶段进入下一个阶段，其贡献和能力也应该随之增长。例如，他可以带来一些创新，可以完成更有挑战性的工作。个人应关注职能角色和责任的变化，并与组织沟通，以便更好地管理自己的发展，更了解自己该如何提高对组织的贡献。当组织中的每个人都能理解职业发展四阶段模型之后，职业发展四阶段模型也就成为讨论发展和成长的一种通用语言。

6. 施恩的职业发展阶段理论

美国麻省理工学院教授、著名的职业生涯管理学家施恩(E. H. Schein)，根据人的生命周期的特点，以及其在不同年龄段所面临的问题和职业的主要任务，将职业生涯分为九个阶段。施恩的职业生涯九阶段理论见表3-8。

表3-8　施恩的职业生涯九阶段理论

阶段	角色	主要任务
成长、幻想、探索阶段(0～21岁)	学生、职业工作的候选人和申请者	发现和发展自己的需要、兴趣、能力和才干，为进行实际的职业选择打好基础；学习职业方面的知识；做出合理的受教育决策；开发工作领域中需要的知识和技能
进入工作世界(16～25岁)	应聘者、新学员	进入职业生涯；学会寻找并评估一项工作，做出现实有效的工作选择；个人和雇主之间达成正式可行的契约；个人正式成为一个组织的成员
基础培训(16～25岁)	实习生、新手	了解、熟悉组织，接受组织文化，克服不安全感；学会与人相处，融入工作群体；适应独立工作，成为一名有效的成员
早期职业的正式成员资格(17～30岁)	取得组织正式成员资格	承担责任，成功地履行第一次工作任务；发展和展示自己的技能和专长，为提升或横向职业成长打基础；重新评估现有的职业，理智地进行新的职业决策；寻求良师和保护人
职业中期(25岁以上)	正式成员、任职者、终身成员、主管、经理等	选定一项专业或进入管理部门；保持技术竞争力，力争成为一名专家或职业能手；承担较大责任，确定自己的地位；开发个人的长期职业计划；寻求家庭、自我和工作事务间的平衡
职业中期危险阶段(35～45岁)	正式成员、任职者、终身成员、主管、经理等	现实地评估自己的才干，进一步明确自己的职业抱负及个人前途；就接受现状或者争取看得见的前途做出具体选择；建立与他人的良师关系
职业后期(40岁到退休)	骨干成员、管理者、有效贡献者等	成为一名工作指导者，学会影响他人并承担责任；提高才干，以担负更大的责任；选拔和培养接替人员；如果求安稳，就此停止，但要接受和正视自己影响力和挑战能力的下降

(续表)

阶段	角色	主要任务
衰退和离职阶段 (40岁到退休)		学会接受权力、责任、地位的下降；学会接受和发展新的角色；培养新的工作以外的兴趣、爱好，寻找新的满足源；评估自己的职业生涯，着手退休
退休		适应角色、生活方式和生活标准的急剧变化，保持一种认同感；保持一种自我价值观，运用自己积累的经验和智慧，以各种自身角色对他人进行传、帮、带

注：① 不同的人衰退或离职的年龄不同；

② 离开组织或者职业的年龄因人而异。

(资料来源：张再生. 职业生涯管理 [M]. 北京：经济管理出版社，2002.)

7. 职业生涯发展的"三三三"理论

我国学者廖泉文教授在总结国外学者职业生涯发展阶段观点的基础上，提出了职业发展的"三三三"理论。"三三三"理论是将人的职业生涯分为三大阶段：输入阶段、输出阶段和淡出阶段。每一阶段又分为三个子阶段：适应阶段、创新阶段和再适应阶段。而每一个子阶段又可分为三种状况：顺利晋升、原地踏步和降到波谷。职业生涯发展的"三三三"理论、输出阶段的三个子阶段和再适应阶段的三种状况分别见表3-9至表3-11。

表3-9　职业生涯发展的"三三三"理论

阶段	输入阶段(从出生到就业前)	输出阶段(从就业到退休)	淡出阶段(退休前后)
主要任务	输入信息、知识、经验、技能，为从业做重要准备；认识环境和社会，锻炼自己的各种能力	输出自己的智慧、知识、服务、才干；进行知识的再输入，经验的再积累，能力的再锻造	精力渐衰，但阅历渐丰、经验渐多，逐步退出职业，适应角色的转换

(资料来源：廖泉文. 人力资源管理[M]. 北京：高等教育出版社，2003：233-234.)

表3-10　输出阶段的三个子阶段

输出阶段	个人的工作状态	职业环境状态
适应阶段	订立三个契约： 对领导，我要服从领导； 对同事，我要协同工作； 对自己，我要使自己表现得出色	适应工作硬软环境，个体与环境、个体与同事相互接受，进入职业角色
创新阶段	独立承担工作任务； 努力做出创造性贡献； 提出合理化建议	受到领导和同事认可，进入事业辉煌时期
再适应阶段	工作出色获得晋升； 发展空间小而原地踏步； 自身骄傲或工作出差错受到批评	个体要调整心态，适应变化的环境。此时属于职业状态分化时期，领导和同事看法不一

(资料来源：廖泉文. 人力资源管理[M]. 北京：高等教育出版社，2003：233-234.)

表3-11　再适应阶段的三种状况

再适应阶段	职业状态
顺利晋升	面临新工作环境的挑战、新工作技能的挑战、原同级同事的嫉妒、领导提出的新要求，表面的风光隐藏着一定的职业风险
原地踏步	"倚老卖老"、不求上进的状态出现，常说的话是"我早就干(想)过"，容易对同事冷嘲热讽，此时如做职业平移或变更更合适
降到波谷	由于个体原因或客观原因，遭受上级批评或受到降级处分，工作状态进入波谷，此时如能重新振奋精神，就有希望进入第二次"三三三"发展状态

(资料来源：廖泉文. 人力资源管理[M]. 北京：高等教育出版社，2003：233-234.)

3.3.2 职业锚

当我们进行个人职业生涯规划时，职业锚是一个非常重要的概念，它有助于我们进行职业定位。

1. 职业锚的含义

职业锚(career anchor)是由美国著名职业心理学家埃德加•H. 施恩(Edgar H. Schein)教授提出的。他认为，职业生涯发展实际是一个持续不断的探索过程，随着一个人对自己越来越了解，这个人就会越来越明显地形成一个占主导地位的职业锚。

那么，究竟什么是职业锚呢？施恩认为，职业锚是指一个人不得不做出职业选择的时候，不会放弃的职业中至关重要的态度和价值观。"锚"是指抛到水底可以使船停稳的器具，"职业锚"则又有职业稳定、定位等含义。在职业心理学中，职业锚实际上就是人们选择和发展自己的职业时围绕自己确定的中心。一个人对自己的天资和能力、动机和需要，以及态度和价值观有了清楚的了解之后，就会意识到自己的职业锚到底是什么，直到他们不得不做出某种重大选择，例如，到底是接受公司将自己晋升到总部的决定，还是辞去现职，转而开办和经营自己的公司？正是在这一关口，一个人过去的所有工作经历、兴趣、资质、潜能等才会集合成一个富有意义的职业锚，这个职业锚会告诉此人，对他个人来说，到底什么东西才是最重要的。

可见，职业锚是"自省的才干、动机和价值观的模式"，是自我意向的一个习得部分。具体而言，它是个人进入职业生涯早期或工作情境后，由习得的实际工作经验所决定，与在经验中自省的动机、需要、价值观、才干相符合，达到自我满足和补偿的一种稳定的职业定位。

具体而言，职业锚的概念包含以下三方面的内容。

(1) 自省的动机需要：以实际情境中的自我测试和自我诊断，以及他人的反馈为基础。

(2) 自省的才干和能力：以个人工作环境中的实际成功为基础。

(3) 自省的态度和价值观：以自我与雇佣组织和工作环境的准则与价值观之间的实际碰撞为基础。

不难理解，如果一个人流向了一个有可能失败或不能满足其需要，或者与其价值观相左的环境，他就可能掉头进入某种更和谐的环境，如同航船下锚停泊于合适的港湾，这就是锚的比喻。而你下锚的这个地方，就是你职业生涯的长期贡献区。

我们可以这样理解职业锚：当一个人不得不做出选择的时候，他无论如何都不会放弃的职业中至关重要的东西或价值观。

2. 职业锚的类型

施恩在其前期的研究发现了五种职业锚，后来又补充了三种，共有八种。

(1) 技术/职能型职业锚。

① 特征：以技术职能能力为锚位的员工，有特定的工作追求、需要和价值观。其表现出如下特点：强调实际技术或某种职能业务工作；拒绝全面管理工作；目标是技术和技能的不断提高，其成功更多地取决于领域内专家的肯定和认可，以及承担该能力区域内日益增多的富于挑战的工作。他们一般不喜欢从事管理性的工作，往往具有性格内向、喜欢独立思考、做事细致谨慎等个性特征。职业选择时总是围绕技术或业务能力的特定领域安排自己的职业，这些特定领域包括工程技术、财务分析、营销策划和系统分析等。即使被提升，也不愿意到全面管理的位置，在技术职能区达到最高管理位置是他们的最高标准。

② 工作类型：特定工作对个人应具有挑战性，可通过该项工作体现个人的能力和技巧。典型的工作如技术主管、部门经理、咨询公司的项目经理，以及企业中的研究开发人员、统计人员和会计人员等。

③ 激励方式：希望按照个人的技能水平(如教育程度、工作经验)来获得报酬，更注重绝对工资，偏好"自助餐"式福利；希望走技术路线式的晋升，不一定重视头衔，但重视报酬的公平性；偏好具体的认同而不是泛泛的夸奖；偏好能进一步学习和在专业上自我发展的机会；偏好得到专家的承认和奖励。

(2) 管理能力型职业锚。

① 特征：担负纯管理责任，而且责任越大越好，这是管理能力型职业锚员工的追逐目标；具有强有力的升迁动机和价值观，以提升、等级和收入作为衡量成功的标准；具有将分析能力、人际关系能力和感情能力进行特别合作的技能；定位于管理型的人在很大程度上具有对组织的依赖性。

管理能力型职业锚应具备分析能力(在信息不完全及不确定的情况下发现问题、分析问题和解决问题的能力)、人际沟通能力(在各种层次上影响、监督、领导、操纵及控制他人的能力)、情感能力(在情感和人际危机面前只会受到激励而不会受其困扰和削弱的能力，以及在较高的责任压力下不会变得无所作为的能力)。

② 工作类型：渴望承担更大的责任，渴望充满挑战性、变化丰富的工作；有领导他人的机会。主要职业领域是政府机构、企事业组织的主要负责人，如市长、局长、校长、厂长和总经理等。

③ 激励方式：以收入水平判断自己是否成功，偏好好的退休福利，重视靠结果和绩效来获得晋升，以"结果导向"为主，认为最大的组织认同是晋升高位。偏好物质奖励，如加薪、红利、奖金和股票期权等；偏好头衔和身份象征(如大办公室和公车)。

(3) 创造型职业锚。

① 特征：有强烈的创造需求和欲望，意志坚定，敢于冒险。有通过发展新产品或服务

创造生意的强烈愿望，把赚钱作为成功衡量标准。这种愿望往往在职业生涯中的早期就付诸行动，以自我为中心，在传统组织中不会待太久。

② 工作类型：着迷于创新性的工作，不喜欢墨守成规。适合做企业家，在自己的企业中不断地开发新产品和服务，否则会失去工作兴趣。主要职业领域是发明家、冒险性投资者、产品开发人和企业家等。

③ 激励方式：需要拥有自己的企业，保持对企业股权的控制。假如开发新产品，会希望自己拥有专利。需要自己积累财富，不看重福利。需要权利和自由来支配自己企业，满足自己的需要。建立财富和大规模企业是此类个体获得认可的重要途径，常常会在产品和公司名称中看到他们的名字。

(4) 安全感型职业锚。

① 特征：安全感型职业锚又称为稳定职业锚。其特征如下：职业的稳定和安全，是这一类职业锚员工的追求、驱动力和价值观；在行为上，安全感型的人倾向于根据雇主对他们提出的要求行事，以维持工作安全、体面的收入、有效的退休方案、优厚的津贴等形式体现出的一种稳定的前途；对组织有依赖性；个人职业生涯的开发与发展受到限制。安全感型职业锚的成功标准是：一种稳定、安全、整合良好的家庭和工作环境。典型工作如银行职员和政府公务员。

② 工作类型：喜欢稳定、可测的工作性质。喜欢能提供长期职位、很少裁员和福利好的组织。对工作内容的兴趣胜过对工作本身性质的兴趣。

③ 激励方式：提高薪酬、工作条件和福利对他们起的作用比工作丰富化、挑战性的工作等其他类激励方式的大。喜好年功序列工资制和基于年资的晋升系统；希望组织认可忠诚和稳定的绩效，相信忠诚对组织有显著贡献。

(5) 自主型职业锚。

① 特征：自主型职业锚又称为独立型职业锚。其特征如下：最大限度地摆脱组织约束，追求能施展个人职业能力的工作环境；自主型职业锚与其他职业锚有交叉；以自主型职业锚为锚位的人在工作中显得愉快，享有自身的自由，有职业认同感，把工作成果与自己的努力挂钩。喜好以自我的方式、节奏和标准做事。往往从事一些自主性较高的工作，如咨询师和教师，或大型组织中的研发工作。

② 工作类型：喜好有明确时限，又能发挥个人专长的工作，偏好做项目类的工作，厌恶监工式的管理；能接受组织交给的目标，但目标一旦设定，便希望按自我方式工作。主要职业领域是学者、科研人员、职业作家、个体咨询人员、手工业者和个体工商户等。

③ 激励方式：偏好绩效工资、奖金、红利，晋升必须意味着更大的自主权，奖章、奖金、仪式比晋升和头衔更重要，需要往往和组织传统的物质激励制度不一致。

(6) 纯挑战型职业锚。

① 特征：有征服人和事的意向。对成功的定义是克服非常困难的障碍，解决难以解决的问题或征服难以征服的对手。不在乎工作的专业领域。典型职业如特种兵、高级管理顾问、探险者等。

② 工作类型：工作领域、组织类型、薪酬系统、晋升方式和认同形式都必须服从于工

作能否不断提供挑战自我的机会，缺少这样的机会会使个人感到厌烦和无趣。

③ 激励方式：自我意识激励强，对能够提供给他们挑战型工作的组织忠诚。和周围同事相比，可能会曲高和寡，不易被理解。

(7) 服务型职业锚。

① 特征：希望以某种方式改善自己周围的环境，选择以帮助别人为主的职业，如医生、护士和社会工作者。希望与人合作、服务人类等精神在工作中得到体现。

② 工作类型：喜欢从事符合自己价值观的工作，可以影响所服务的组织或社会政策。在缺少他人支持的情况下，会向有更大自由度的职业上转换。咨询师、社会工作者、医师、护士、教师等都有可能是属于这种职业锚的人。

③ 激励方式：希望根据自己的贡献得到回报，将此类个体晋升到有更大影响力和工作自由度的职位是比金钱更大的激励，需要来自同事和上司的赞扬和支持，需要感到自己的价值被高层管理者们认可。

(8) 生活型职业锚。

① 特征：强调工作必须和整体相结合。不仅仅是在个人和职业生活之间形成一种平衡，而是个人、家庭和职业需要的融合。

② 工作类型：需要灵活的工作时间安排，如弹性工作制，需要更多的休息日、在家办公等。

③ 激励方式：反映了社会变动的大趋势，可能受夫妻两方面的影响，需要经理人员的理解，需要灵活的政策和职业发展系统。

3.4 个人职业生涯管理

要做好职业生涯管理应当按照职业生涯设计的流程，认真完成每个环节。此外，还要充分了解职业生涯成功的方向和标准。

3.4.1 个人职业生涯管理步骤

有效的个人职业生涯管理主要包括如下六个步骤。

1. 自我评估

职业生涯规划是一个动态过程，其最基础的工作首先是要知己，即要客观全面地认清自我，充分了解自己的职业兴趣、能力结构、职业价值观、行为风格、优势与劣势等，进行自我评估。自我评估是职业生涯规划的基础，也是能否获得可行的规划方案的前提。只有正确地认识自己，知道自己想要干什么、能干什么，了解个人的优势与劣势、个人职业发展目标的设定及设定的原因、达到目标可能得到的助力与遭遇的阻力、达到目标所需要的教育与培训等，才能准确进行职业定位，才能选定适合自己发展的职业生涯路线。

要做到客观认识自我，至少需要了解以下五方面内容。

(1) 职业兴趣——喜欢干什么。

(2) 适合干什么——个人特质，包括个人的能力、气质和性格特征。

(3) 最看重什么——职业价值观，即进行职业锚类型分析。

(4) 人与岗位是否匹配——岗位的胜任力特征如何，与个人条件是否匹配。

(5) 个人现状如何——当前个人具备的有利条件和不利条件是什么。

2. 环境评价

职业生涯管理还要充分了解与认识相关的外部环境，评估环境因素对自己职业生涯发展的影响，分析环境条件的特点和发展变化情况，把握外部环境因素的优势和限制，扬长避短，才能找到适合的发展方向。如果缺乏对外部环境的了解和分析，个人的职业生涯规划只能成为"水中月，镜中花"。外部环境评价主要包括社会政治环境、经济环境和组织(企业)环境的分析，即评估和分析社会的需求，本专业、本行业的地位、形势及发展趋势，企业与组织的需求，家庭的期望，技术的发展和经济的走向，以及组织在职业生涯选择与规划等方面的员工政策等。

3. 职业定位

职业定位就是要选择一种职业类型，为职业与自己的潜能及主客观条件谋求最佳匹配。职业定位是自我定位和社会定位的统一，只有在了解自己和职业的基础上才能够给自己做准确定位。良好的职业定位是以自己的最佳才能、最优性格、最大兴趣、最有利的环境等信息为依据的，也就是说，要充分考虑第一步的自我评估和第二步的环境评价的结果。

进行职业定位应注意如下四点。

(1) 立足现实，依据客观现实，考虑个人与社会、单位的关系。

(2) 树立辩证发展观，厘清当前职业与未来发展的关系，选择条件更合适、更符合自己特长、更感兴趣、经过努力能很快胜任、有发展前景的职业。

(3) 扬长避短，权衡个人能力，寻找能够发挥个人所长的职业。

(4) 审时度势，及时调整。

4. 设定职业目标

职业生涯规划的核心是制定自己的职业目标。制定个人职业生涯规划的最终目的就是实现自己的职业目标，职业目标的选择正确与否，直接关系到人生事业的成功与失败。

职业生涯规划中所确立的目标，应该是可预想到的、有一定实现可能的目标，包括终极、长期、中期和短期目标。目标确立的方法通常是先结合自身条件和现实环境选择最适合自己发展的终极目标和长期目标，然后通过目标分解，分化为切合职业生涯各发展阶段实际情况的中期目标、短期目标。终极目标和长期目标需要个人经过长期的艰苦努力和不懈奋斗才有可能实现，确立时要立足现实、慎重选择、全面考虑，使之既有现实性又有前瞻性。短期目标更具体，对人的影响也更直接，是长远目标的组成部分。

5. 设计职业生涯行动方案

有效的职业生涯设计需要有确实能够执行的职业生涯策略方案。没有行动，职业目标只能是一种梦想，实现它要有具体的行为措施来保证，要制定周详的行动方案。制定行动方案是指把目标转化成具体的方案和措施。这一过程中比较重要的行动方案有职业生涯发展路线的选择、相应的工作、教育和培训计划的制订等。

职业目标确定后，向哪一条路线发展，此时要做出选择，这就是职业生涯发展路线的选择。是向行政管理路线发展，还是向专业技术路线发展，或者是向市场营销路线发展；抑或是先走技术路线，再转向行政管理路线。在具体的岗位方面也需要做出选择，是行政管理、市场营销、技术研发，还是服务支持。

确定职业生涯发展路线后，如何制定切实可行的行动方案？以一名希望成为律师的员工来举例，应该考虑如下五个问题。

(1) 自己需要参加哪些培训、学习、考核才能够有资格做一名律师？

(2) 自己在成为律师的发展道路上需要排除哪些来自内部和外部的障碍？

(3) 如何求得自己目前的上司、同事和亲友在这方面给自己需要的帮助？

(4) 如何在自己所处的组织中找到有利于自己目标实现的机会？

(5) 一个律师应具有怎样的经验水平和年龄层次，自己怎样做才能符合这个范围？

6. 评估与反馈

职业生涯规划是一个动态的变化过程。影响职业生涯设计的因素很多，有些因素是可以预测的，有些因素是难以预见的。当今社会处于激烈的变化中，职业生涯规划难以预见个人发展将要遭遇的种种现实状况，因此原定的职业生涯目标在策略实施过程中往往会出现偏差，成功的职业生涯规划需要时时审视内外部环境的变化，在实施中检验自己的方案，及时诊断职业生涯规划各环节出现的问题，根据反馈的情况，及时反省、修正规划目标并调整规划方案。

3.4.2 个人职业生涯管理的意义

1. 形成积极向上的人生观

只有了解自己的需求和追求后，才能确定自己的人生目标，有了人生目标才会有健康向上的人生态度。人们不仅有基本生存需要，而且有爱、归属、尊重与自我实现的需要，后者的满足依赖于个体的社会化。其中，自我实现的需要可以理解为事业有成，而事业有成建立在正确的职业选择与发展基础之上。因此，大学生应以职业发展为切入点，通过追求事业上的成就，实现高层次的自我实现的需要，从而形成积极向上的人生观。

2. 明确职业发展方向

大学生进行职业规划有助于厘清职业生涯发展的方向，形成较明确的职业意向，有利于增强自己的职业生涯自主意识和责任感，为今后的事业发展做全面长远的打算。在制定职业生涯规划前，大学生要对个人的专业特长、性格特征、待人接物的能力、擅长的技能等做充分、全面的分析，这样才可以帮助自己进行正确评估、准确定位，明白自己更适合从事什么样的工作，将来有可能在哪些方面获得成功。

3. 提高学习实践的自主性

如果大学生的职业生涯规划是自己制定的，那么其就会在该规划的基础上主动制订自己大学阶段的学习和能力培养计划，更加如饥似渴地学习知识，充实自己、完善自我，使整个大学阶段的学习和生活由被动变为主动。如果大学生想毕业后去政府单位工作，那么在大学期间就要主动提高自身的政策理论水平，加强个人口头表达能力和文字处理能力的训练；如果大学生想毕业后从事营销工作，则应注重培养自己的市场分析能力、预测能力和应变能力等。大学生在努力达到目标的过程中，应集中精力、心无旁骛，建立起一种自我激励机制，即使遇到困难和挫折，也会全力以赴地去克服，真正从内在方面来激励自己。

4. 增强就业核心竞争力

影响大学生就业的因素包括学校品牌、专业与社会需求、学生自身因素(如个人综合素质、就业观念、就业技巧、家庭背景等)、学校就业指导工作的质量等。其中，个人综合素质、就业技巧是大学生本人能够控制的。

科学地规划职业生涯将引导大学生正确认识自身的个性特质、现有的与潜在的资源优势，激励大学生增强竞争意识，更加注重自身素质和创新能力的提升，从而增强就业的核心竞争力。

5. 奠定职业成功的基础

有效的职业生涯规划不仅可以帮助大学生重新评估个人价值，并使其持续增值，还可以引导大学生评估个人目标与现实之间的差距，学会运用科学的方法、采取可行的措施，不断增强职业竞争力，最终实现职业目标，取得成功。

第二部分

就业能力与创新

第 4 章

大学生的职业能力

4.1　大学生所需要的职业技能

能力是顺利完成某种活动直接有效的心理特征，而不是顺利完成某种活动的全部心理条件。例如，从事绘画活动，其具体方式是素描、运笔、调色、着色等，但其所需要的心理特征是空间感、线条感、形象感、色调感和浓度感；从事音乐活动，具体活动方式有发音、演唱、奏乐，但其需要曲调感、节奏感、音乐听觉等心理条件和特征。能力是一个人能否胜任某一工作的主观条件，无论从事什么职业，都要具备一定的基础能力。

4.1.1　专业技能

大学生无论毕业后从事何种工作，较高水平的专业技能都是职业生涯的必需条件。大学生对自己目标职业所要求的知识和技术的掌握要有一定的深度和广度，在了解和把握其理论体系、研究领域和国内外最新相关信息的同时，还要对其邻近领域的知识有所了解。

社会人才需求为个人职业发展提供了机遇，但个人职业选择在很大程度上取决于其所拥有的职业能力。如果盲目选择职业而不考虑自己的能力状况，势必无法发挥出自己的潜力，甚至阻碍自己的职业发展。

1. 专业技能概述

通俗地讲，专业技能就是通过一定的学习培训方式，使人们具备从事一项有特定标准和要求的工作的能力。专业技能的获得和提高，可以通过个人经验的积累和他人经验的传授，也可以通过创造性的工作对已有的经验进行更新和替代。现阶段，对专业技能有明确要求的职业往往是在经历数次科技革命后发展起来的，需要具备一定技术和能力的劳动者。

现代社会是信息化、技术化的社会，发展变化是现代社会的主旋律，技术进步不可避免地改变着生产岗位的知识技能要求。随着知识经济的到来，创新教育的倡导，素质教育的全面推进，专业职业能力的培养强化，课程体系的构成要有明显的岗位针对性，课程内容的设置要紧紧跟上当今时代科技发展和技术进步的步伐。

各个行业都十分重视从业人员的专业技能，并且不同行业对从业人员专业技能的要求有很大的差别。一方面，社会分工越来越细，对工作熟练程度和精细程度的要求在逐渐提高；另一方面，一些特定的职业由于其行业本身涉及公共安全、环境污染或人类生命健康等方面内容，需要从业人员经过严格的学习和培训才能具备相应的专业技能。例如，从事管理类职业，该类型职业包括国民经济管理、企业管理、金融管理、财政管理、外贸管理、行政管理等社会工作。此类职业的从业者在知识结构上除了应很好地掌握管理学专业知识、党的方针政策、基本法律，还应了解税务、工商、外贸的管理知识。

2. 相关技能考试及证书

随着我国市场经济体制的建立和不断完善，人才评价也逐步向社会化、客观化公平化、国际化过渡。1991年，我国相关部门陆续开始在全国范围内开展专业技术资格考试，以此作为专业技术人员评聘专业技术职务和执业的条件。相关技能考试对于深化职称改革，提高专业技术队伍素质，促进人才合理流动，起到了积极的作用，并日益为广大专业技术人员和用人单位所接受。拥有相关专业技术资格，已成为当今求职择业的有利条件之一。

各种各样的证书及反映自己能力的材料被大学生们形象地称为"护照"。在世人眼里一度失宠的种种先进称号被大学生看重并力争拥有。

1) 计算机软件专业技术资格和水平考试

为加速我国电子信息技术的广泛应用和软件事业的发展，科学考核和合理使用人才，促进计算机软件人才的国际交流与合作，1991年4月，人事部、国务院电子信息系统推广应用办公室共同发布《中国计算机软件专业技术资格和水平考试暂行规定》，明确规定获得计算机软件专业技术资格需要通过国家统一组织的考试，今后中级专业技术职务(含中级)以下的计算机软件人员不再进行专业技术任职资格的评审工作。计算机软件专业技术资格考试级别为：初级程序员(相当于技术员)、程序员(相当于助理工程师)、高级程序员(相当于工程师)。

在进行计算机软件专业技术资格考试的同时，进行水平考试。水平考试跟踪国际水平，其级别为：程序员、高级程序员、系统分析员。程序员、高级程序员水平考试合格同时具有相应级别专业技术资格，系统分析员水平考试合格可以作为评聘高级工程师的条件之一。计算机软件资格与水平考试每年举行一次，考试实行全国统一组织，统一大纲、统一试题、统一评分标准。

2) 会计专业技术资格考试

为加强会计专业队伍建设，提高会计人员素质，客观、公正地评价和选拔人才，充分发挥会计人员在经济建设中的积极性和创造性，1992年3月，财政部与人事部共同发布了《会计专业技术资格考试暂行规定》。会计专业技术资格考试分为：会计员、助理会计师、会计师。

助理会计师、会计师资格考试分甲、乙两种，甲种考试为相应专业技术资格应具备的专业水平和业务能力考试，参加甲种考试必须具备规定的学历或取得相应的乙种考试合格证书。乙种考试针对不具备规定学历人员而设。

3) 经济专业技术资格考试

为适应我国加快改革开放和经济建设的需要，增强经济系列职称评聘的客观性、公正性，提高专业人员素质，1993年1月，人事部发布了《经济专业技术资格考试暂行规定》，经济专业技术资格实行全国统一考试制度。考试设经济专业初级资格、经济专业中级资格。经济专业中级资格考试分甲、乙两种，甲种考试为该资格应具备的专业水平和业务能力的考试，乙种考试为经济基础理论和专业知识的考试。

4) 律师资格考试

根据1996年5月15日通过的《中华人民共和国律师法》，律师执业应当取得律师资格和执业证书。国家实行律师资格全国统一考试制度。

5) 注册会计师资格考试

为加强注册会计师在社会经济活动中的鉴证和服务作用，加强注册会计师的管理，国家实行注册会计师全国统一考试制度。

6) 监理工程师资格考试

为加强监理工程师的资格考试和注册管理，保证监理工程师的素质，建设部于1992年6月4日发布《监理工程师资格考试和注册试行办法》。监理工程师资格考试，原则上每两年进行一次，监理工程师资格属执业资格，经本人申请注册后，从事工程建设监理业务。

7) 其他专业技术资格考试

除上述专业技术资格考试外，审计专业、统计专业等也陆续实行全国统一资格考试。

4.1.2 通用技能

通用技能是相对于专业技能而言的。通用技能是职业人要想取得成功必须具备的基本能力之一，是一种超越具体职业、对人的终身发展起着重要作用的能力，是人们在教育或工作等各种不同的环境中培养出来的可迁移的、从事任何职业都必不可少的跨职业的能力。对大学生而言，通用技能是在校学习期间学到的所有知识的构成和体现方式，它是一个由许多知识面构成的有序列、有层次的整体知识架构体系。它与专业技能共同构成了大学生的整体文化素质。

1. 表达能力

表达能力指一个人把自己的思想、情感等，用语言、文字、图形、表情和动作等方式清晰明确地表现出来，并利于他人理解、体会和掌握的能力。表达能力主要包括语言表达能力和文字表达能力两方面。

(1) 语言表达能力。它在某种程度上体现了一个人的综合能力，需要长期锻炼培养。经常在公开场合说话，以及在正式场合演讲都有利于提高语言表达能力。

(2) 文字表达能力。大学生如果缺乏文字表达能力，将无法完成个人的毕业论文、毕业设计；职场人士如果缺乏文字表达能力，将不能很好地写出工作总结、策划方案等。在实际工作中，职位越高的人，其应当具有的文字表达能力也越高。

2. 沟通与协作能力

沟通与协作能力主要考查一个人在团队中是否可以很好地与他人相处、合作，并且发挥自身的最大作用。当今社会，一个项目、一项事业能否成功，依靠的不再是一个人的个人能力，而是团队的力量。

培养良好的沟通与协作能力要求一个人在团队中首先做好自己的事情，然后要信任他人，包括信任他人的工作能力、工作方式。个人在团队合作中应注意换位思考，这是高效发挥团队能量、提高自身协作能力的关键因素。

3. 学习能力

学习能力就是学习的方法与技巧，它是所有能力的基础。评价一个人学习能力的指标一般有6项，即专注力、成就感、自信心、思维灵活度、独立性和反思力。学习能力的强弱在一定程度上反映了一个人能否很好地适应新的环境、新的工作。学习能力是一种长期训练后综合能力的体现。

4. 创新能力

创新是人类社会进步的根源，它以现有的思维模式提出有别于常规的见解，通过利用现有的资源，改进或创造新的事物(包括产品、方法、元素、路径、环境等)，并获得一定有益的效果。

培养创新能力是与时俱进的要求，从某种意义上来说，具备良好的创新能力，就意味着具有较高的潜在价值和较大的发展空间。

5. 逻辑思维能力

逻辑思维能力是个人对各种信息的理解、判断、分析、综合、推理等形成的综合能力。

6. 应变能力

应变能力可以理解为个人处理突发事件的能力。紧急情况下，如果不能迅速控制事态，后果往往不堪设想。

(1) 迅速控制事态源头。面对突发事件往往没有过多的时间用于事前准备，所以要快速介入、稳住形势，防止事态继续发展，尽量将其影响控制在源头处。

(2) 应变处理。在发生突发事件时，若按常规操作处理一般难以解决问题，则要将以前的经验灵活且有效地运用到当前事件中，一般情况下都能够起到立竿见影的效果。

(3) 善后处理。及时总结经验教训，对提高应变能力也有所帮助。

7. 决策能力

在职场中，不管是一般岗位还是关键岗位，通常会碰到各种需要当事人当机立断的情况，而处理该事情的效果也受当事人决策能力的影响。良好的决策能力可以让个人、企业少走弯路、少犯错误，以较小的代价达到目标效果。决策能力主要由以下几方面构成。

(1) 开放的提炼能力。开放的提炼能力指以开放的态度吸收各种方法、方案，然后准确、迅速地提炼出解决问题的方案的能力。

(2) 准确的预测能力。预测是决策的基础，决策是预测的延续。要具备出色的决策能力，首先应具备准确的预测能力。

(3) 准确的决断能力。准确的决断能力指从众多的决策方案中选择最有利方案的能力，以及在危急时刻当机立断的能力。要保证决断的事情对企业是有利的，在决断时应把握以下五点：一是选择的方案是可以实施操作的；二是选择的方案应与企业的宗旨和目标相符；三是选择的方案要能被决策方案的受益人接受；四是选择的方案要能被决策方案的执行者接受；五是正确评估决策方案的风险，多方面分析决策方案的优缺点，为选择方案的后续工作做准备。

8. 实践操作能力

实践操作能力也称动手能力，是把创造性思维变成实际的物质成果的能力。作为一名大学生，如果只懂得专业理论，而不具备实践操作能力，是不能赢得用人单位青睐的。

9. 信息处理能力

现代社会是信息社会，大学生必须具备灵活处理信息的能力。这种能力主要体现在以下三方面。

(1) 对各种信息具有高度敏感性，能广泛地接收各种信息。

(2) 对有用信息具有简化、归类、存档和联想发挥的能力，并能把这种经过筛选和加工的信息，连同自己的认识、评价运用到学习、生活和工作实践中。

(3) 熟悉现代化的信息工具，特别是会利用计算机来检索和提取自己需要的信息。

4.1.3　职业技能提升的方法

大学是职业能力培养的关键时期，而工作后则是对职业能力的逐步完善和补充。在校期间，大学生应及时把握机会，在以下几方面做出努力。

1. 努力学好理论知识

理论是指导实践的指针，是完成实践活动的基础，不掌握一定的理论知识，能力培养就无从谈起。大学生应根据自己专业的需要，加强理论知识积累，建立起适应工作需要的合理的知识结构。在积累知识的同时，还要注重灵活运用知识，提高自己分析问题、解决问题的能力。

2. 积极参加实践活动

一个人有了知识，会增添无穷的智慧，如果再具有很强的能力，便如同插上翅膀，可以在天空翱翔。大学生在掌握基础理论的同时，不能忽视自己能力的培养，只有把理论和实践结合起来，把知识和能力结合起来，才能有所成就。大学生在校期间的实践锻炼应从以下三方面做起。

(1) 积极参与各项社会活动。有计划、有针对性地进行社会调查，广泛接触社会，从而增进对社会的了解，正确评价自我，摆正自己在社会活动中的位置，以此提高自己的社会活动能力和交往能力，提高自己分析问题和解决问题的能力。近年来，大学生积极参加社会实践、勤工助学等活动。在社会实践中，学生们开展形式多样的社会调查、科学研究、科技服务、生产劳动、支农支教、帮困助学、文艺下乡等智力性较强的活动，在广阔的社会舞台上锻炼了自我，受益匪浅。

(2) 抓住有限的实习时间，向有经验的人直接学习实践经验，提高实践能力。大学生在校学习期间，按教学计划安排，都有一定时间的生产实习和毕业实习。学生们一定要充分利用好这些机会，向有工作经验的人员学习，汲取他们多年的实践经验，充实自己。特别是毕业前的实习阶段，这是学生从校门走向社会，理论联系实际的第一步，是对社会及未来所从事职业的一次直接接触，是大学教学活动的最后一个但又十分重要的环节，它是对学生智力和能力的一次总检验和总训练。重视这一环节，可以学到很多书本上学不到的知识，既能培养和锻炼自学能力、综合运用知识的能力和实际动手能力，又能使自己的创造思维能力、工作学习的独立性和主动性得以提高，同时，通过实习，还可以增加对未来工作环境、工作性质、工作要求及自己所学专业的应用范围的全面了解，从而发现自己的长处与不足，明确自己为适应未来工作而学习和努力的方向。

(3) 积极参加课外科技文化活动。现在越来越多的高校开始重视学生的课外科技文化活动。例如，全国性的"挑战杯"，全国大学生科技学术作品比赛，全国大学生数学建模大赛，各种计算机网络大赛、市场营销模拟大赛、金融投资模拟交易大赛、广告设计大赛等，不少品学兼优的大学生在参加活动的过程中，学到了知识，提高了能力，尤其提高了科研能力、动手能力和协作能力。实践证明，参加过课外科技文化活动的大学生走向工作岗位后，往往能很快适应环境，独当一面地开展工作，表现出较高的素质。所以，在校期间积极参加课外科技文化活动，是锻炼提高实践能力的重要途径。

3. 培养兴趣和爱好

兴趣是最好的老师，兴趣和爱好是提高能力的内在动力。实践证明，当人们对某个问题感兴趣时，兴趣就会促使他经常和主动感知、思索这方面的事物或现象，并努力进行观察和研究，排除一切困难去积极从事这方面的活动。兴趣能够使人思想活跃、观察敏锐，注意力恒定持久，从而促进创造性思维。大学生要围绕自己所学专业发展自己的兴趣爱好，并以这种兴趣爱好为契机，加强相关知识的学习和积累，全面锻炼和发展各种实践能力。

4.2　就业心理

4.2.1　大学生就业心理特点

对大学生而言，毕业季是人生的一个重大转折时期，面对突如其来的机遇和挑战，面对社会严峻的挑选和考验，出于经验匮乏、能力不足等原因，大学生极易陷入交织着复杂矛盾的心理境遇。大学生就业心理很复杂，不同类型、学校、年级的大学生就业心理也会表现出不同的特点。

1. 就业心理倾向

(1) 多元化与一致性。不同的择业标准都得到了大学生一定的认可与宽容，价值标准的多元化凸显。不同地区、性别、专业的大学生在职业选择标准上也存在一定的一致性，不同类型大学生的总体择业观念差异不大。

(2) 务实性。大学生进行就业选择时受地位、声望等因素的影响减弱，更看重个人的长远发展与社会的发展需要，薪酬福利、能力提升、职业发展、工作与生活平衡成为毕业生找工作最看重的因素。中小城市、中小企业、基层也是他们规划未来的选项。

(3) 变化性。大学生处于特殊的生理阶段，处于即将走向成熟又未成熟的时期，情感丰富但不稳定。在刚步入社会，现实就业情况与自身想法有一定差距时，大学生就业心理倾向容易随着外部环境的变化而出现波动。

2. 就业心理素质

就业心理素质是指对大学生就业有重要影响的心理能力、活动水平及人格特点，它涉及的内容非常广泛，主要包括业务能力、职业成熟度和就业人格特点三部分。就业心理素质是大学生在大学期间的就业准备及其他活动，如学习、社会实践影响下形成的比较稳定的就业心理特点，是大学生顺利就业、应对就业挫折、实现职业适应及形成各种就业心态的心理基础。具体表现在以下三方面。

(1) 业务能力相对稳定。业务能力的获得是一个长期的过程，主要通过学习、训练与实践得来，而且一旦形成就比较稳定，与个人的智商、实践能力等因素密切相关。业务能力又可分为专业内的和专业外的业务能力两部分。目前，社会要求大学生具有一专多能的业务能力。

(2) 职业成熟度有起伏。职业成熟度主要是指与求职密切相关的职业心理能力和活动发展水平。如果大学生能清醒地认识自己的心理特点，并对自己的心理特点及自己对职业的要求进行合理而科学的匹配，做出职业选择，并采取可行的措施去获得职业，那么其职业成熟度就高，反之就低。

(3) 就业人格特点表现不一。就业人格特点是指与大学生就业活动关系密切的人格因素，是大学生的人格特点在就业中的具体表现。它包括职业道德、挫折忍受力、压力应对方式、自信心、人际交往、积极性、竞争性、合作性、进取精神、冒险精神、创新精神等方面。这些人格特点会影响大学生的成功就业，以及就业过程中的心理健康水平。

3. 就业心态

就业心态是指大学生在涉及有关就业问题时，特别是在准备就业与寻求职业的过程中形成的具体的心理状态，如焦虑、情绪高涨、失落、信心百倍、犹豫不决等状态。大学生的就业心态既与他们的个性品质、个人能力、职业价值观等较稳定的心理特征有关，也与就业时所遇到的情境有关，如就业顺利或遭受挫折等。就业心态是了解大学生就业心理倾向、就业心理素质的重要渠道。大学生就业心理健康问题常常是通过各种不正常的就业心态表现出来的。

4.2.2 大学生不良就业心理的表现

大学生不良就业心理主要表现为依赖、自卑、攀比、从众、焦虑、自傲、急功近利、患得患失等。

1. 依赖

一些大学生缺乏独立意识，在就业上过分依赖他人。一方面，他们过分依赖学校，等着学校给他们介绍工作。另一方面，他们过分依赖家人和亲友，例如，在各种人才交流会上，总有一些父母陪同子女在用人单位的展位前徘徊。有依赖心理的大学生缺乏主动参与意识和竞争意识，信心和勇气不足，在社会为其提供的就业机会面前顾虑重重。他们自己不去了解就业市场，不主动去找工作，也不愿意去尝试，临近毕业都还没有写简历甚至根本不懂如何写简历。这种等靠思想和依赖心理使他们在就业中处于劣势。

2. 自卑

自卑是一种消极的自我评价，这种心理的形成除了性格、气质等因素的影响，还与个人的地位、自身条件及家庭背景相关。自卑的人常常受到他人消极心理暗示的影响，形成对自己的心理束缚，限制了对自己优势的认识与发挥。一些大学生习惯性地通过他人的优点而否定自我，对求职采取逃避态度；还有一些大学生本想在职场大显身手，然而应聘失败让他们产生了自卑心理，低估自己的能力和价值，再也没有继续推荐自己的勇气。

3. 攀比

在心理学中，攀比被界定为中性略偏阴性的心理特征，是指个体发现自身与参照个体发生偏差时产生负面情绪的心理过程。通常情况下，产生攀比心理的个体与被选作参照的个体之间往往具有极大的相似性，导致自身被尊重的需要过分夸大，虚荣动机增强，甚至产生极端的心理障碍和行为。

大学生因为生活环境、家庭背景、能力、性格及所遇到的机遇不同，所以在择业目标、职业选择等方面并不具有可比性，但一些大学生争强好胜、虚荣心较强，容易产生攀比心理。他们在就业过程中忽视自身的特点，对自我缺乏客观正确的分析，不从自身实际出发，不考虑所选单位是否适合自己，而是盲目攀比，不屑到基层工作，总想找到一份比别人优越的工作，因而迟迟不愿签约。

4. 从众

从众心理是指个人受到外界人群行为的影响，而在自己的知觉、判断、认识上表现出符合于公众舆论或多数人的行为方式。一些大学生不能客观地分析社会的需要，对自己的竞争能力缺乏信心，在就业时产生了随波逐流的从众心理。他们在求职时毫无主见，只能跟着别人的脚步走。大学生就业从众心理主要表现在以下四方面。

(1) 就业信息的获取。一些大学生习惯从同学或学校等单一渠道获取就业信息，不会主动收集就业信息，从而导致就业视野受局限，使就业选择的空间变窄。单一就业渠道的就业信息有限，这会使得大学生很难真正找到适合自己的工作。

(2) 就业地点的选定。一些大学生毕业后愿意到一些发达城市、一线城市工作，他们认为，这些城市就业机会相对较多，能够很快找到合适的工作。其实，忽略自身的特点和就业需求而选择去(超)一线城市工作，往往会因赶不上生活节奏而自暴自弃。一些大学生在就业地点上只会选择学校所在城市或家乡，这也很容易导致就业的不理想。

(3) 就业期望的设定。一些大学生就业期望设定太高，期待着一毕业就能找到一份待遇、岗位、环境等都不错的工作，而当现实与期望产生冲突的时候，大学生往往高不成低不就，在面试过程中到处碰壁。

(4) 就业岗位的选择。在选择就业岗位时，一些大学生常常会以本专业往届生的就业数据作为参考，这种做法很容易限制就业岗位的选择，即使有其他合适的岗位，他们也很难找到，或者即使找到了，也不太愿意去应聘。

大学生在求职时应该多一些思考，而不是盲目地跟着别人走。一份好工作需要一个人花更多的时间去关注和思考，只有根据自己的特点来规划，才能在职场中站稳脚。

5. 焦虑

焦虑心理是由于意识到就业客观形势与自我主观意愿的矛盾而产生的心理体验。在就业前的一段时间，部分即将毕业的大学生既要完成学业，又要准备升学，还要不断了解就业信息甚至奔波于用人单位和学校之间，致使身心疲惫，在心理上会出现紧张、不安、烦躁、忧虑、恐惧等相互交织的情绪状态。

一般来说，轻度的焦虑属于正常现象。适度的焦虑会使人产生压力，消除自身的惰性，增强自我的进取心，产生求胜的心理和行动。但是，如果长期被过度焦虑甚至沮丧的情绪困扰，就会产生压抑、抑郁心理。当自己不能及时化解这些情绪时，心理健康就会受到影响，并影响个人主观能动性的发挥，无法展现自己的潜能和才华。

6. 自傲

大学生自傲心理主要体现在：自恃学有所长、自我认识不足、就业期待过高、摆不正自己的位置。

7. 急功近利

不少大学生就业时过分看重经济、地位等，追逐功利，一心只想进大城市、大机关，去沿海发达地区，只想去挣钱多、待遇好的单位，甚至为了暂时的功利抛弃所学的专业。这种心理虽然能够得到一些眼前的利益和满足，但从长远发展来看，是不明智的。因为人们在物质需要得到满足之后，会渴望和追求心理需要的满足，当意识到事业才是人生永恒的支柱时，烦恼便产生了。因为贪图享乐而放弃事业，终究要为此付出代价。

8. 患得患失

职业的选择往往也是对机遇的一种把握，错过机遇，就会与成功擦肩而过。一些大学生在就业的过程中"吃着碗里的，看着锅里的""这山望着那山高"，殊不知任何的患得患失都有可能导致与成功失之交臂；一些大学生先找到一个单位草草签约，再将自己的目光投向待遇好的单位，轻易跳槽，最终陷入违约的泥沼，也失去了诚信。这些都是大学生走入就业误区的心理障碍，这种患得患失的心理使大学生在众多的选择中迷失了自己的方向，当断不断，错失就业良机。有些大学生在上交就业协议书后，还多次违约、毁约，既影响了自己的个人就业心态，也影响了学校正常的就业服务工作和用人单位的正常录用工作。

4.2.3　大学生不良就业心理的调试方法

健康的就业心理关系着一个人今后的发展，它能让一个人在职业生活中发挥自己的个性，施展自己的才华，取得事业成功与实现自我价值。大学生要充分认识心理调适的积极作用，提高自我调适的自觉性，增强承受挫折、化解冲突和矛盾的能力，及时调整自己的心理状态，保持健康的心理。

1. 自我激励法

自我激励法主要指用生活中的哲理、楷模或明智的思想观念来激励自己，同各种不良情绪进行斗争，坚信未来是美好的，因为失败、挫折已成为过去，要勇敢地面对下一次，尽可能地把不可以预料的事当成预料之中的事，即使有意外事件出现或受挫，也要鼓励自己不要惊慌失措、冲动、急躁，要冷静地寻找对策。大学生在就业过程中，要相信自己的实力，通过自我激励增强自信心，消除自卑感，保持良好的情绪和心态。

2. 注意力转移法

注意力转移法即把注意力从消极情绪转移到积极情绪上。当不良情绪出现时，可以采取转移注意力的方法寻找一个新颖的刺激，激活新的兴奋中心，从而抵消或冲淡原来的兴奋中心，使不良情绪逐渐消失。

3. 适度宣泄法

当遇到各种矛盾冲突，引起不良情绪时，应尽早进行调整或适度宣泄，使压抑的心情得到缓解和改善。宣泄的较好方法是向挚友、师长倾诉自己的忧愁、苦闷，使不良情绪得到疏导。在倾诉烦恼的过程中，可以获得更多的情感支持和理解，获得认识和解决问题的新思路，增强克服困难的信心。

4. 自我安慰法

自我安慰法又称自我慰藉法，关键是自我忍耐。在就业过程中，大学生常常会遇到挫折，当经过主观努力仍无法改变时，可适当地进行自我安慰，以缓解矛盾冲突，消除焦虑、抑郁、烦恼和失望的情绪，这样有助于保持心理稳定。在因挫折而受情绪困扰时，可用"亡羊补牢，未为晚矣""塞翁失马，焉知非福"等话语来进行自我安慰，从烦恼中解脱出来。

5. 合理情绪疗法

合理情绪疗法认为，人们的情绪困扰是不正确的认知即非理性信念造成的，因此通过纠正认知，以合理的思维方式代替不合理的思维方式，即可最大限度地减小不合理的信念给人的情绪带来的不良影响。例如，有的大学生就业不顺利就怨天尤人，认为人才市场提供的岗位太少、用人单位要求太高；认为大学生就业应当是顺利的，社会应该为大学生提供充足的岗位等。正是这些不正确的认知信念，造成了大学生的不良情绪，而这种不良情绪恰恰来自大学生自己。大学生如果能改变这些不合理的观念，调整认知结构，不良情绪就能得到克服。

大学生运用合理情绪疗法时要把握三点：第一，要认识到不良情绪不是源于外界，而是自己的非理性信念造成的；第二，情绪困扰得不到缓解是因为自己仍保持过去的非理性信念；第三，只有改变自己的非理性信念，才能消除情绪困扰。

总之，在就业求职过程中，大学生应提高自我调适的自觉性，立足于自身的努力，使自己保持一种良好的心态。同时，社会、学校和家庭各方面也应为大学生提供热情的帮助和积极的引导，帮助大学生面对现实，排除心理困扰，缓解不必要的心理压力，促使他们尽快实现角色转换，顺利走向工作岗位。

4.3　职业素质

职业素质是建立在职业理想与职业道德规范的基础上，根据劳动者的生理条件，通过专业教育、职业实践及自我完善等途径形成和发展起来的，在职业活动中起着重要作用的内在基本品质，是工作能力的一种综合体现。一个人的职业素质水平关系到他的职业前途，大学生要取得职业生涯的成功，就必须具备良好的职业素质。

4.3.1　职业素质的特征

劳动者的职业素质具有五方面的特性，即职业性、稳定性、内在性、整体性和可塑性。

(1) 职业性是指劳动者一般具有一定的专门的业务能力。职业素质的职业性又称职业差异性，即不同的职业需要不同的职业素质。不同的职业对职业素质的要求具有较大的差异性。

(2) 稳定性是指职业素质一经形成，便会在劳动者的个性品质中稳定地表现出来。素质是作为高度统一的个体行为与特征的稳定的结构因素，这种稳定的结构因素并不存在于一时一事之中，而是体现于个体活动的全部时空中。通俗地讲，素质养成是个长期的过程，会受到遗传、环境等多种因素的影响，但素质在相对时间内具有稳定性，在特定时间内，个体对特定事物也会表现出持续而稳定的行为特征。需要说明的是，素质也是处于动态变化过程中的，并不是一成不变的，因此素质的稳定性是相对的。

(3) 内在性是指一个人对所从事的职业要求和专业知识的内化，它一经形成就以潜能的形式存在，在职业活动中展现出来。职业素质虽然是个体身上的一种客观实在，但是它看不见摸不着，具有隐蔽性和抽象性，只能通过行为方式、工作绩效和行为结果等表现出来。

(4) 整体性是指劳动者的知识、能力和其他个性品质在职业活动中的综合表现。同一个体的素质、同一素质的各种成分作为一个高度统一的整体存在于个体身上，相互联系，相互影响，难以分割。例如，如果说某位教师职业素质好，则不仅说他知识渊博，还说他的思想政治素质、职业道德素质好。职业素质的整体性还表现在，其中一项素质较差会影响整体的工作绩效和社会评价。例如，一个从业人员的科学文化素质和专业技能素质都不错，但思想道德素质比较差，则不能说这个人的整体素质好。

(5) 可塑性是指随着社会发展和科技进步，劳动者必须从时代发展的需要出发，不断地提升和完善自身的职业素质。职业素质并非天生不变的，它可以通过教育、社会实践等途径逐步提高和完善。职业素质的可塑性表现在：缺乏的素质可以通过实践和学习得到不同程度的弥补；一般的素质可以通过训练成为个人的特长素质；已有的素质也可能因为长期不予实践而萎缩退化。

4.3.2　职业素质测评

职业素质测评是指测评主体在较短时间内采用科学的方法，收集被测评人各方面的表征信息，然后根据一定的评价目标体系做出量值或价值判断的过程，或者直接从其所收集的表征信息中引发与推断某些素质特性的过程。职业素质测评源于西方国家，我国的职业素质测评20世纪80年代才开始兴起。近几年，职业素质测评技术在实践中得到了广泛应用，也在社会上引起了广泛关注。目前，职业素质测评已经被广泛应用于人才交流、岗位配置和公务员的招聘中，正在向产业化方向发展。

1. 艾森克人格问卷

艾森克人格问卷是英国伦敦大学著名人格心理学家和临床心理学家H. J. 艾森克(H. J. Eysenck) 教授等编制完成的用于人格测量的心理测验工具。该问卷于1952年首次发表，经过几次修订后，1975年形成较为成熟的艾森克人格问卷，随后发展为成人问卷和儿童问卷两种格式。艾森克人格问卷包括四个分量表：内外倾向量表(extroversion，E)、神经质量表(neuroticism，N)、精神质量表(psychoticism，P)和说谎量表(lie，L)。相对于其他以因素分析法编制的人格问卷而言，艾森克人格问卷涉及的概念较少，施测方便，有较好的信度和效度，因此在人格测验中影响很大，并在许多国家得到修订和应用。

内外倾向量表测量个体内外倾向性。高分特征表现为性格外向，具有良好交际、渴望刺激和冒险、情感易于冲动等特点。低分特征表现为性格内向、安静、乐于内省，除亲密朋友外，对一般人缄默冷淡，不喜欢刺激，喜欢有秩序的生活，情绪比较稳定。

神经质量表测量个体情绪性，其两极分别是情绪稳定和神经过敏。高分特征的人常常焦虑、担忧、闷闷不乐、忧心忡忡，遇到刺激时有强烈的情绪反应，以至于出现不够理智的行为。低分特征的人情绪反应缓慢，很容易恢复平静，通常性格稳定、性情温和，善于自我控制。

精神质量表测量个体精神质倾向，并非暗指精神病，精神质倾向在所有人身上都存在，只是程度不同。高分特征的人可能孤独、不关心他人、难以适应外部环境，不通人情，感觉迟钝，与别人不友好，喜欢寻衅，喜欢奇特的事情，并且不顾危险。

说谎量表是测定被试者的掩饰、自身掩蔽或测定社会性朴实幼稚水平的，与其他量表的功能相连，本身也代表一种稳定的人格功能。

2. 卡特尔16种人格因素问卷

卡特尔16种人格因素问卷是美国心理学教授雷蒙德·B. 卡特尔(Raymond B. Cattell)编制的一套个性心理测验问卷。卡特尔认为，人的行为之所以具有一致性和规律性，是因为每一个人都有根源特质。为了测量这些根源特质，他与同事从字典或心理学等文献中收集了4500个人格特质的描述性词汇，并针对生活情景中的各种行为，采用系统观察、科学实验及因素分析的方法，经过二三十年的研究，确定了可构建成形形色色人格的16种人格因素，并据此编制了问卷(见表4-1)。这16种人格因素分别是：乐群性、敏锐性、稳定性、影响性、活泼性、规范性、交际性、情感性、怀疑性、想象性、隐秘性、自虑性、变革性、独立性、自律性和紧张性。经过许多心理学家研究证实，这些人格因素普遍存在于不同年龄和文化背景的人群中，这些因素的不同组合便构成了一个人不同于他人的独特人格。

表4-1　卡特尔16种人格因素问卷

因素A	乐群性：热情对待他人的水平
高分特征	对他人的关注程度高于平均水平，并且很容易与他人交往，热情对待他人
平均分特征	对他人的关注与感兴趣的程度处于平均水平之上
低分特征	对工作任务、客观事物或活动所倾注的关注水平要高于对他人的关注水平
因素B	敏锐性：刺激寻求与表达的自发性
高分特征	有很高的自发表达水平，思维活动非常迅速，但同时表明，在言行之前并不总是深思熟虑
平均分特征	表达的自然流露程度和多数人一样，在进行决策时，会进行认真思考
低分特征	在决策之前会进行非常仔细的思考，这种深入思考的能力表明比大多数人更全面，达到更深刻的理解
因素C	稳定性：对日常生活要求应对水平的知觉
高分特征	感到能够控制生活的现实需要，并且能够比大多数人更沉着、冷静地应对这些需要
平均分特征	觉得和大多数人一样能平静应对生活中的变化
低分特征	觉得自己受到生活变化的影响很大，难以像大多数人一样沉着地应对这些生活变化
因素E	影响性：力图影响他人的倾向性水平
高分特征	喜欢影响他人
平均分特征	并不将自己的观点、看法强加于他人。倾向于向他人表达自己的观点，但同时让他人表达自己的观点。当不同的观点有正确性时，愿意接受它
低分特征	不经常表达自己对事物的看法和观点，并倾向于让他人处于领导地位
因素F	活泼性：寻找娱乐的倾向和表达的自发性水平
高分特征	通常较为活泼和任性，具有高于平均水平的自发性
平均分特征	能量水平、言行的自发性处于平均水平
低分特征	是一个认真的人，喜欢全面地思考问题。认为别人会将其看成一位严肃对待生活的人

（续表）

因素G	规范性：崇尚并遵从行为的社会化标准和外在强制性规则
高分特征	崇尚社会强制性标准和规则，并愿意遵从它们
平均分特征	倾向于接受外来强制性标准和规则，但并不僵硬地遵从它们。有时更倾向于灵活运用规则，而不是逐字逐句地遵从
低分特征	不喜欢遵从严格的规则和外在强制性指导，较之多数人更少地遵从于书本原则
因素H	交际性：在社会情景中感觉轻松的程度
高分特征	在社会情景中比大多数人都表现得自如，较之其他人更少感受到来自他人的威胁
平均分特征	像多数人一样，在社会情景中感到较为轻松
低分特征	在社会情景中，尤其是在周围的人都不熟悉的情况下，会感到有些害羞和不舒服。可能自我意识较强，不喜欢被他人关注
因素I	情感性：个体的主观情感影响对事物判断的程度
高分特征	对事物的判断较容易受到自己的情感和价值观的影响。对某个决策的判断更多地基于它看起来是否正确，而不是对它进行冷静的逻辑分析。因此，在对事物进行评价时，更关注自己的品位、价值观和感觉
平均分特征	在需要判断和决策时，倾向于注意事实及它们的使用意义，也意识到有关问题的情绪性后果与价值。实际上，判断事实倾向于在主观与客观之间取平衡
低分特征	在进行决策和判断时，倾向于注重逻辑性与客观性
因素L	怀疑性：喜欢探究他人表面言行举止之后的动机倾向
高分特征	有一种自然倾向，认为他人的言行背后隐藏着某种动机，而不是将他人的言行按其表面意义理解
平均分特征	倾向于认为他人是值得信任和真诚的。可能会对值得怀疑的目的较为警觉，但当完全了解他人后，会乐于接受他们
低分特征	通常乐于信任他人的所说所做是真诚的，并对他人给予无怀疑的信任
因素M	想象性：个体在关注外在环境因素与关注内在思维过程两者之间寻求平衡的水平
高分特征	勤于思考，并不拘泥于事件本身的细节信息，而倾向于思考有限事实之外的东西
平均分特征	在关注某一事件时，既关注事件的事实和细节，又会从更广阔的思路进行考虑
低分特征	是一个现实主义和脚踏实地的人，更倾向于直接去做某件事情，而不是花时间论证其可行性
因素N	隐秘性：将个人信息私人化的倾向
高分特征	不愿轻易透露个人信息，似乎是一位喜欢保守个人秘密的人
平均分特征	对大多数人都较为公开地展示自我
低分特征	待人公平，直率；较之大多数人来说，更乐于解释有关自己的各种信息
因素O	自虑性：自我批判的程度
高分特征	觉得自己有很大的困惑，或者觉得自己比别人活得更艰难。自我批判意识较强，对现实中的事物倾向于承担太多的个人责任
平均分特征	对自己的长处和缺陷似乎有较现实的认识，能为自己的失误承担责任，能够从这些失误中吸取教训

(续表)

低分特征	和大多数人相比，很少自我怀疑
因素Q1	变革性：对新观念与经验的开放性
高分特征	对新观念与经验有强烈的兴趣，似乎对变革有很高的开放性
平均分特征	对新观念与经验的开放程度和绝大多数人一样
低分特征	强调按既定方法行事的重要性。和多数人相比，很少倾向于冒险尝试新的做法与观念
因素Q2	独立性：融合于周围群体及参与集体活动的倾向性
高分特征	倾向于独立解决问题和做出自己的选择和决定
平均分特征	力求在融合于群体及独立于群体这两个极端中寻找平衡
低分特征	希望成为组织中的一员，并热爱组织活动
因素Q3	自律性：强调以清晰的个人标准及良好的组织性对行为进行规划的重要性程度
高分特征	通过对事情的事先计划和准备来对事物进行控制，有十分清晰的个人标准，并认为以此规划自己的行为很重要
平均分特征	对事情进行事先计划和组织的倾向与多数人相同
低分特征	不像多数人那样对事情进行控制和进行事先计划和组织，更乐于任由事情变化，并可以容忍某种程度上的无组织性
因素Q4	紧张性：在和他人的交往中不稳定、不耐心，以及由此所表现的躯体紧张水平
高分特征	和绝大多数人相比，体验到高度的紧张，经常感到不满和厌烦
平均分特征	通常所体验到的躯体紧张水平和大多数人差不多
低分特征	和大多数人相比，躯体紧张水平较低，很少对别人不耐烦和不满

（资料来源：王垒，等.实用人事测量[M].北京：经济科学出版社，1999.）

卡特尔16种人格因素问卷由187道题组成，每一人格因素由10～13个测验题所组成的分量表来测量，共有16个分量表。16种人格因素的测验题按序轮流排列，即从第1题到第16题分别按序对应于16种人格因素，然后转回来，从第17题到第32题再同样按序对应16种人格因素。卡特尔16种人格因素问卷已广泛应用于心理咨询、生涯设计、人才选拔、职业指导和潜能开发等应用心理学工作中，适用于对具有中学以上文化程度者进行测试。测验时，每人一份答案纸，被试者首先必须把姓名、性别、年龄、测验日期等填写在答案纸上，问卷的封面有简单的指导语，被试者可以自己默读，也可以由主试者朗读，然后进行测验。无论是个别测验还是团体测验，主试者都必须做好测前的动员工作，使被试者了解测验的意义，以取得被试者的合作。

4.3.3 职业素质的提升方法

一个人的职业素质不是一成不变的，需要在工作与学习中逐步形成，并且通过学习和培训加以提升。

1. 提升专业素质

专业素质是指从事某一职业所必需的专业理论知识和实践操作能力，即对所学知识的掌握和应用程度，如市场营销专业的学生应具备一定的市场调查与分析技能，计算机专业的学生应具备较强的编程能力，食品专业的学生应熟悉食品发酵技术，等等。

专业素质是大学生职业素质的核心内容。合格的劳动者必须具有较高的专业素质，这是基本要求。目前，我国高等教育进入国际公认的大众化发展阶段。在此阶段，高等教育应适应社会对人才需求多样化的趋势，不仅要培养精英人才，还要培养高素质的应用型人才。由于书本知识与实际技能之间存在较大距离，故很多大学生在面对实际工作时常常"力不从心"。尽管大多数大学生具备扎实的基础理论知识，但是无论从实际操作技能还是实际经验来说，他们都无法满足企业对专业技能人才的要求。

提升专业素质的途径主要包含以下几点。

(1) 高度重视和积极参与学校的实践教学。

(2) 投身社会实践，利用假期进行实习。

(3) 充分利用课余时间，积极参加学生社团。

2. 提升个人素质

(1) 开发团队协作精神。团队协作能力是指建立在团队基础之上，发挥团队精神，互帮互助，达到团队最高工作效率的能力。对于团队的成员来说，他们不仅要有个人能力，还需要有与其他成员协调合作的能力。一个好的团队并不是说每个成员各方面的能力都特别强，而是能够很好地借物使力，取团队其他成员的长处来补自己的短处，同时把自己的优点分享给大家，互相学习交流，共同进步。

一个具有团队协作精神的人在进入新的组织机构时能够迅速找到自己的身份定位，迅速学习和适应组织的规范及文化传统，将自己的个人目标同组织目标有效地结合起来。讲究团队协作能力，并不意味着牺牲个体、牺牲自我，而是互相关心、互相帮助，树立团队主人翁责任感，为组织机构的全面发展贡献自己的力量。

想要提升团队协作能力，就要做到以下三点：包容其他成员，与他人和谐相处；保持谦虚谨慎的态度；与他人保持有效的沟通。

(2) 掌握时间管理方法。时间管理就是有意识地运用预期、评估、计划等手段，安排自己生活中的各项事务，合理、高效地支配和利用时间。时间管理的原则是"预先计划，追求效率"。预先计划能使大学生对自己的时间安排有一个整体的把握，追求效率能使大学生在有限的时间里产出更多的成果。

(3) 增强沟通与交往能力。人际沟通与交往能力是指妥善处理组织内外关系的能力，包括与周围环境建立广泛联系的能力和对外界信息的吸收、转化能力，以及正确处理人际关系的能力。人际沟通与交往能力是一个人的知识、人品、修养及各种心理素质的综合，反映了一个人的综合素质，大学生在培养和提高自己的人际沟通与交往能力的同时，还要注意自己综合素质的培养和提高。

信息社会必定是一个终身学习的社会。大学生要提高信息素养，必须强化博学观念，以求知若渴的态度虚心向书本学习、向实践学习、向他人学习，尤其要刻苦学习与信息有关的知识和方法，以便能够迅速、有效地发现和掌握有价值的信息。获取信息的渠道是宽广而通畅的，快捷众多的新闻媒体、四通八达的网络、层出不穷的参阅资料、日益广泛的社交场合等都是收集信息的重要渠道。

4.4　职业道德

马克思主义认为，道德是社会关系的产物，只有个人利益与他人利益和整体利益发生关系，而且人们自觉意识到这种关系时，才会出现道德问题。道德是人类社会生活中所特有的，由经济关系决定的，依靠社会舆论、传统习惯和人们的内心信念来维系，并以善恶进行评价的原则规范、心理意识和行为活动的总和。

所谓职业道德，就是与职业活动紧密联系的、符合职业特点所要求的道德准则、道德情操和道德品质的总和。它既是对本职人员在职业活动中行为的要求，又是职业对社会所负的道德责任与义务。良好的职业道德要建立在科学的世界观、正确的政治方向和立场之上，要求从业人员有爱心，有集体荣誉感，有谦虚谨慎的态度，有良好的修养和宽大的胸怀。

职业道德的含义包括以下八方面。

(1) 职业道德是一种职业规范，受社会普遍的认可。

(2) 职业道德是长期以来自然形成的。

(3) 职业道德没有确定形式，通常体现为观念、习惯、信念等。

(4) 职业道德依靠文化、内心信念和习惯，通过员工的自律实现。

(5) 职业道德大多没有实质的约束力和强制力。

(6) 职业道德的主要内容是对员工的义务要求。

(7) 职业道德标准多元化，代表了不同企业可能具有不同的价值观。

(8) 职业道德承载着企业文化和凝聚力，影响深远。

4.4.1　职业道德的特点

1. 职业道德具有适用范围的有限性

每种职业都担负着一种特定的职业责任和职业义务。由于各种职业的职业责任和义务不同，故而形成各自特定的职业道德的具体规范。

2. 职业道德具有发展的历史继承性

职业具有不断发展和延续的特征，不仅是技术上的延续，而且管理员工的方法、与服务对象打交道的方法也有一定的历史继承性。如"有教无类""学而不厌，诲人不倦"，从古至今始终是教师的职业道德。

3. 职业道德表达形式

由于各种职业道德的要求都较为具体、细致，因此其表达形式多种多样。

4. 职业道德具有强烈的纪律性

纪律也是一种行为规范，但它是介于法律和道德之间的一种特殊规范。它既要求人们能自觉遵守，又带有一定的强制性。也就是说，一方面，遵守纪律是一种美德；另一方面，遵守纪律又带有强制性，具有法律的要求。例如，工人必须执行操作规程和安全规定。因此，职业道德有时又以制度、章程、条例的形式表达，让从业人员认识到职业道德又具有纪律的规范性。

4.4.2　职业道德的作用

职业道德是社会道德体系的重要组成部分，它一方面具有社会道德的一般作用，另一方面具有自身的特殊作用。具体表现在如下方面。

1. 有助于调节内外关系

一方面，职业道德可以调节从业人员内部的关系，即运用职业道德规范约束职业内部人员的行为，促进职业内部人员的团结与合作；另一方面，职业道德又可以调节从业人员和服务对象之间的关系，如职业道德规定了制造产品的工人要怎样对用户负责、营销人员怎样对顾客负责等。

2. 有助于维护和提高企业的信誉

企业的信誉是指企业及其产品与服务在社会公众中的信任程度，提高企业的信誉主要靠产品质量和服务质量，而从业人员职业道德水平高是产品质量和服务质量的有效保证。若从业人员职业道德水平不高，则很难生产出优质的产品和提供优质的服务。

3. 有助于促进行业和企业的发展

行业、企业的发展有赖于高的经济效益，而高的经济效益源于高的员工素质。员工素质主要包含知识、能力、责任心等方面，其中责任心是最重要的。职业道德水平高的从业人员，其责任心是极强的，因此，职业道德能促进本行业的发展。

4. 有助于提高全社会的道德水平

职业道德是整个社会道德的主要内容。一方面，职业道德涉及每个从业者如何对待职业，如何对待工作，是一个从业人员的生活态度、价值观念的表现。良好的职业道德是一个人的道德意识、道德行为发展的成熟阶段，具有较强的稳定性和连续性。另一方面，职业道德是一个职业集体，甚至一个行业全体人员的行为表现，如果每个行业、每个职业集体都具备优良的道德，这将对整个社会道德水平的提高发挥重要作用。

4.4.3　培养职业道德的方法

职业道德虽然是一个老生常谈的话题，但一直没有引起大学生的足够重视。如今许多用人单位在招聘时都把"道德品质"放在人才标准的首位，因此，大学生应重视培养自己的职业道德。

1. 自觉、自主地进行自我修养

大学生处在人生的十字路口，自我管理和约束能力相对较差，但具有很强的可塑性，若能从自己内心培植职业道德的土壤，建立长效自我约束机制，则会在工作中爱岗敬业、谦逊礼让、严于律己、宽以待人；在感情上，以为社会多做贡献为荣，以自己的劳动成果能为社会和他人带来幸福为乐，从而更好地在自我教育中提高职业道德水平。

2. 职业道德理论与社会实践相结合

(1) 学习职业道德理论。首先，要学习马克思列宁主义、毛泽东思想、邓小平理论、"三个代表"重要思想、科学发展观和习近平新时代中国特色社会主义思想。其次，要学习职业道德的基本理论和原则规范。实践证明，大学生在学校学习得越好，体验就越深刻，在工作岗位上的表现就越优秀，越符合职业道德规范，并能很好地指导社会实践。

(2) 参加社会实践活动。参加社会实践是提高职业道德修养的根本途径。人的道德品质不是与生俱来的，而是在长期的社会实践中逐步形成和发展的。实践是人们养成道德品质的源泉，也是进行职业道德修养的目的和归宿。大学生在学习职业道德理论的基础上，只有不断融入社会，才能更深刻地认识自身的价值所在，正确对待自己的不足，并在社会实践中锻炼自己、陶冶自己、完善自己，最终实现职业道德品质的提高。

3. 自觉地进行内省和慎独

内省就是内心省察检讨，去除私心杂念，使自己的言行符合道德标准的要求，树立正确的道德观念。没有内心省察检讨的过程，也就不可能达到自律的目的，自我调适、自我激励也就失去了目标。独自一人时，同样要谨慎行事、防微杜渐、自知自爱，把握住自己。能否做到慎独，以及慎独所能达到的程度，是衡量大学生能否坚持自我修养及在修身中取得何种成绩的重要标尺。

4. 积极投身实践

职业实践是职业道德的根本，只有在职业活动中，从业者才能获得真实的道德体验，才能提高职业道德认识，培养职业道德情操，磨炼职业道德意志，树立职业道德信念，养成良好的职业道德行为习惯。职业道德不仅关系着个人的名誉和形象，还与公司、企业乃至整个行业的声望和礼仪密切相关，良好的职业道德会给企业带来额外的收益。培养良好的职业道德素质不是一朝一夕就能做好的，大学生一定要坚持不懈，时刻保持对自己思想和行为上的严格要求。

5. 从我做起，从小事做起，循序渐进

大学生正处在培养良好职业道德和练就技能本领的大好时期，只有在平凡的日常学习生活中从点滴小事做起，通过长期积累，才能逐步形成优秀的道德品质。因此，在道德修养中，要从我做起，严格要求自己。

目前，人们的思想道德观念发生了很大变化。职业道德建设面临着新的形势和许多新的问题。尽管如此，职业道德修养仍然是职业道德建设中的一个重要方面，对个人道德品质的形成和发展都具有重要作用。社会需要数以亿计的高素质劳动者，当代大学生应奋勇向前，从我做起，从小事做起，不断提高自己的职业道德水平，向更高的职业道德水准迈进。

4.4.4 我国的职业道德规范

《中共中央关于加强社会主义精神文明若干问题的决议》指出，各行各业都应共同遵守职业道德的五项基本规范，即"爱岗敬业、诚实守信、办事公道、服务群众、奉献社会"。

1. 爱岗敬业

爱岗就是热爱自己的工作岗位，热爱本职工作。敬业包含两层含义：一为谋生敬业，二为真正认识到自己工作意义的敬业。爱岗敬业有下列要求。

(1) 把自己的岗位同自己的理想、追求、幸福联系在一起，把企业的兴衰与个人的荣辱联系在一起。

(2) 自觉维护企业的利益、形象和信誉。

(3) 要通过技能培训、岗位练兵、交流研讨等多种形式，不断提高自己的文化素质和业务技术水平，熟练地掌握职业技能，胜任自己的工作，更好地为企业服务。

2. 诚实守信

诚实守信是中华民族传统的为人处世原则。诚实，就是忠诚老实、不讲假话。守信，就是信守诺言、说话算数，讲信誉、重信用，履行自己应承担的义务。诚实守信对员工的具体要求是：忠诚所属企业、维护企业信誉、保守企业机密，遵章守制、秉公办事。

3. 办事公道

办事公道是指从业人员在办事情、处理问题时，要站在公正的立场上，按照同一标准和同一原则办事的职业道德规范。办事公道是正确处理各种关系的准则，具体要求如下。

(1) 客观公正。遇事从客观事实出发，并能做出客观、公正的判断和处理。

(2) 照章办事。按照规章制度来对待所有当事人，不徇情枉法。

(3) 公私分明。要克服私心，不凭感情或义气办事；更不能出于私心，从个人利益角度考虑问题、处理事情。

(4) 光明磊落。按既定的规定公开公平公正地办事。要做到办事公道，还必须加强学习，不断提高认识能力，能明确是非标准，分辨善恶美丑，并有敏锐的洞察力，这样才能公道办事。

4. 服务群众

服务群众就是为人民群众服务，就是通过工作为群众解决困难、解除困境，使人民群众在满足需求的同时感受生活的美好。具体要求如下。

(1) 热情周到。从业人员对服务对象报以主动、热情、耐心的态度，把群众当作亲人，服务细致周到，勤勤恳恳。

(2) 急人所急、想人所想、乐人所乐。努力为群众提供方便，想群众之所想、急群众之所急，多进行换位思考，以群众的满意与快乐为自己工作的价值标准，主动为他人排忧解难。

5. 奉献社会

奉献社会就是全心全意为社会做贡献，是为人民服务精神的最高表现，也是职业道德中的最高境界。在现实中，奉献社会表现为不期望等价的回报和酬劳，愿意为他人、为社会或为真理、为正义献出自己的力量，甚至包括宝贵的生命。这是一种人生境界，是一种融在一生事业中的高尚人格。

4.5 职业价值观

4.5.1 价值观的概念

价值观是指个人对客观事物(包括人、物、事)意义、重要性的总评价，是对"什么是好的"的总看法，是推动并指引一个人采取决定和行动的原则、标准。简单来说，价值观是人用于区别好坏、分辨是非的心理倾向体系。

价值观是一种内心尺度。它融于人格当中，支配着个人的行为、态度、信念、理解、生活目标和追求方向等，也支配着个人认识世界、自我了解、自我定向、自我规划等，并为自认为正当的行为提供充足的理由。每个人都有自己独特的价值系统。

价值观一旦确定，即开始决定、调节、制约个性倾向中的需要、动机、愿望等，可以说，它是个人动机和行为模式的"统帅"。需要、动机的目的、方向受价值观的支配，只有经过价值判断之后被认为是可取的，才能被个体转换为行为的动机，并以此为目标引导自己的行为。

价值观无论在生活中还是职业发展中，都起着极其重要的方向性作用，甚至超过了兴趣和性格的影响。价值观使人的行为带有稳定的倾向性。一个人越清楚自己的价值观，越了解自己在工作和生活中想要寻求什么，他的生涯发展目标通常也就越清晰。

4.5.2 影响职业价值观的因素

俗话说，人各有志。这个"志"表现在职业选择上就是职业价值观，它是一种具有明确目的性、自觉性和坚定性的态度。舒伯认为，职业价值观是个人追求与工作有关的目标，从事满足自己内在需求的活动时所追求的工作特质或属性，它是个体价值观在职业问题上的反映。由于年龄阅历、教育状况、家庭影响、兴趣爱好等方面的不同，人们对各种职业有着不同的主观评价。各种职业在劳动内容、难度、强度、条件、待遇、所有制形式和稳定性等诸多方面都存在差别，再加上受传统思想观念等影响，各种职业在人们心目中的声望、地位便有了好坏、高低之分。这些评价形成了个人的职业价值观，并会影响个人对就业方向和具体职业岗位的选择。

职业价值观是一个复杂的多维度的心理因素，包括发展因素、保健因素、声望因素等，但各要素起的作用不同。发展因素包括符合兴趣爱好、机会均等、公平竞争、工作有挑战性、能发挥自身才能、工作自主性大、能提供培训机会、晋升机会多、专业对口、发展空间大、出国机会多等，这些都与个人发展有关。保健因素包括工资高、福利好、保险全、职业稳定、工作环境舒适、交通便捷、生活方便等，这些与福利待遇和生活有关。声望因素包括单位知名度高、单位规模大、行政级别和社会地位高等，这些与职业声望地位有关。

4.5.3　树立正确的职业价值观

正确的职业价值观有利于大学生个人价值的实现，大学生可以通过以下途径不断地审视、调整自己的价值观。

(1) 认识社会，了解社会需要。社会是一个广阔的大舞台，大学生可以在这里尽情地展露自己的才华。大学生应积极地参与社会实践，投身到社会活动中磨炼自我。大学生在进行职业选择时，不要一味地强调自身的愿望与志向，而应结合当前社会的需要，实现个人价值与社会需要的统一。大学生只有着眼于社会需要，服从社会需要，才能更好地实现个人的人生价值。

(2) 了解职业，理解职业要求。大学生应摒弃传统的职业观念，明确所学专业具有的社会价值，学会正确地对待社会上各行各业的工作；树立明确的职业目标，掌握扎实的专业知识，学习向新的学科领域转移的方法，掌握较强的应变能力；掌握最新的行业信息，了解就业相关政策；掌握一定的面试技巧，培养自己的团队协作能力，增强自身的职业竞争力。

(3) 认识自我，了解自我特长。大学生应摆正自己的位置，综合自身的因素，以积极向上、乐观自信、勇于竞争的择业态度迎接就业；正确处理好自我与社会、奉献与索取的关系；不高估自己，也不妄自菲薄，找准自己的社会角色，确定好自己的社会位置，努力实现自身价值。

第 5 章

就 业 信 息

5.1　就业信息概述

就业信息是指择业者事先不知道的，经过加工处理能被择业者接受并具有一定价值的有关就业的资料和资讯，是大学生择业时必须收集和掌握的材料。

5.1.1　就业信息的内容

1. 就业方针、原则和政策

就业方针、原则和政策包括国家的就业方针、原则和政策，也包括地方的用人政策，大学生在就业时必须遵守，不能违背。大学生只能在国家就业方针、原则和政策所规定的范围内，根据个人的情况选择职业。

2. 就业法律法规

法律法规是国家用来管理、调节和规范组织及个人的活动，排除组织之间的纠纷，制裁违法行为的重要工具。法律法规不仅赋予了组织和个人进行各项活动的权利，也是其同一切侵犯自己合法权益的行为做斗争的有效手段。大学生必须清楚地了解与就业有关的法律法规，学会用法律来保护自己。

3. 行业详情

大学生应提前了解本专业所在行业详情，包括本行业的工作内容、任职要求、职业瓶颈、应对策略及行业结构等。就业前充分了解社会职业情况，可以防止大学生在就业中出现一窝蜂地将职业目标投向同一领域的状况，也可以避免大学生因为不了解职业的特点和要求而盲目择业。

4. 职业需求信息

即将走上工作岗位的大学生必须提前了解以下信息：本年度全国应届毕业生人数、本年度用人单位需求数量、当前紧俏专业、不同地区的就业形势、自己意向工作地区的人才需要情况等。

5. 目标单位情况"十了解"

(1) 了解用人单位的准确全称、性质及隶属关系。

(2) 了解用人单位的经营业务范围、产品或服务内容与类别。

(3) 了解用人单位的组织结构、规划与行政结构。

(4) 了解用人单位的发展历史与最新动态、客户类型与规范、竞争对手的类型与规划。

(5) 了解用人单位的文化背景、工作环境、上级的有关信息、员工的办事方式和思维方式。

(6) 了解用人单位的发展目标、实力、远景规划，以及在整个行业中的思维方式。

(7) 了解用人单位的地点、总部及分支机构的业务范围与地理分布。

(8) 了解用人单位的财务状况及绩效考核体系、培训体系和薪酬体系(含工资、福利、公积金、社会保险等)，以及为员工培训和发展所提供的空间等。

(9) 了解用人单位的专业、具体工作岗位及对所需人才的具体要求。

(10) 了解用人单位的联系办法，如人事主管部门的联系人、电话、通信地址、邮政编码等。

5.1.2　就业政策

就业政策是国家在一定的历史条件和阶段下，为促进经济发展和社会进步，创造劳动者就业条件，扩大就业机会所制定的行为准则，它包括就业指导思想、管理体制、指导原则、就业范围和渠道，以及相关的具体规定等。

大学生只有全面了解国家就业政策，增强自主择业意识，主动地面向社会主义经济人才需求的市场，遵循供需见面、双向选择和市场竞争的原则，才能顺利就业。

1. 基层就业优惠政策

基层就业就是到城乡基层工作。我国近几年出台了一系列优惠政策鼓励高校毕业生积极参加社会主义新农村建设、城市社区建设和应征入伍，组织实施了一系列专门项目(如"大学生志愿服务西部计划""三支一扶""农村义务教育阶段学校教师特设岗位计划""选聘高校毕业生到村任职工作""农业技术推广服务特设岗位计划"等)，鼓励大学生到中西部、艰苦边远地区基层单位工作。一般来讲，基层既包括广大农村，也包括城市街道社区；既涵盖县级以下党政机关、企事业单位，也包括社会团体、非公有制组织和中小企业；既包含单位就业，也包括自主创业、自谋职业。

(1) 中央部属高校应届毕业生到中西部地区和艰苦边远地区县以下基层单位就业，服务期在3年以上(含3年)的，实行学费补偿、国家助学贷款代偿(本科、专科学生每人每年最高不超过8000元，研究生每人每年最高不超过12 000元)。高校应届毕业生在校学习期间的国家助学贷款本金及其全部偿还之前产生的利息，由国家财政代为偿还。地方高校毕业生赴基层就业学费补偿贷款代偿政策由各省份确定。

(2) 结合政府购买服务工作的推进，在基层特别是街道(乡镇)、社区(村)购买一批公共管理和社会服务岗位，优先用于吸纳高校毕业生就业。

(3) 完善工资待遇进一步向基层倾斜的办法，健全高校毕业生到基层工作的服务保障机制，鼓励毕业生到乡镇特别是困难乡镇机关事业单位工作。

(4) 将求职补贴调整为求职创业补贴，适用范围扩展到已获得国家助学贷款的毕业年度高校毕业生，以及贫困残疾人家庭、建档立卡贫困家庭高校毕业生和特困人员中的高校毕业生。

(5) 艰苦边远地区基层机关招录高校毕业生可适当放宽学历、专业等条件，降低开考比例，可设置一定数量的职位面向具有本市、县户籍或在本市、县长期生活的高校毕业生。

(6) 高校毕业生在中西部地区和艰苦边远地区县以下基层单位从事专业技术工作，申报相应职称时，可不参加职称外语考试或放宽外语成绩要求。对到省会及省会以下城市的社会团体、基金会、民办非企业单位就业的高校毕业生，所在地的公共就业人才服务机构要协助办理落户手续，在专业技术职称评定方面享受与国有企事业单位同类人员同等待遇。

(7) 对到农村基层和城市社区从事社会管理和公共服务工作的高校毕业生，符合公益性岗位就业条件并在公益性岗位就业的，按照国家现行促进就业政策的规定，给予社会保险补贴和公益性岗位补贴。对具有基层工作经历的高校毕业生，在研究生招录和事业单位选聘时实行优先原则。

(8) 自2012年起，省级以上机关录用公务员，除特殊职位外，按照有关规定，一律从具有2年以上基层工作经历的人员中考录。市地级以上机关应拿出一定数量的职位面向具有基层工作经历的公务员进行公开遴选。

2. 困难家庭高校毕业生就业帮扶政策

《人力资源社会保障部 教育部 国务院扶贫办关于进一步加强贫困家庭高校毕业生就业帮扶工作的通知》(人社部函〔2020〕75号)规定，完善求职创业补贴政策数据库，将受疫情影响而导致家庭经济困难的高校毕业生及时纳入政策范围。

地方各级人社部门所属公共就业人才服务机构和基层公共就业服务平台面向所有离校未就业高校毕业生(包括户籍不在本地的高校毕业生)开放，办理求职登记或失业登记手续，发放就业创业证，摸清就业服务需求。其中，直辖市为非本地户籍高校毕业生办理失业登记办法按现行规定执行。

例如，2023年，沈阳市人社部门针对有劳动能力和就业意愿的脱贫家庭、低保家庭、零就业家庭高校毕业生，以及残疾高校毕业生和长期失业高校毕业生作为就业援助的重点对象，提供"一人一档""一人一策"基准服务，为每人至少提供3～5个针对性岗位信息，优先组织参加职业培训和就业见习，及时兑现一次性求职创业补贴，千方百计促进其就业创业。对通过市场渠道确实难以就业的困难高校毕业生，可以通过公益性岗位兜底安置。

又如，2023年，沈阳市人力资源和社会保障局针对沈阳市辖区内的普通高校中的低保家庭、贫困残疾人家庭、防止返贫监测对象家庭、脱贫家庭中的毕业年度的毕业生和特困人员、孤儿、残疾、烈士子女及获得国家助学贷款毕业年度的毕业生，并有求职创业意愿且首次申领求职创业补贴的困难毕业生，在求职期间，提供一次性求职创业补贴1200元。

5.1.3　就业类型

目前，毕业生毕业去向纳入就业统计范围的就业形式共有十种：签就业协议形式就业、签劳动合同就业、其他录用形式就业、科研助理、应征义务兵、项目就业、升学、自由职业、自主创业、留学深造。

1. 签就业协议形式就业

(1) 毕业生与用人单位签订就业协议书：需盖有单位人力资源(人事)部门公章或单位行政公章。

(2) 招录进各级机关、事业单位(非选调生)或具备人事调配权限的有关单位：具有人事调配权限的单位出具的接收毕业生及其人事关系(档案、户口、党团组织关系等)的录用接收函。

(3) 定向、委托培养毕业生：毕业生与定向委培单位签订的定向、委培协议。

(4) 部队招收士官或文职人员：招收士官或文职协议书(或官网公告)。

(5) 医学规培生：与规培基地签订的协议书。

(6) 毕业生到国际组织任职：国际组织出具的接收材料。

(7) 毕业生到国外或境外公司工作：国(境)外用人单位出具的接收证明或出国签证文件。

2. 签劳动合同形式就业

毕业生依法与用人单位签订劳动合同：正规的劳动合同。

3. 科研助理

科研助理是指在科研部门、科研机构、科研院所、高校、企业等从事科研项目辅助研究、实验(工程)设施运行维护和实验技术、科技成果转移转化及学术助理和财务助理等工作的人员，是专职科研队伍的重要组成部分。公开资料显示，自2020年以来，教育部办公厅已连续4年就"做好开发科研助理岗位吸纳毕业生就业工作"专门发出通知。《科技部 教育部 人力资源社会保障部 财政部 中科院自然科学基金委关于鼓励科研项目开发科研助理岗位吸纳高校毕业生就业的通知》(国科发资〔2020〕132号)规定，高校毕业生是国家科技创新的一支重要生力军，鼓励项目承担单位开发科研助理岗位，吸纳高校毕业生，构建与国家科技计划实施相匹配的专业科技支撑队伍。高校、科研院所和企业等主体，按照公开、自愿、双向选择的原则，在所承担的各类国家科技计划(专项、基金等)项目中，积极吸纳高校毕业生参与科研相关工作。该通知还提出了关于科研助理岗位条件保障的要求，增强科研助理岗位的吸引力。

项目承担单位可结合自身情况，按规定从科研项目经费等渠道开支科研助理的相关经费支出。项目承担单位统筹现有经费渠道，配套专门资金为科研助理岗位提供长期、稳定的支持。项目承担单位应按照岗位职责和工作任务的具体要求，参照本单位同级同类岗位确定科研助理的薪酬标准，薪酬标准不得低于当地最低工资标准。

项目承担单位依规定为科研助理办理参加社会保险及住房公积金等。高校毕业生在担任科研助理期间，其户口可存放在项目单位所在地或入学前户籍所在地；其档案可存放在项目单位，项目单位不具备人事档案管理条件的，档案可参照流动人员人事档案管理有关规定转递至项目单位所在地或户籍所在地的公共就业和人才服务机构。

不同于项目承担单位的正式在编职工，被吸纳高校毕业生需与项目承担单位签订服务协议，明确双方的权利、责任和义务。服务协议期限最多可签订3年，3年以下的服务协议期限已满而项目执行期未满的，根据工作需要可以协商续签至3年。

服务协议期满，根据工作需要可以续签协议，户口和档案按照有关规定办理手续。担任过研究助理的人员被正式聘用(招用)后，按照有关规定，凭用人单位录(聘)用手续、劳动合同和普通高等学校毕业证书办理落户手续；工龄与参与项目研究期间的工作时间合并计算，社会保险缴费年限合并计算。

随着我国高校科研工作的规范化、规模化，科研助理已逐渐成为科研团队开展科研的重要力量。科研助理岗位的设定，也是完善科研治理体系建设、提升治理能力的重要手段，是构建与国家科技计划实施相匹配的专业科技支撑队伍的重要举措，对推动科技创新支撑复工复产和经济平稳运行具有重要意义。

4. 应征义务兵

大学生(全日制)应征入伍服义务兵役，除享有优先报名应征、优先体检政审、优先审批定兵、优先安排"四个优先"政策，以及家庭按规定享受军属待遇外，还享受优先选拔使用、学费补偿和国家助学贷款代偿、退役后考学升学优惠、就业服务等政策。根据国家有关规定批准设立、实施高等学历教育的全日制公办普通高等学校、民办普通高等学校和独立学院，按照国家招生规定录取全日制普通本科、专科(含高职)、研究生、第二学士学位的应(往)届毕业生、在校生和已被普通高校录取但未报到入学的学生。征集的大学生以男性为主，女性大学生征集根据军队需要确定。征集服现役的公民必须热爱中国共产党，热爱社会主义祖国，热爱人民军队，遵纪守法，品德优良，决心为抵抗侵略、保卫祖国、保卫人民的和平劳动而英勇奋斗。征兵政治审查的内容包括：应征公民的年龄、户籍、职业、政治面貌、宗教信仰、文化程度、现实表现，以及家庭主要成员和主要社会关系成员的政治情况等。

其中"四个优先"政策，主要内容如下。

(1) 优先报名应征。报名由县级兵役机关直接办理。征兵开始前，县级兵役机关通知其报名时间、地点、注意事项等。确定为预征对象的高校毕业生，可持"应届毕业生预征对象登记表"直接到学校所在地或户籍所在地县级兵役机关报名应征。

(2) 优先体检政审。体检由县级兵役机关直接办理。征兵体检前，县级兵役机关通知参加体检人员体检的时间、地点、注意事项等。确定为预征对象的高校毕业生，未能在规定时间内在学校参加体检的，可持"应届毕业生预征对象登记表"在征兵体检时间内报名直接参加体检。

(3) 优先审批定兵。审批定兵时，应当优先批准体检政审合格的高校毕业生入伍。高职(专科)以上文化程度的合格青年未被批准入伍前，不得批准高中文化程度的青年入伍。

(4) 优先选拔使用。在安排兵员去向时，县级兵役机关要根据应届毕业生的学历、专业和个人特长，充分考虑教育部门、学校和本人意愿，优先安排到军兵种或专业技术要求高的部队服役；部队对征集入伍的应届毕业生，应当充分考虑其学历和专业水平，优先安排到适合的岗位，充分发挥其专长。同等条件下，高校毕业生士兵在选取士官、考军校、安排到技术岗位等方面优先；具有普通本科学历、取得相应学位的高校毕业生士兵，表现优秀、符合有关规定的可按计划直接选拔为基层干部。

5. 基层项目

基层项目分为国家基层项目和地方基层项目。国家基层项目包含特岗教师、三支一扶和西部计划。地方基层项目包含特岗教师、选调生、农技特岗、乡村医生、乡村教师和其他。这里仅给大家简单介绍几种常见的基层项目。

(1) 三支一扶。三支一扶是支教、支医、支农、扶贫的简称。2006年，中组部、人事部等八部门下发《关于组织开展高校毕业生到农村基层从事支教、支农、支医和扶贫工作的通知》(国人部发〔2006〕16号)，以公开招募、自愿报名、组织选拔、统一派遣的方式，从2006年开始连续5年，每年招募2万名高校毕业生，主要安排到乡镇从事支教、支农、支医和扶贫工作。服务期限一般为2至3年。招募对象主要为全国普通高等学校应届毕业生。2011年4月，人力资源社会保障部下发《关于继续做好高校毕业生三支一扶计划实施工作的通知》(人社部发〔2011〕27号)，决定继续组织开展高校毕业生"三支一扶"计划，从2011年起，每年选拔2万名，五年内选拔10万名高校毕业生到基层从事"三支一扶"服务。

"三支一扶"计划是人力资源社会保障部会同有关部门组织实施的高校毕业生基层服务项目，每年选派一批高校毕业生到基层从事支教、支农、支医和帮扶乡村振兴等服务。2006年实施以来，已累计选派46.9万名高校毕业生到基层就业和服务，既为引导鼓励高校毕业生到基层就业发挥示范引领作用，也为基层一线补充了宝贵的人才。

(2) 西部计划。大学生志愿服务西部计划，简称西部计划，由共青团中央牵头，教育部、财政部、人力资源社会保障部共同组织实施。从2003年开始，每年招募一定数量的普通高等学校应届毕业生或在读研究生，到西部基层开展为期1至3年的志愿服务。2023—2024年度，西部计划实施乡村教育、服务乡村建设、健康乡村、基层青年工作、乡村社会治理、服务新疆、服务西藏等7个专项。高校毕业生可在西部计划官方网站填写报名表，并选择三个意向服务省，下载打印后，经辅导员签字、所在院系盖章，交到学校项目办(设在团委)审核备案。

2023年，西部计划实施20周年。20年来，累计招募派遣46.5万余名大学生志愿者在2000多个县(市、区、旗)基层服务。2023年西部计划全国项目实施规模将继续保持两万人，地方项目预计实施规模将超过4万人。西部计划已成为有效的就业促进工程、人才流动工程、协力振兴工程和实践育人工程，引导着一批批大学生将个人命运与国家发展有机结合，到祖国和人民最需要的地方去受锻炼、长才干、做贡献，在火热的基层实践中坚定理想信念、锤炼意志品格、增长本领才干。

广大西部计划志愿者怀揣理想、脚踏实地，不辞辛苦、真情奉献，在基层一线践行社会主义核心价值观，弘扬奉献、友爱、互助、进步的志愿精神。

(3) 农技特岗。全称为农业技术推广服务特设岗位计划，由农业部牵头，人力资源社会保障部、教育部和科技部共同组织实施。从2013年开始，每年招募一批普通高等学校应届毕业生，到乡镇或区域性农业技术推广机构从事为期2至3年的农业技术推广、动植物疫病防控、农产品质量安全服务等工作。

(4) 特岗教师。又称农村教师特岗计划。2006年，教育部、财政部、人事部、中央编办下发《关于实施农村义务教育阶段学校教师特设岗位计划的通知》(教师〔2006〕2号)，联合启动实施"特岗计划"，公开招聘高校毕业生到"两基"攻坚县农村义务教育阶段学校任教。特岗教师聘期3年。

6. 其他录用形式就业

其他录用形式就业也称为灵活就业，是相对于固定就业而言的，其是指在劳动时间、收入报酬、工作场所、保险福利、劳动关系等方面不同于建立现代企业制度基础上的各种形式的就业。简单来说，灵活就业就是非签约就业的一种形式。

国务院《关于进一步做好普通高等学校毕业生工作的通知》指出，各地要鼓励支持高校毕业生通过多种形式灵活就业，并给予相关政策扶持。对符合就业困难人员条件、灵活就业的高校毕业生，要按规定落实社会保险补贴政策。对申报灵活就业的高校毕业生，各级公共就业人才服务机构按规定提供人事、劳动保障代理服务，做好社会保障关系接续工作。

7. 自主创业

(1) 创立公司(含个体工商户)。

(2) 在孵化机构中创业，暂未注册或注册中。

(3) 电子商务创业，利用互联网平台从事进行经营类活动，如开设网店、微商等。

8. 自由职业

自由职业指以个体劳动为主的一类职业，如作家、自由撰稿人、翻译工作者、中介服务工作者、某些艺术工作者、互联网营销工作者、公众号博主、电子竞技工作者等。

9. 升学

高等学校和科学研究机构招收硕士研究生是为了培养热爱祖国，具有服务国家、服务人民的社会责任感，掌握本学科坚实的基础理论和系统的专业知识，具有创新精神、创新能力和从事科学研究、教学、管理等工作能力的高层次学术型专门人才，以及具有较强解决实际问题的能力、能够承担专业技术或管理工作、具有良好职业素养的高层次应用型专门人才。

2004年，我国研究生报名人数为94.5万人，到2018年报名人数增加到238万人，人数增长了2.5倍。自2005年以来，每年考研报考人数都在百万以上。根据往年研究生的报考录取数据可知，报考的录取比例大概为3∶1；当然热门专业和一般专业考研竞争的激烈程度不尽相同。

每一个即将完成学业、踏入社会的应届毕业生，都面临一个职业生涯的选择——考研或者求职。每位毕业生应该看清形势，结合自身的职业规划，做出理性的选择。一般来说，大部分毕业生选择自主择业，一部分毕业生选择升学深造。毕业生面临着求职与考研的选择，这是处于人生十字路口的关键一步。升学与求职没有绝对的对与错、好与坏的区别，毕业生要结合个性兴趣、家庭环境、专业特长等方面，从长远考虑，依照自身人生规划做出抉择。毕业生应在大学四年中尽早做出规划和选择，避免随大流、盲目从众。

10. 留学深造

随着中国经济社会的快速发展及科学研究的国际化发展，留学也逐渐从精英教育演变成大众化教育，出国热持续升温，毕业生是否选择出国留学深造，应在综合考虑个人经济条件、投资回报、心理准备、人生规划等因素后慎重决定。出国留学是人生职业发展的关键一步，将影响一生的前途命运。

目前，我国已成为世界最大的留学生生源国。教育部发布的数据显示，2018年度我国出国留学人员总数达 66.21 万人。2018年度与2017年度的统计数据相比较，出国留学人数增加了5.37万人，同比增长8.83%。从2018年各类留学人数情况来看：在我国出国留学的66.21万人中，国家公派3.02万人，单位公派 3.56万人，自费留学59.63万人。其中，自费留学人数占比最多，占总留学人数的90%。1978年到2018年年底，各类出国留学人员累计达585.71万人。其中，153.39万人正在国外进行相关阶段的学习和研究；432.32万人已完成学业；365.14万人在完成学业后选择回国发展，占已完成学业群体的84.46%。

5.1.4　大学就业工作流程

许多毕业生由于平常并不重视就业程序，认为只是写好简历、面试时多做准备就万事大吉，可到最后往往会出现这样或那样的问题。有的毕业生由于对求职缺乏思想准备，仓促应对，结果只能是导致自己陷入被动。在求职择业的过程中，毕业生不仅需要了解就业管理部门及学校的工作程序，同时自身也应当遵循合理的择业程序，以便最终达到顺利就业的目的。毕业生自身的择业程序一般应包括以下主要步骤：了解就业政策，收集处理就业信息、资料，做好心理准备，应聘和签约，离校与报到。

1. 了解相关的就业政策

国家计划统招毕业生在国家政策规定的时间和范围内一般通过"供需见面、双向选择、自主择业"的方式落实就业单位；鼓励高校毕业生到基层、到西部去工作；鼓励毕业生到非公有制单位就业；鼓励毕业生自主创业；鼓励人才合理流动。

2. 收集用人单位信息

大学毕业生求职择业，不仅取决于整个社会的政治、经济状况及毕业生自身的能力素质；而且取决于是否占有大量的就业信息。应该说，就业信息是毕业生求职择业的基础和必备条件，谁能及时获取信息，谁就获得了求职的主动权。收集就业信息要力求做到"早""广""实""准"。所谓"早"，就是收集信息要及时，早做准备，不能事到临头再去抱佛脚。所谓"广"，就是信息不能太狭窄，要广泛收集各个方面、不同层次的就业信息，不仅要收集自己预先设定目标的有关地区、行业和单位的就业信息，还要收集其他与就业有关的信息。所谓"实"，就是收集的信息要具体，用人单位的地点、环境、人员构成、生活待遇、发展前途、对新进人员的基本要求、联系电话等各方面信息掌握得越具体越好。所谓"准"，就是要做到收集的信息准确无误，用人单位需要的是什么层次、什么专业的人才，在生源、性别、专业、外语水平、计算机水平等方面存在什么特殊要求，这些都要弄清楚，还要注意用人单位信息的时效性，看清楚所了解的信息是否过时。所以，毕业生只有及时全面地掌握有关就业方面的种种信息，并认真地对这些信息进行整理、分析，筛选整理，才能做出正确判断。

3. 自荐应聘(面试)

应聘的过程其实就是"供需见面""双向选择"的过程。"供需见面""双向选择"是指毕业生与用人单位之间相互选择，双方以平等、公平的态度参与其中，用人单位与毕业生之间相互了解、互相选择，最终做出决定、签约的过程，签约前双方都是自由的。在这个过程中毕业生要注意的是你在选用人单位的同时，用人单位也在选你，所以一定要把握好时间，充分展现自身的优势，抓住机遇。

毕业生在就业前首先要做好自荐准备。一是要制作好自荐材料；二是要有专长，最好准备体现个人技能的作品，这样才能够提高择业成功率。

4. 签订就业协议书

毕业生与用人单位双方达成一致意见以后，则要签订正式就业协议书。就业协议书是毕业生在校期间与用人单位、学校签订的关于毕业生将来就业意向的初步书面约定。一经用人单位、高校、用人单位主管部门签字盖章，即具有一定的法律效力。任何一方违约，都应对违约所造成的损失负赔偿责任。所以，就业协议书是有其严肃性的。毕业生必须深思后再慎重行动。就业协议书由毕业生与用人单位双方签字盖章，然后由毕业生将双方签订的就业协议书上交所在院系进行初步审核，最后交学校就业指导中心审核。就业协议书一式三份，用人单位、学生、学校各执一份。

5. 文明离校与报到就业

毕业生离校前办理离校清单，离校清单手续完善后，领取《户口迁移证》和毕业证/学位证，完成毕业去向登记确认。一般要求在一个月内到用人单位报到。同时，学校在毕业生离校后的一个时间范围内将毕业生档案转递到用人单位或教委、人事局等。

回原籍的毕业生一定要将户口及时落回家庭所在地。现在有一个户口迁移的新政策，即毕业生的父母的工作单位有变动或移民的，在统计毕业生就业计划时，毕业生可以将生源地填为父母现在所在地(出具父母户口等证件)，学院可以将档案发往父母当前所在地的相关部门。

5.2 就业信息的获取

5.2.1 学校就业部门

学校就业部门所提供的就业信息无论是数量还是质量，都有明显的优势，也是大学生收集就业信息的主要渠道。主要优势体现在：成功率高、信息全面、可靠性强、时效性强、针对性强。以沈阳大学为例，毕业生可在沈阳大学就业信息网站上查询就业信息。

5.2.2 各级就业指导机构

国家、地方各级毕业生就业管理指导机构负责从总体上规划大学生的就业去向，是进行全国性和区域性信息交流与人才配置的政府机构，具有很大的权威性，也为大学生提供各种服务，尤其是政策咨询服务。其中，国家大学生就业服务平台就是国家级为毕业生提供就业信息的网站平台。

5.2.3 各级人才市场

人才交流会、供需见面会有的是学校主办的，有的是当地毕业生就业主管部门组织的。校园招聘一般以本校学生的专业情况和偏好为依据，多以双选会的形式进行，一般都是针对应届生的。而社会招聘则是各地方、各行业协会举办的大大小小、形式各异的供需见面会，一般要求有一定的工作经验。

随着社会主义市场经济建设的发展，我国人才市场应运而生，在人才市场可以了解到各类不同的机构和职位。随着网络化、信息化时代的变迁，越来越多网络版的人才市场应运而生，网络求职的好处是信息量大、时效性强、成本低，但也会出现真假难辨、信息泄露等负面影响。

5.3 就业信息的应用

5.3.1 就业信息整理方法

1. 就业信息的分析方法

(1) 定性分析是指对信息进行质的分析，如对就业信息中应聘条件、岗位特点、招聘对象的分析。

(2) 定量分析是指从数量关系上对就业信息进行分析，如对某一职业岗位所需人数与应聘人数之间关系的分析。

(3) 定时分析是指对一定时间内的就业发展趋势进行分析。

进行就业信息分析，常用的方法有对比分析法、综合归纳法和典型分析法。

2. 就业信息的筛选方法

对就业信息进行筛选时主要应审核信息的真实性、时效性和价值性。对信息的真实性进行筛查，就是要排除虚假信息；对信息的时效性进行筛查，就是要排除过期无效的信息；对信息的价值性进行筛查，就是要分析它们对自己的不同价值。

3. 就业信息的鉴别方法

(1) 弄清信息的真伪，需要知道其来源于何处，是谁提供的，提供者的依据是什么等。

(2) 辨别信息是否具有权威性，需要了解其来源与质量，掌握信息提供者的背景，比较同类信息的深度。

(3) 鉴别信息是否具有适用性，需要首先了解自身的需求和特征。

5.3.2　就业信息运用要点

1. 共享信息资源

在自己获取的就业信息中，大学生应主动地将对大学生群体无用的信息提供给他人，避免信息资源的浪费。这样被帮助的人在获取有益的信息时，也会及时地分享。从这种角度来说，帮助别人等于帮助了自己。

2. 参照信息完善自己

在收集了大量的招聘信息之后，大学生可以从这些信息中分析、总结出用人单位对人才的整体要求，或者多数用人单位都比较看重的素质和能力，然后对照自己，便能更清楚地发现自己求职择业时的长处和不足，从而扬长避短，不断发展和完善自己。

大学生不能在临近毕业的时候才去探究、总结招聘信息及社会对人才的素质要求，否则会错失很多发展和完善自己的最佳时机，最终只能以不断的失败、不断的尝试作为代价。

3. 灵活应用信息

用人单位虽然对所招聘的人员有专业、能力倾向、生理条件等各方面的要求，但这些要求并不是一成不变的。尤其是有些招聘信息上写着"一般需要具备"或"特殊情况下可放宽"等语句时，即使自己不完全符合其招聘条件，也可以尝试投递简历。

最好的情况就是，让用人单位相信自己是"特殊"的，而不是"一般"的，在个人简历中展示出自己"不一般"的才能、经历和水平。

在就业信息前，大学生需要冷静、认真地分析自己的优势和劣势，不要因某个次要条件达不到用人单位的要求就轻易放弃，要保持灵活的头脑，更要相信自己的实力，加之积极努力争取，可能会有意外的收获。

4. 注意信息的时效性

就业信息一般都有时间限制。在收集就业信息时，应特别注意信息是否公布了招聘日期，若有，则应在规定的时间内应聘。一旦看准就要有所行动，以便把握良机，找到自己心仪的工作。

5. 把握适度原则

大学生在初次就业时，往往不能正确定位，过分注重就业信息中提供的薪资与职位，甚至会选择一个薪资较高、压力过大且不适合自己的工作，而放弃一个待遇一般却适合自己并大有发展前景的工作。

把握适度原则有两方面的含义：一方面指的是自己的个性、需求等情况与职业要求相符合，另一方面指的是自己通过努力能够胜任所从事的工作。

如果工作难度过高而自己通过努力也很难胜任，那么自己在今后的职场生涯中就会力不从心、压力重重，从而产生强烈的挫折感，工作效能感很低；如果工作难度过低，自己在步入职场之后就会有一种大材小用、单调乏味、英雄无用武之地的感觉，久而久之，便会失去积极性和热情。

5.3.3 就业信息整理原则

1. 对比信息，把握重点

大学生应根据一定的标准对就业信息进行梳理和归类，对比各用人单位对所招聘人员的素质要求、岗位类别、工作条件、福利待遇等方面的具体情况，将自己感兴趣的真实信息由重要至次要做一个排序，从中选取最重要的信息认真地加以分析。这样做有利于明晰自己求职的重点目标和具体方向。

2. 全面考察，深入了解

大学生将就业信息对比归类、侧重选择之后，需要通过有关人士核实这些重点信息的可靠程度，深入了解招聘单位的具体情况。这样一方面能防止上当受骗，另一方面能为将来的求职面试做好充分的准备。

3. 放平心态，拓宽范围

有些大学生在读书期间就为自己制定了"坚定不移"的目标，如毕业后只考公务员，或只考研，或只进企业等，在理想落空后就怨天尤人、愤世嫉俗，甚至轻易地否定自己。人的潜力是无限的，自己的发展空间或自己真正适合从事的职业，很多时候是要经过许多尝试甚至失败之后，才能真正被自己发现的。正确的心态能帮助大学生减轻就业压力，找到满意的职业。

第 6 章

创新与创业探索

6.1 创新探索

创新始终是推动一个国家、一个民族向前发展的重要力量。我国是一个发展中大国，正在大力推进经济发展方式转变和经济结构调整，因此必须把创新驱动发展战略实施好。实施创新驱动发展战略，就是要推动以科技创新为核心的全面创新，坚持需求导向和产业化方向，坚持企业在创新中的主体地位，发挥市场在资源配置中的决定性作用和社会主义制度优势，增强科技进步对经济增长的贡献度，形成新的增长动力源泉，推动经济持续健康发展。

6.1.1 创新的基本原理

在创新活动中，遵循创新原理和创新原则是提升创新能力的基本要素，是攀登创新云桥的基础。有了这个基础，就把握了开启创新大门的"金钥匙"。

1. 创新及其他基本概念

1) 创新

什么是创新？创新是指：①抛弃旧的，创造新的；②创造性，新意。其实创新是翻译过来的，意为内部的变化与更新，既有革新之意，又有创造之义。创新是指人类为了满足自身的需求，不断拓展对客观世界及其自身的认知与行为，从而产生有价值的新思想、新举措、新事物的实践活动。具体来说，创新是指人为了一定的目的，遵循事物发展的规律，调动已知信息、已有知识、开展创新思维，对事物的整体或其中的某些部分进行变革，产生出某种新颖、独特、有社会价值的新概念、新设想、新理论、新技术、新工艺、新产品等新成果的智力活动。

经济学上，创新概念的起源为美籍经济学家熊彼特在1912年出版的《经济发展概论》。熊彼特在其著作中提出，创新是指把一种新的生产要素和生产条件的"新结合"引入生产体系。它包括以下情况：引入一种新产品，引入一种新的生产方法，开辟一个新的市场，获得原材料或半成品的一种新的供应来源。熊彼特的创新概念包含的范围很广，如涉及技术性变化的创新及非技术性变化的组织创新。这一概念后来扩展到技术创新、管理创新、教育创新、文化创新等一切领域。随着时代的发展，创新成为创造在新的历史条件下的一种升华。

马克思主义认为创新是人类对于其实践范畴的扩展性发现的结果，创新在人类历史上首先表现为个人行为，在近代实验科学发展起来后，创新在不同领域就不断成为一种集体性行为。但个人的独立实践对于前沿科学的发现及创新依然起到引领作用。创新的社会化形成整体的社会生产力进步。

2) 创新能力

创新能力是运用知识和理论，在科学、艺术、技术和各种实践活动中不断提供具有各种价值的新思想、新理论、新方法和新发明的能力。它是个人在完成以原有知识、经验为基础的创建新事物活动过程中所表现出来的潜在的心理品质。

也可以理解为，创新能力就是一个人(或群体)通过创新活动、创新行为而获得创新成果的能力，是一个人在创新活动中所具有的提出问题、分析问题和解决问题三种能力的总和。

3) 发明与创造

发明是指人们获得的人为性的创造成果。发明成果并非天然存在，而是在发现的基础上，通过人们的创新能力直接作用于相关物质和信息的产物。创造是指个体和群体基于一定的目标(或任务)开展的、运用一切已知的条件(或信息)产生出新颖并有价值的成果的认知行为和活动的过程。然而，当某个创新活动所产生的创新成果并不具有新颖性却依然具有价值时，则称其为再造或模仿。

2. 创新的基本特征

(1) 创新性。"独创性"和"革新性"是创新的本质内涵。创新应该是超前于社会的认识，创造出新、奇、特的"事物"。

(2) 社会性。创新要符合社会意义和社会价值。创新离不开社会，它起源于社会发展的需要，它的归宿是为社会发展服务，推动社会进步。

(3) 实践性。创新是一个实践过程，在实践基础上，实现主体客体化和客体主体化的统一。创新依赖于实践，人们要在实践中不断地发现问题，萌发创新意识，经过创新实践去培养、开发主体的创新思维，创造出某个领域内的新成果。创新成果最终也要回到实践中接受检验。

(4) 整合性。创新过程是主体创新因素内在整合过程。即主体从事创新活动既需要创新性因素，又需要创新社会因素，而且是这些因素的内外整合。创新成果是创新主体对创新能力各个构成要素实现有机整合的结果。

3. 创新标准法则

1) 科学标准

创新不得违反科学规律，在进行创新构思时，要注意以下几点：首先，应进行科学原理相容性检查。与科学原理是否相容，是检查创新设想有无生命力的根本标准；其次，还必须进行技术方法可行性检查。如果设想所需要的条件超过现有技术方法可行性范围，则目前该设想还只能是一种空想。最后，新设想的功能体系是否合理，关系到该设想是否具有推广应用的价值，因此，必须对其合理性进行检查。

2) 相对较优

创新不可盲目追求最优、最佳、最美、最先进。许多创新设想都各有千秋，这时，就需要按相对较优的原则，对设想进行判断选择。首先，可从创新技术先进性上进行比较，看谁领先和超前；其次，可从创新经济合理性上进行比较，看谁合理和节省；最后，可从创新整体效果性上进行比较，看谁全面和优秀。

3) 机理简单

在现有科学水平和技术条件下，如不限制实现创新方式和手段的复杂性，所付出的代价可能远远超出合理程度，使得创新的设想或结果毫无使用价值。因此，在创新的过程中，要从新事物所依据的原理是否重叠、超出应有范围，所拥有的结构是否复杂、超出应有程度，所具备的功能是否冗余，超出应有数量等方面进行检查，始终贯彻机理简单原则。

4) 构思独特

兵法中一直强调"出奇制胜"，所谓"出奇"，就是"思维超常"和"构思独特"，创新贵在独特，创新也需要独特。在创新活动中，往往要从创新构思的新颖性、开创性和特色性几个角度进行系统的检查和思考。

5) 不轻易否定，不简单比较

不轻易否定，不简单比较原则是指在分析评判各种创新方案时应注意避免轻易否定。

6.1.2 创新思维

创新思维是一切产生崭新内容的思维形式的总和。凡是能想出新点子、发现新例子、创造出新事物的思维都属于创新思维。它是对事物间的联系进行前所未有的思考，从而创造出新事物的思维方法。

1. 创新思维的特点

(1) 首创性。这是指创新思维能产生过去从来没有发现和发明的事物。

(2) 新颖性。这一特点与首创性紧密相连，凡是首创的，一定是新颖的。

(3) 社会价值。创新思维的结果直接或间接地具有社会价值。如果没有社会价值，再新颖的观念、发明、创造也没有意义。

2. 与创新思维有关的心理因素

一个人创新思维水平的高低受多种因素影响，如人的智力水平、个性修养等。其中与创新思维直接相关的则是发散思维、聚合思维和直觉思维。人进行思考是为了解决生活中的问题，而高质量的问题解决应当具有创造性，即借助于创新思维来完成。

3. 创新思维的作用

爱因斯坦1936年10月15日在美国高等教育300周年的纪念大会上说："没有个人独创性

和个人志愿的统一规格的人所组成的社会将是一个没有发展可能的不幸的社会。"管理大师德鲁克说："对企业来讲，要么创新，要么死亡。"

建设创新型国家，核心是增强自主创新能力。增强自主创新能力涉及方方面面，对社会的体制机制、政策措施，对人们的思想观念、行为方式等，都提出了新的要求。从个人角度看，能否掌握和运用创新思维，对于自主创新能力的形成和提高具有不容忽视的作用。中外科学技术发展的历史表明，重大的科技发明和创造往往与科学家的独创思维有密切联系。

6.1.3　创新思维的培养与提升

创新思维是对模仿思维的超越，要求从事创新者不能迷信书本和权威。从人的认识和思维发展的角度来说，模仿思维是一个必经的阶段。模仿是人类的本能行为，人们许多能力的形成往往是从模仿开始的。但模仿毕竟是人的思维发展的初级阶段，其特点是"鹦鹉学舌""人云亦云"。如果只停留在模仿的阶段，人们无法取得新的创造发明。创新思维与模仿思维的不同之处在于，它是一种标新立异的思维，需要人们不满足于已有的东西，充分发挥主观能动性，勇于进行艰辛探索，努力发现、创造新的东西。

1. 培养观察能力

观察能力是创新能力的基础。我们从外界获取的信息，80%都是通过观察获得的。学会观察，才会记忆和思考，因此观察力是思维的出发点，创新能力的发展离不开观察力。我们只有在生活中多听、多看，才会掌握更多的知识，积累更多的经验，找到事物的内在联系，才能顺利发挥自己的创新能力去解决问题。观察能力与人的生理素质、经验积累、知识水平及思维方法紧密联系，但通过培养训练也可以提高。培养观察能力要讲究科学的方法，下面介绍几种常用的观察方法。

1) 细节观察法

在日常生活中注意观察一些细节的东西。例如，排队的时候站在你前面的那个人穿了什么衣服？公共汽车上的售票员有什么特征？这些训练都会使你的观察力越来越敏锐。

2) 客观观察法

客观观察法就是在观察时不停留于事物的现象层面，坚持客观原则，结合现象加以分析，然后才下结论的观察方法。因为在很多时候，事物的现象与其本质并非总相吻合。

"没有调查就没有发言权"，你要对某个事物下结论，你就要对它进行观察和调查，否则就不应该轻易下结论。

3) 多角度观察法

多角度的观察法就是对观察对象从不同的视角或角度进行观察的方法。事物的特性是众多的，通过不同角度和不同视角看到的事物都是不一样的。学会从多角度来观察同一个问题有利于全面分析一个问题。

4) 分析观察法

观察事物若不分析，得到的结果将是不牢固的。分析观察法需要借助一定的思维，不仅要观察细致，努力找出反映特点、规律和本质内容的外在表现，而且要对观察中的问题进行分析，力图找出其间的关联。科学家都擅长在观察中分析，其实，只要你多留心，多提出问题，你也可以很好地运用分析观察法。

5) 观察日记法

观察日记法就是在观察过程中记录观察的结果，并加入自己的分析。观察积累就是指把观察到的现象和结果记录下来，养成积累观察资料的好习惯。它不但能通过对材料的系统化组织提高观察分析思考力，还能通过积累习惯的培养形成良好的观察自觉性，也能丰富想象和思维。

6) 质疑观察法

质疑观察法就是从某一观察的现象、线索中的疑问之处入手，进行探索性的观察，分析找出问题的原因，发现解决问题的办法。质疑观察法与分析观察法的不同是，分析观察法是边观察边分析，努力、全面、细致地观察事物的各个方面；而质疑观察是先产生问题，再观察，在观察中解决问题。

2. 信息处理能力

在当今社会，如果不能及时收集和甄别信息，不能快捷传达和展示信息，不能有效利用和创新信息，则必困无疑，必败无疑。处理信息的能力成为个人竞争、企业制胜、社会发展中十分重要的能力。

1) 获取更多的信息

在现代工作和生活中，我们日益感受到信息的重要性，以最快捷的方式掌握最新、最大量的信息已成为在信息时代和市场经济环境中取胜的关键所在。但是，在解决问题的过程中，往往你已知的远远不如你想象的那么多。所以如何获取信息对你来说非常重要。这样，我们必须明白以下几点。

(1) 明确我们所需的信息方向和大致范围。

(2) 通过阅读书籍、查找互联网和与有关的组织或人沟通来获取信息。

(3) 掌握不同信息的类型和用途，如文本、图表、数字、非语言信息等。

(4) 归纳整理。

2) 信息的处理

信息的处理就是对获取的各种信息进行加工、分析、综合、归类、过滤，从中获取有用的情况、数据，进而提炼出新的思想、理论，用以指导工作实践的全过程。在这里，你必须能够做到以下几点。

(1) 按用途对信息进行分类。

(2) 能辨别信息的真伪。

(3) 用一定的格式对信息进行编辑并保存。

3) 使用和传递

收集来的有用的信息，你还必须能够使用并传递，这才达到了信息处理的要求，让信息产生固有的价值，不然，这些信息就是一些无用的资料，不能产生附加值。所以，你必须做到以下几点。

(1) 以规范的方式来展示信息。

(2) 用合适的方式来传递信息。

3. 学习能力

学习能力是从学习中获得知识、经验并将其转化成一种工作能量的能力。在知识经济时代，资讯瞬息万变，知识总量迅速扩张，知识老化也越来越快，一个人在学校所学的知识可能仅占其一生所需知识的10%左右，而其余90%的知识需要在工作中通过学习来获取。可见，要想在瞬息万变的时代取得一定的成功，就必须不断地学习，以开放的心态树立与时俱进的终身学习观，只有这样，才能发现问题，才能适应外界变化的需要，取得比竞争对手更多的优势和机会。

要发现问题，要创新出新的、好的方法，就不能守旧，而是要学习最新、最好的知识和经验，并快速消化和应用。

6.1.4　大学生创新能力的培养

经济全球化进程仍将加快，世界各国的竞争态势将会更加激烈，综合国力竞争的焦点将日趋落在人才、智力资源的开发和使用上，谁拥有一流的创新人才，谁就拥有一流的发展优势。教育部《关于全面提高高等职业教育教学质量的若干意见》明确提出，要"提高学生的实践能力、创造能力、就业能力和创业能力"。

创新能力是指创新主体从事创新活动所具备和表现出来的能力，包括创新思维能力、创新智力化能力、创新人格化能力。创新思维能力是核心，创新智力化能力是基础和手段，创新人格化能力是动力和方向。这三者相互联系，相互依存，相互转化，相互提升，共同构成创新能力。作为把培养创新能力当作主要目标的当代大学生，主要应培养以下几方面的创新能力。

1. 激发创新欲望

创新欲望来源于对事业的强烈追求，而这种追求又来源于大学生本身具有强烈的创新意识，来源于对祖国、对人民和对生活的深切热爱。如果没有这种强烈的追求、强烈的意识和深切的爱，则不可能产生持久的创新欲望。

大学生激发创新欲望，应着重培养好三个品质：首先是思想政治品质。这决定了大学生今后的发展方向和服务方向。其次是科学道德品质，即热爱科学、追求真理的进取精神。任何一次创新都不可能轻而易举，其中会遇到无数的艰难险阻，甚至会有牺牲。正如马克思所说："在科学的道路上是没有平坦大道可走的，只有在崎岖小路的攀登上不畏艰辛的人，才有可能达到光辉的顶点。"而勇于创新是进取精神最集中的表现。这就要求大学生必须解放思想，敢于向传统挑战，不迷信权威，不轻信已有的结论。最后是个性心理品质。这是个人在实践中表现出来的意志、兴趣、情感、性格、专注力等，创新活动需要充分发挥高度的创造力和主观能动性。要能动地发挥创造力，必须有优良的心理品质作为基础，这是创新的内在动力和保证，对大学生掌握科学创造的内在规律，充分发挥积极性、创造性，提高科学研究效率，有着重要意义。优良的个性心理品质表现为有高度的事业心，有持之以恒、百折不挠的意志和毅力，有广泛的兴趣和强烈的好奇心等。

2. 培养科学素质

科学素质来源于对合理知识体系的吸收、理解和运用。这里所说的合理知识体系包括一个专门领域的理论知识和实践知识，也包括这个领域内必要的专业知识和相应的社会知识，以形成一个人在这个领域从事创新活动所必需的知识结构。联合国教科文组织在"学无止境"的报告中提出，人类的学习有两种模式：一种是继承性或维持性学习模式，这种模式就是通过学习获得已有的知识、经验、观点、方法和原则，以提高解决当前已发生的问题的能力，即"学会"；另一种形式就是创新性学习或自主创新性学习模式，其特点在于通过学习提高一个人发现、吸收新知识、新信息和提出新问题的能力，以迎接和处理未来社会发生的日新月异的变化，即"会学"。大学生应在加强基本理论与基础知识的同时，突出学习能力、研究能力、表达能力和组织管理能力的培养，实现从"维持性学习"向"创新性学习"的转变。学习能力不仅指课本知识学习能力，还包括阅读学术著作和科技期刊的能力、检索数据库的能力、查阅计算机网络信息的能力及使用工具书的能力。研究能力包括观察能力、分析能力、实验能力、设计能力和动手能力。表达能力指的是语言文字表达能力、曲线图表的表达能力及数理计算的表达能力。组织管理能力则包括计划能力、决断能力及指导管理能力。

3. 培育想象能力

想象力是通过对已有的知识或已有的形象进行加工制作，从而产生一种新的形象和新的假定知识。想象力引导人们开拓新的领域，探寻新的知识，是人的主观能动性高度集中的表现。想象不能凭空产生，需要丰富的知识和生活经验做基础，但想象又是超出已有知识的一种探索。想象能力来源于思想的活跃，来源于思想的主动性和探索精神，培养想象力是培养创新能力的关键。大学生要注重培养创新意识、创新精神，锻炼勤于思考的品质。对一种科学理论、一次科学实验、一个工程设计，不仅要求有求同思维，顺着教师的思路走，而且要培育求异思维、逆向思维，使想象力不受已有知识的禁锢。当然，求异思维必须接受理性的调控，这是一种严肃的思维活动，绝不是随便反其道而行之。求异思维超过了一定范围，就失去了科学性，失去了正面价值，求异思维的归宿必须是创新。

6.2 创业探索

6.2.1 创业概述

1. 创业的概念与内涵

《现代汉语词典》对"创业"的解释是创办事业。而"事业"是指人所从事的，具有一定目标、规模和系统并对社会发展有影响的经济活动。《辞海》对"创业"的解释是创立基业。"基业"是指事业的基础。由此可见，创办事业是创业的本质。

创业有广义和狭义之分。狭义的创业概念源于"entrepreneur"一词，因此对其的理解通常带有经济学的视角。如精细管理工程创始人刘先明认为："创业是指某个人发现某种信息、资源、机会或掌握某种技术，利用或借用相应的平台或载体，将其发现的信息、资源、机会或掌握的技术，以一定的方式，转化、创造出更多的财富、价值，实现和捕捉机会并由此创造出新颖的产品或服务，实现其潜在价值的过程。"

可见，狭义的创业特指个人或团队自主创办企业，具体定义为创业个人或创业团队不拘泥于当前资源，寻找和把握各种商业机会，投入已有的知识、技能和社会资本，调动并配置相关资源，创建新企业，为消费者提供产品或服务，具有创新或创造性的，以创造价值为目的的活动过程。

2. 创业的特征

1) 自发性

"自主创业"的自发性强调的是创业者的"自主"作用，是指创业者的创业活动源于创业者的头脑，源于创业者谋求生存与发展的意识，以及生活的经历。创业者会根据自身的经济状况、爱好和特长等自发地选择创业的方向进行创业。

2) 客观性

"自主创业"的客观性指创业者的创业计划和创业活动需要遵循其所在社会中各种客观条件的制约，要从社会经济发展和市场需要的客观实际出发，使创业计划建立在牢固的客观基础之上，这些客观条件包括：社会制度、社会资源、经济发展水平、社会舆论等，离开了客观条件无法"自主创业"。

3) 超前性

超前性就是指创业的创新性。它有两方面的含义：一是前瞻性，即预测事物的发展趋势及未来的走向，这需要创业者对社会环境和资源具有敏锐的洞察能力与机遇意识；二是创造性，即构思新的境界和设计新的技法。一个好的想法最后能成为创业计划需要经过周密的思考和详尽的调查，并使之具有实际的价值。

6.2.2　大学生创业

1. 大学生创业的意义

1) 有利于缓解大学生的就业压力

大学生创业有利于解决大学生就业难的问题。在创业过程中体现的创业能力是一个人自我生存、自我发展的能力。一个创业能力很强的大学毕业生不但不会增加社会的就业压力，相反还能通过自主创业活动来增加就业岗位，以缓解社会的就业压力。

2) 有利于大学生谋求生存与自我价值实现

大学毕业生通过自主创业，可以把自己的兴趣与职业紧密结合，做自己最感兴趣、最愿意做和自己认为最值得做的事情，最大限度地发挥自己的才能。创业并非人人成功，但为什么还有众多的人选择了创业这条路径呢？谋求生存乃至自我价值的实现是创业最主要的原动力。

3) 有利于大学生实现致富梦想

如果大学生要想变得非常富有，开创自己的事业是最有希望实现致富目标的方式。当前，大学生的就业观念正在悄悄地发生改变，一个鼓励创业、保护创业、崇拜创业的大环境正在逐步形成。原先由政府包揽的就业和创业活动逐渐被市场取代，产业结构调整带来的巨大创业机会，以及政府出台的"创业带动就业"政策，促使大学生通过自主创业实现致富梦想。

4) 有利于促进中小企业的快速发展

从国际经验来看，等量资金投资于小企业，它所创造的就业机会是大企业的四倍。一个国家有99.5%的企业属于小企业，65%~80%的劳动者在其中就业。美国对中小企业的发展一直比较重视，称其为"美国经济的脊梁"，美国企业创新产品中82%来自中小企业。而我国小企业太少，鼓励大学生自主创业有利于中小企业的快速发展。

5) 有利于培养大学生艰苦奋斗的作风

大学生自主创业的过程中，困难和挫折，甚至失败都在所难免，这就要求自主创业的大学毕业生具备顽强的意志和良好的品格，勇于承担风险，自立自强，艰苦拼搏。通过创业培养自立自强意识、风险意识、拼搏精神和艰苦奋斗的作风。

6) 有利于培养大学生的创新精神

创新是一个民族的灵魂，是一个国家兴旺发达的不竭动力。青年大学生作为中国最具活力的群体，其创业活动有利于培养勇于开拓创新的精神，把就业压力转化为创业动力，为各行各业培养出越来越多的创业者。

2. 大学生创业的外部环境与存在的问题

(1) 政府政策环境有待改善。对于目前的政策环境，大学生创业者均表示比较满意，但是也存在一定的问题，政府出台的创业培训、创业扶持、政策支持与优惠措施等有待进一步落实和改进。一是政策透明化程度应该予以提高。二是政策扶持的宣传力度不够，存在"信息不对称"的问题。三是政府设立的大学生创业基金在执行层面还存在不足，大学生创业基金申请时间过长，从事第三产业的创业者要获得大学生创业基金的资助显得十分困难。四是阻碍创业的各种行业性、地区性、经营性壁垒仍然存在，各种名目的乱收费、乱摊派、乱罚款、乱培训等行为有待进一步清理和规范。

(2) 学校缺乏良好的创业培养环境。一是缺乏或缺失创业教育。目前很多高校还没有真正开设创业教育课程，大部分学校仍停留在就业教育的阶段，从而导致学生创业相关方面的知识和能力极度匮乏，对国家关于大学生创业的优惠政策知之甚少，这直接影响了大学生的创业兴趣。二是高校创业教育的授课教师多为学术专家出身，缺乏创业经历和实践，师资队伍的质量和水平均有待提高。

(3) 家庭和社会存在较大偏见。一是家长存在一定的偏见。由于传统观念的影响，很多学生家长总是希望孩子进入党政机关、事业单位，希望自己的孩子找到一个有稳定收入的工作，不愿意也不希望自己的孩子在创业中吃太多的苦。特别是社会经济不景气的时候，这种思想观念更明显。二是社会存在一定的偏见。大学生创业成果在高科技领域还资额不低于3万元，1年内实缴注册资本追加到50%以上，余款可在3年内分期到位。

(4) 大学毕业生新办咨询业、信息业、技术服务业的企业或经营单位，经税务部门批准，免征企业所得税两年；新办从事交通运输、邮电通信的企业或经营单位，经税务部门批准，第一年免征企业所得税，第二年减半征收企业所得税；新办从事公用事业、商业、物资业、对外贸易业、旅游业、物流业、仓储业、居民服务业、饮食业、教育文化事业、卫生事业的企业或经营单位，经税务部门批准，免征企业所得税一年。

(5) 各省商业银行、股份制银行、城市商业银行和有条件的城市信用社要为自主创业的毕业生提供小额贷款，并简化程序，提供开户和结算便利，贷款额度在3万~5万元左右。贷款期限最长为两年，到期确定需延长的，可申请延期一次。贷款利息按照中国人民银行公布的贷款利率确定，担保最高限额为担保基金的5倍，期限与贷款期限相同。

(6) 政府人事行政部门所属的人才中介服务机构，免费为自主创业毕业生保管人事档案(包括代办社保、职称、档案工资等有关手续)2年；提供免费查询人才、劳动力供求信息，免费发布招聘广告等服务；适当减免参加人才集市或人才劳务交流活动收费；优惠为创办企业的员工提供一次培训、测评服务。

3. 大学生创业的素质要求

创业是一个复杂而又艰巨的过程，它对创业者的综合素质要求很高。首先，创业者要具有合理的知识结构，具备一定的管理知识、商务、税务、投资、法律知识、创业知识和专业知识等。其次，必须培养一些独特的创业素质，如自立、自强、进取、意志、创新等，能够在思想上独立思考，在行动上独立展示自我、主宰自己的前途。最后，创业者还需具有合理的能力结构，如适应环境能力、实践能力、开拓创新能力、组织领导能力、决策应变能力、协调协作和沟通能力、调适能力、创业能力、创造能力和社会交往能力等。

1) 创业意识

创业意识是在人的创业欲望的基础上产生的。当创业者投身商场这个特殊战场时，有没有强烈的创业欲望是关键。这里的"欲望"是追求、理想、目标、愿望、志向、抱负等主观能动性的体现，是创业能否成功的一个先决条件。所以，强烈的创业欲望是成功创业者所必须具备的素质。

2) 创业精神

创业精神集中体现为创业者的心理状态以及创新精神。除了必要的智商，创业者还应具备出色的情商及很强的逆商。创业精神的另一体现便是创新精神，这是一种能抛弃旧思想旧事物、创立新思想新事物并能够将企业带向更广阔的空间的精神。

3) 创业思维

创业思维是创业者在创业过程中进行的主观能动意识的理性处理方式。创业思维核心体现在创业者身上，作为一个决策者，拥有创业思维可以针对企业决策进行及时调整，开创出让企业立于不败之地的蓝海。

4) 创业能力

创业能力的培养目的在于使毕业生更容易立业，使其不仅要成为合格的求职者，更要成为出色的创业者。联合国教科文组织在第二届国际职业技术教育大会上，突出强调要培养创业能力。

(1) 捕捉机会的能力：从创业的定义来看，创业需要创业者首先能够发现和捕捉到机会，所以捕捉机会的能力，是大学生创业者的基础能力之一。

(2) 学习能力：创业充满了风险，对于我国的大学生创业者来说尤其如此。创业必须面对许多现实的社会问题，因此，在创业过程中创业者会遇到许多自己从未接触却不能回避的知识领域和问题。这些问题中的一部分可以借助社会咨询或援助机构解决，但是也有一部分需要他们自己去面对，所以，是否愿意接受新知识、新事物及接受的速度和程度对于创业者的适应性和竞争力都很关键。

(3) 领导和合作能力：创业是一项系统工程，在创业过程中，能否正确、高效地整合各种资源对于创业能否成功是很关键的。而在对资源的整合过程中，最为关键的又是能否与合作者(包括创业团队成员、创业资源掌握者)融洽地合作，这也正是对创业者的领导、合作能力的考验。

5) 创业心理素质

良好的心理素质是大学生进行创业的一个必要条件。创业活动是一项创造性事业，随时都会面临严峻的挑战和压力，创业者尤其是初出校门的大学生创业者，必须具备良好的创业心理素质。

创业能力自测

测试题(请根据自己的实际情况，回答"是"或"否")

1. 你在学校是个成绩优异的学生吗？

2. 你在学生时代是否喜欢参加集体活动？

3. 你在少年时是否常常喜欢独处？

4. 你在童年时是否做过报童，或帮人做过小生意？

5. 你儿时是否很倔强？

6. 你少年时是否很谨慎，在活动时是否喜欢最后上场？

7. 你是否在乎别人对你的看法？

8. 你是否对每天都一样的例行工作感到厌倦？

9. 你会孤注一掷经营生意，即使亏本也在所不惜吗？

10. 你的新事业失败了，是否会立即另起炉灶？

11. 你是否属于乐天派？

评分标准：

1. 是：+4，否：-4　2. 是：+1，否：-1　3. 是：+1，否：-1　4. 是：+2，否：-2

5. 是：+1，否：-1　6. 是：+4，否：-4　7. 是：+1，否：-1　8. 是：+2，否：-2

9. 是：+2，否：-2　10. 是：+4，否：-4　11. 是：+1，否：-1

测试结果：请把各题的得分加起来，用总积分与下面的分析相对照。

19～23分：表明你已具备了成为创业家的一切特质。

10～18分：表明你虽然创业成功希望微弱，但仍有强劲的创业精神。

0～9分：表明你能自行创业成功的机会很勉强。

0分以下：表明你不具备创业能力，不是这方面的人才。

6.2.3　创业模式

提起创业，人们想到最多的是开店、办公司、办企业。随着时代发展的日新月异，创业方式正在不断发生变化，特别是IT业的崛起使当下的创业模式层出不穷，出现了网络创业、加盟创业、兼职创业、团队创业等多种创业模式。

1. 网络创业

网络创业主要有两种形式，其一是网上开店，在网上注册成立网络商店；其二是网上加盟，以某个电子商务网站门店的形式经营，利用母体网站的货源和销售渠道。

网络创业的优势是门槛低、成本少、风险小、方式灵活，特别适合初涉商海的创业者。如依托易趣、阿里巴巴、淘宝网等知名商务网站，它们不仅有较完善的交易系统、交易规则、支付方式和成熟的客户群，每年还会投入大量的宣传费用。

对初次尝试网上创业的人来说，事先要进行多方调研，选择既适合自己产品特点又具较高访问量的电子商务平台。一般来说，网上加盟的方式更为适合，能在投入较少资金的情况下开业，边熟悉游戏规则，边依托成熟的电子商务平台发展壮大。

2. 加盟创业

分享品牌近况、分享经营诀窍、分享资源支持，连锁加盟凭借诸多的优势，成为极受青睐的创业新方式。目前，连锁加盟有直营、委托加盟、特许加盟等形式，投资金额根据商品种类、店铺要求、技术设备的不同从6000元至250万元不等，可满足不同需求的创业者。

加盟创业的优势是利益共享、风险共担。创业者只需支付一定的加盟费，就能借用加盟商的金字招牌，利用现成的商品和市场资源，还能长期得到专业指导和配套服务，创业风险也有所降低。

随着连锁加盟市场规模的不断扩大，鱼龙混杂的现象日趋严重，一些不法者利用加盟圈钱的事件屡有曝光。因此，创业者在选择加盟项目时要有理性的心态，事先进行充足的准备，包括收集资料、实地考察、分析市场等，结合自身实际情况再做决定。

3. 兼职创业

对于上班族来说，如果头脑活络，有钱又有闲，想"钱生钱"又不愿意放弃现有工作，兼职做老板应该是最佳选择。

兼职创业的优势是，对上班族来说，无须放弃本职工作，能充分利用在工作中积累的商业资源和人脉关系创业，实现"鱼和熊掌兼得"的梦想，而且进退自如，大幅减少了创业风险。

兼职创业需要在主业和副业、工作和家庭等几条战线上同时作战，对创业者的精力、体力、能力、忍耐力都是极大的考验，因此要量力而行。此外，兼职创业者最好选择自己熟悉的领域，但要注意不能侵犯受雇企业的权益。

4. 团队创业

如今，创业已非纯粹追求个人英雄主义的行为，团队创业成功的概率要远高于个人独自创业。一个由研发、技术、市场、融资等各方面组成、优势互补的创业团队，是创业成功的法宝，对高科技创业企业来说，更是如此。

团队创业的优势在于，一群人同心协力，集合各自的优势，共同创业，其产生的群体智慧和能量，将远远大于个体。

创建团队时，最重要的是考虑成员之间知识、资源、能力或技术上的互补，充分发挥个人的知识和经验优势，这种互补将有助于强化团队成员间彼此的合作。一般来说，团队成员的知识、能力结构越合理，团队创业的成功率就越大。

5. 概念创业

概念创业，顾名思义就是凭借创意、点子、想法创业。当然，这些创业概念必须标新立异，至少在打算进入的行业或领域是个创举，只有这样，才能抢占市场先机，才能吸引风险投资商的眼球。同时，这些超常规的想法还必须具有可操作性，而非天方夜谭。

概念创业具有点石成金的神奇作用，本身没有很多资源的创业者，可通过独特的创意来获得各种资源。

创业需要创意，但创意不等同于创业，创业还需要在创意的基础上，融合技术、资金、人才、市场经验、管理经验等各种因素，如果仅凭点子贸然行动，基本上是行不通的。

6. 内部创业

内部创业是指一些有创业意向的员工在企业的支持下，承担企业内部某些业务或项目，并与企业分享成果的创业模式，创业者无须投资就可获得丰富的创业资源。内部创业由于具有"大树底下好乘凉"的优势，所以受到越来越多创业者的关注。

内部创业的优势是，员工在企业内部创业，可获得企业多方面的支援。同时，企业内部所提供的创业环境较为宽松，即使创业失败，创业者所需承担的责任也较小。

内部创业的受众面有限，只有大型企业的优秀员工才有机会一试身手。此外，这是一种以创造"双赢"为目的的创业方式，员工要做好周密的前期准备，选择合理的创业项目，保证最大化地创造利润，这样才能引起企业高层的关注。

6.2.4　毕业生创业的相关政策

1. 企业法律形式的相关知识

1) 企业法律形式的选择

在市场经济条件下，企业是法律上和经济上独立的经济实体。任何一个企业都要依法建立。创业者在创建一个企业时，都面临企业的法律形式选择问题。企业的法律形式有多种，主要包括：个体工商户、个人独资企业、合伙企业、中外合作企业、外商投资企业、国有独资企业、公司企业等。对于大学生创业，登记注册的企业法律形式基本上以公司企业、合伙企业、个人独资企业三种最为常见，如表6-1所示。

(1) 公司企业。公司是以营利为目的，由一定的投资者共同投资组建，投资人以其投资额为限对公司负责，公司以其全部财产对外承担民事责任的企业法人。公司有独立的财产，公司财产完全独立于投资股东的财产，公司对其全部财产享有个人财产权，投资者个人无权直接处分公司财产,公司对其财产拥有独立的支配权,以其全部财产对外承担民事责任。投资股东不对公司的债务直接承担责任,投资股东仅以其出资额或所持股份为限对公司承担责任。

(2) 合伙企业。合伙企业是两人以上以营利为目的,依照合伙协议共同投资、共同经营、共享收益、共负盈亏、共担风险的企业。合伙企业在法律形态上不具备完全独立的法律地位,不具有法人资格,企业没有独立于合伙人的法律主体资格,合伙人须对企业债务承担无限连带责任。

(3) 个人独资企业。个人独资企业是由一个自然人投资,并对企业事务有完全控制支配权的企业。个人独资企业的投资自然人完全依据投资人的自我意志进行经营活动,享有企业的全部收益,并承担企业的全部风险。个人独资企业不具备法人资格,投资人对企业债务承担无限责任,投资人不仅要以全部的出资额为企业清偿债务,而且要以他的其他个人财产清偿债务。

表6-1 企业法律形式比较

项目	公司企业	合伙企业	个人独资企业
法律依据	公司法(自2006年1月1日起施行)	合伙企业法(自1997年8月1日起施行)	个人独资企业法(自2000年1月1日起施行)
法律基础	公司章程	合伙协议	无章程或协议
责任形式	有限责任	无限连带责任	无限责任
投资者	无特别要求,法人、自然人皆可	完全民事行为能力的自然人,法律、行政、法规禁止从事营利性活动的人除外	完全民事行为能力的自然人,法律、行政、法规禁止从事营利性活动的人除外
注册资本	最低3万	协议约定	投资者申报
出资	法定:货币、实物、工业产权、非专利技术、土地使用权	约定:货币、实物、土地使用权、知识产权或者其他财产权利、劳务	投资者申报
章程或协议生效条件	公司成立	合伙人签章	无
财产权性质	法人财产权	合伙人共同所有	投资者个人所有
财产管理使用	公司机关	全体合伙人	投资者
出资转让	股东过半数同意	一致同意	可继承
经营主体	股东不一定参与经营	合伙人共同经营	投资者及其委托人
事务决定权	股东会	全体合伙人或遵从约定	投资者个人
事务执行	公司机关、一般股东无权代表	合伙人权利同等	投资者或其委托人
利亏分担	投资比例	约定,未约定则均分	投资者个人
解散程序	注销并公告	注销	注销
解散后义务	无	5年内承担责任	5年内承担责任

　　创业者首先必须做出的一个决策是企业准备采用什么样的法律形式，但这种初始的决策并不是一成不变的。随着时间的推移，企业的发展和运作方式变化，都可能要求对企业法律形式做出调整，也会使所有制形式的相对优劣发生变化。

　　目前中国可以登记的企业有：个人独资企业、合伙企业、公司企业、股份合作制企业等。部分企业形式的优缺点如表6-2所示。

表6-2　部分企业形式的优缺点

企业形式	优点	缺点
个人独资企业	企业设立、转让和解散等行为手续非常简单，仅需向登记机关登记即可；企业独资经营，制约因素较少，经营方式灵活，能迅速应对市场变化；利润归企业主所有，不需要与其他人进行分享；在技术和经营方面易于保密，利于保护其在市场中的竞争地位；若企业因个人努力而获得成功，则可以满足个人的成就感	当个人独资企业财产不足以清偿债务时，企业将依法承担无限责任，必须以其个人的其他财产予以清偿，因此经营风险较大；一般来说，个人独资企业受信用限制不易从外部获得资金，如果企业的资本有限或者经营能力不强，则企业的经营规模难以扩大；一旦企业发生意外事故或者犯罪、转业、破产，则个人独资企业也随之不复存在
合伙企业	由于出资人较多，扩大了资本来源和企业信用能力；由于合伙人具有不同的专长和经验，能够发挥团队作用，增强了企业的管理能力；资本实力和管理能力的提高，增强了企业扩大经营规模的可能性	在合伙企业存续期，如果某一个合伙人有意向合伙人以外的人转让其在合伙企业中的全部或部分财产时，必须经过其他合伙人的一致同意；当合伙企业以其财产清偿合伙企业债务时，其不足部分，由各合伙人用其在合伙企业出资以外的个人财产承担无限连带清偿责任；尽管合伙企业的资本来源及信用能力比个人独资企业有所增加，但其融资能力仍然有限，不易充分满足企业进一步扩大生产规模的资本需要
公司企业	公司的股东只对公司承担有限责任，与个人的其他财产无关，因而股东还可以自由转让股票而转移风险；公司具有独立存续时间，除非因经营不善导致破产或停业，不会因个别股东或高层管理人员的意外或离职而消失；个人独资企业和合伙企业相比，公司的所有权与经营管理权分离，可以聘任专职的经理人员管理公司，因而管理水平高，能够适应竞争激烈的市场环境	公司设立的程序比较复杂，创办费用高；按照相关法律要求，股份有限公司需要定期披露经营信息，公开财务数据，容易造成商业机密的外泄；由于公司是从社会吸纳资金，为了保护利益相关者，政府对公司的限制较多，法律法规的要求也较为严格

2. 影响企业法律形式选择的因素

　　(1) 创业资金准备的情况。根据我国相关法律的规定，个体工商户、个人独资企业、合伙制企业注册资金实行申报制，没有最低限额要求。对于有限责任公司，法律规定资本最低限额为3万元；一人有限责任公司为10万元。公司资本可以用货币、实物、工业产权、非专利技术、土地使用权出资，但不能以其他方式出资。鉴于这种情况，创业者在选择企业法律形式时就要考虑自己创业资金的准备情况，当资金充足时，可以考虑创办有限责任公司；资金不足时可以考虑从其他企业法律形式中选择一种。企业发展初期，规模可以小一些，待企业发展壮大以后，还可以根据自己的实力重新创建、注册新的公司。在现实中有不少企业，都曾经重新注册过自己的企业或公司。

(2) 创办企业名称的要求。根据《企业名称登记管理实施办法》的规定，个体工商户、个人独资企业、合伙企业不属于法人，所以非法人不得使用含有法人字样的名称。个体工商户、个人独资企业、合伙企业可以在"厂""经营部""店""工作室"等字样中自由选择。鉴于此，创办什么样的企业，事先要考虑好企业的名称，企业名称与企业法律形式有直接关联，并且有法律上的规定，这些规定创业者应该有所了解。

(3) 税费因素。国家为了鼓励一些行业的发展或者限制一些行业的发展，在制定《税法》时，分别采取了不同的法律规定，由于企业规模大小不一样、行业不一样，企业的税负也不一样。创业者在创办企业初期一定要考虑企业的税负。国务院宣布从2001年1月1日起对个人独资、合伙企业停征企业所得税，只对其投资者的生产经营所得征收个人所得税。由于投资经营的行业不一样，故不同形式的经济组织间税负不同。税负对于一个企业来说，产生的影响是非常大的，在经营过程中，企业经常涉及纳税问题，所以企业在创办初期就应该进行纳税筹划。

(4) 经营风险。企业法律形式不同，在经营过程中所承担的风险也不同。有限责任公司比私营企业风险要小。因为有限责任公司对外承担有限责任，不会以企业以外的个人资产抵债，而承担无限责任的私营企业，如个人独资企业、合伙企业，一旦经营失败，不但要将企业的全部资产用于抵债，同时企业以外的个人资产也要用于抵债。合伙企业的合伙人也要承担无限连带责任。鉴于这种情况，创办企业要权衡利弊，充分考虑经营风险。

(5) 技术因素。创业者往往掌握着不同的专业技术，所注册的企业如果符合注册高新技术企业的条件，可以充分利用国家对高新技术企业政策的扶持，注册高新技术企业，使企业更快地发展起来。我国各省(市、区)对高新技术企业划定的条件不完全一样，创业者一定要了解当地对高新技术企业的规定。

3. 登记注册的相关知识

1) 企业登记注册的要件

(1) 法人、企业法人。法人是指具有民事权利能力和民事行为能力，依法独立享有民事权利和承担民事义务的组织。根据《中华人民共和国民法典》的规定，法人必须具备以下四项条件：

① 依法成立；

② 有必要的财产或者经费；

③ 有自己的名称、组织机构和场所；

④ 能够承担民事责任。从法人的设立性质上讲，通常的法人主要包括企业法人、事业法人、机关法人等。

企业法人是具有国家规定的独立财产，有健全的组织机构、组织章程和固定场所，能够独立承担民事责任、享有民事权利和承担民事义务的经济组织。

(2) 经营场所。企业法人住所指企业法人的主要办事机构所在地，主要办事机构是指首脑机构或主要管理机构。经营场所指企业法人主要业务活动、经营活动的处所。企业法人住所和经营场所的法律意义是不同的，但实际工作中，企业法人住所和经营场所往往是同一地点。

(3) 注册资本。注册资本是公司登记注册事项之一，是投资人对企业的永久性投资，是经国家确认的公司独立财产的货币形态，包括流动资金和固定资产及无形资产，也叫法定资本。注册资金是国家授予企业法人经营管理的财产或企业法人自有财产的数额体现。

(4) 经营范围。经营范围指国家允许企业法人生产和经营的商品类别、品种及服务项目，反映企业法人业务活动的内容和生产经营方向，是企业法人业务活动范围的法律界限，体现企业法人民事权利能力和行为能力的核心内容。《中华人民共和国民法典》规定，企业法人应当在核准登记的经营范围内从事经营。这就从法律上规定了企业法人经营活动的范围。经营范围一经核准登记，企业就具有了在这个范围内的权利能力，企业同时承担不得超越范围经营的义务，一旦超越，不仅不受法律保护，而且要受到处罚。核定的企业经营范围是区分企业合法经营与非法经营的法律界限。

根据《公司法》的规定，对公司的经营范围有以下要求：公司的经营范围由公司的章程规定，公司不能超越章程规定的经营范围申请登记注册。公司的经营范围必须进行依法登记，公司的经营范围以登记注册机关核准的为准。

(5) 验资证明。验资证明是会计师事务所或者审计师事务所及其他具有验资资格的机构出具的证明资金真实性的文件。依照《公司法》规定，公司的注册资本必须经法定的验资机构出具验资证明，验资机构出具的验资证明是表明公司注册资本数额的合法证明。依照国家有关法律、行政法规的规定，法定验资机构是会计师事务所和审计师事务所，具体由在会计师事务所工作的注册会计师或在审计师事务所工作的经依法认定为具有注册会计师资格的注册审计师担任。

(6) 营业执照。营业执照指工商行政管理机关发给工商企业、个体工商户的准许从事某项生产经营活动的凭证。其格式由国家工商行政管理局统一规定，主要包括企业名称、企业地址、负责人姓名、筹建或开业日期、经营性质、生产经营范围、生产经营方式等。

没有营业执照的工商企业或个体工商户一律不许开业，不得刻制公章、签订合同、注册商标、刊登广告，银行不予开立账户。

(7) 公司章程。公司章程是公司设立的最主要条件和最重要的文件。公司的设立程序以订立公司章程开始，以设立登记结束。我国明确规定，订立公司章程是设立公司的条件之一。审批机关和登记机关要对公司章程进行审查，以决定是否给予批准或者给予登记。公司没有公司章程，不能获得批准；公司没有公司章程，也不能获得登记。

2) 企业登记注册的一般流程

(1) 名称预先核准。

(2) 办理经营场所手续。

(3) 前(后)置审批。

(4) 银行注资。

(5) 正式注册。

(6) 刻制印章。

(7) 办理组织机构代码证。

(8) 建立银行账户。

(9) 申领税务登记证。

(10) 纳税申报。

(11) 办理企业用人社会保险登记、工资手册。

3) 大学生自主创业的优惠政策

(1) 工商方面。

优惠对象：当年的普通高等学校毕业生(含大学专科、大学本科、研究生)，持有普通高校颁发的《毕业证书》、个人身份证、省级高校毕业生就业工作主管部门签发的《全国普通高等学校本专科毕业生就业报到证》或《全国毕业研究生就业报到证》(以下简称《报到证》)三证，初次申办个体工商户营业执照，从事除国家限制行业(包括建筑业、娱乐业以及广告业、桑拿、按摩、网吧、氧吧等)外个体经营。

优惠内容：毕业之日起一年之内的应届毕业生到工商部门办理证照，自工商部门批准经营之日起，1年内免缴个体工商户登记注册费(包括开业登记、变更登记、补换营业执照及营业执照副本)和个体工商户管理费、集贸市场管理费、经济合同鉴证费、经济合同示范文本工本费。

通知规定，工商部门对高校毕业生申办个体工商户核准登记后，必须在《报到证》上注明登记注册时间、加盖工商部门印章后退回本人；在《个体工商户营业执照》经营者姓名后注明："(高校毕业生)"；高校毕业生凭执照提出书面申请，经工商部门负责人核批同意，即可免缴上述规定的有关费用。

(2) 税务方面。

高校毕业生创业税务部门优惠政策如下。

普通高等学校毕业生创办的企业，从事技术转让、技术开发和与之相关的技术咨询、技术服务取得的收入，免征营业税。

普通高等学校毕业生在国家高新技术产业开发区内新创办的高新技术企业，自获利年度起免征企业所得税2年；免税期满后，按15%的税率征收企业所得税。

(3) 普通高等学校毕业生创办的企业，进行技术转让以及在技术转让过程中发生的与技术转让有关的技术咨询、技术服务、技术培训所得，年净收入在30万元以下的暂免征收企业所得税。

(4) 地税部门对从事个体经营的高校毕业生，其月营业额在5000元以下的，免征营业税。

(5) 除此之外，具体不同的行业还有不同的税务优惠，具体如下。

① 大学毕业生创业新办咨询业、信息业、技术服务业的企业或经营单位，提交申请经税务部门批准后，可免征企业所得税两年。

② 大学毕业生创业新办从事交通运输、邮电通信的企业或经营单位，提交申请经税务部门批准后，第一年免征企业所得税，第二年减半征收企业所得税。

③ 大学毕业生创业新办从事公用事业、商业、物资业、对外贸易业、旅游业、物流业、仓储业、居民服务业、饮食业、教育文化事业、卫生事业的企业或经营单位，提交申请经税务部门批准后，可免征企业所得税一年。

有了众多免税的创业优惠政策扶持，相信广大自主创业的大学毕业生，在创业初期就能省下大量资金用于企业运作。

6.2.5　创业项目的选择

创业准备充分与否，对大学生创业事业的成败起着决定性的作用，而大学生创业项目的选定是创业准备中最重要的一环，直接关系着创业的成败。

1. 创业项目的主要来源

一是实验及研究成果。实验及研究成果是指高校或各研究机构自主研究开发的成果。选择这些成果作为创业项目将大大推进研究与教学和企业生产的衔接，加快实验及研究成果的转化进程。二是大学生创业构思及创业计划大赛。大学生的创业构思是创业项目的重要来源。现阶段许多机构都在举行大学生创业计划大赛，这不但有利于激发大学生们的创业意识、培养他们的创新能力，而且促进了一些创业构思的诞生，还有利于大学生创业计划的实施。当前，有一些大学生创业公司其前身便是大学生创业计划大赛的小组。三是各种发明和专利。发明和专利也是创业项目的重要来源。发明和专利都是具有特创的设想，它如果被开发出来进行产业化生产将会带来巨大的社会财富。现在各个国家为了激励发明创造，都制定了《专利法》来保护发明者，并取得较好的成效。当然也并不是说所有的发明和专利都能顺利地转化为实际的大规模生产，因为要实现产业化还受到许多条件和环境的制约。四是根据实事求是的原则和可行性原则来选择创业形式。

2. 选定创业项目需考虑的因素

(1) 爱好与特长。大学生只有选择了他喜欢做且有能力做的事情，才会自觉地、全身心地投入工作中去，并忘我地工作，才有可能在遇到困难和挫折时百折不挠、千方百计地克服困难，实现创业目标。所以，选择自己有爱好、有特长的项目是大学生创业成功的基础。

(2) 对所选项目的熟悉程度。一般来说，大学生在自己熟悉的行业里选择创业项目，就可以找到生财的窍门，只要再加上勤奋和信心就能够取得创业的成功。

(3) 把握及利用市场机会能力。大学生选择创业项目在考虑了个人的爱好与特长和对所选项目是否熟悉之后，要认真调查分析所选项目是否有市场机会，以及你本人是否有能力利用这个市场机会。

(4) 风险的承受能力。创业是有风险的。大学生创业过程中会受到许多不可预期的因素的影响，一旦把资金投入进去，谁也不敢保证一定能够成功。大学生在选择创业项目投资之前，无论他们对该项目怎么有把握，都必须考虑"将来最坏的情况可能是什么""最坏的情况发生时，自己能否承受"等问题。

(5) 国家相关政策与法律因素。选定创业项目必须考虑国家相关政策和法律的因素，其包括两方面：一是预期选定的项目是否属于国家政策和法律禁止或限制的范围；二是预期选定的项目是否属于国家政策和法律鼓励的范畴。主要是要了解《企业登记管理条例》《公司登记管理条例》《公司法》《个人独资企业法》等工商管理法规、规章和有关地方规定，也要了解企业组织形式以及劳动合同、试用期、实习期、工伤、职业病、养老金、住房公积金、医疗保险、失业保险等诸多规定，还要了解有知识产权和需要缴纳的税种。

3. 创业项目选择的原则

创业投资项目从计划到实施能否顺利进行，在很大程度上取决于在项目的选择上能否遵循科学合理的原则。

(1) 立意独特的原则。如果大学生的创业计划立意不新颖、没有什么独特之处，很难想象其将得到别人的投资。

(2) 创业项目要有市场前景。创业项目一般而言要有较高的技术含量，现在一般的风险投资基金和"孵化器"所感兴趣的项目主要有网络技术、软件信息、新材料新能源、机电一体化、节能领域、生物医药及精细化工等，这些项目有技术含量，而且发展前景也较好。

(3) 创业项目要与国家的产业导向一致。如果大学生的创业项目符合国家的产业导向，它成功的机会将会大大提高，反之则很容易夭折。

项目的选择是一个非常复杂的系统工程，以上所说的要点只是一些最基本的要求。要真正做好项目的选择工作还要做许多技术性工作，如在拟选一个项目后所要进行的市场调查、市场预测及项目评估。大学生创业项目最终能否成功还是要看有没有市场，市场对项目产品的需求才是大学生创业能否成功的关键。

4. 创业项目选择的途径

(1) 获取创业信息。一是找专业的创业顾问咨询，在创业前可先咨询正规的咨询机构。二是广泛收集身边的信息，大学生创业者必须处处留意、收集、筛选、利用有价值的信息。

(2) 组建良好创业团队。一是建立优势互补的团队，寻找优势互补、专业能力搭配的"异质性"的合伙人，从而弥补个人的弱点，发挥组合潜能。二是确定核心人物，核心人物不仅需要协调、解决各种矛盾与困难，更重要的是他还将是各团队成员的精神支柱，不断鼓舞他们的斗志，调整他们的创业心态。

5. 创业融资的主要渠道

1) 合作经营

合作经营是通过寻找合作者形成合伙人或股份合作，筹集创业资金。这些资金以权益资金的方式注入，获得了企业的股东地位，享有相应的权益。

2) 政府资助

教育部、人力资源社会保障部、财政部等部委，以及许多地方政府相继出台了有关政策，设立基金，鼓励和帮助大学生自主灵活创业。

3) 银行贷款

银行贷款以抵押贷款为主，包括存单抵押贷款、保单质押贷款、实物抵押典当贷款、固定资产抵押贷款等。其他的资金来源渠道还有个人资金、私人借款等。

6.2.6　创业计划书

1. 制订创业计划的要求

(1) 创业计划要有科学性。大学生创业计划的设计应在深入调查研究市场和客观现实的基础上，符合市场经济的发展规律；大学生创业计划应针对社会需求，结合创业大学生的专业特长、个人兴趣和实际能力。

(2) 创业计划要有风险意识。大学生创业者在追求最大效益的同时，力争将风险降低到最小程度，大学生创业者要有化解风险的措施和承担风险的能力。

(3) 创业计划要具有可行性。创业设计的对象不应只是大胆的设想，更应是具体可行的。创业计划要坚持以市场为导向，从行业现状入手，开展明确的市场分析，并充分显示对市场现状的掌握和未来的预测，并指出创业的市场机会和急症风险；必须有可观的数据与有关文献资料。创业设计必须符合国家政策法规和学校有关规定。创业设计要呈现经营能力，现实对该产业、市场、产品或服务、技术等已有完全的准备，能开展合理的投资预算与回报、获利能力分析，并有一整套的经营管理等未来的运作设想。设计的可操作性可增强实现创业计划的信心。创业计划应真实、可信、可行。

2. 创业计划书的基本框架

创业计划书没有固定的格式，创业计划书的框架也有多种形式，下面以一种比较常见的创业计划框架为例来进行介绍。在实际编写过程中，编写人员可以根据具体情况进行取舍。主要包括如下方面。

(1) 封面和标题页。封面一定要明确写出创办企业的名称、地址、电话及该计划通过的日期。标题页紧随封面之后，应该再次写明企业的名称和地址；同时还应写明负责人的姓名、地址和电话号码。在上方一角，注明复印件号码与保密级别字样，并在封面或标题页下方注明保密声明。

(2) 目录。目录包括按一定次序排列的各部分内容名称及其页码。

(3) 正文。创业计划书的正文包括十大要素。

(4) 附件。包括个人简历、推荐信、意向书、租赁契约、合同、法律文件，以及其他与计划有关的文件。

3. 创业计划书的主要内容

(1) 执行纲要。这部分是计划的核心之一。它对计划的编写及计划的最终效力起着重要的作用。它高度概括了创业计划各部分内容的要点，勾画出企业的轮廓，是新企业给人的第一印象。这部分在最后写成，但要放在创业计划的首页。在摘要部分要写清楚企业的经营宗旨、发展战略、商业模式、产品(服务)技术、公司的法律形式、企业核心管理层的构成、可利用资源、资金需求状况等内容。

① 经营宗旨。首先要提出清晰明确的经营目标，说明创办企业的新思路、新思想，介绍创业市场、消费市场的概况。

② 发展战略。以发展的眼光分析新企业所面临的机遇和具体的市场战略，展示企业未

来的发展前景。

③ 商业模式。介绍企业的经营内容、经营方式、经营场所、经营区域和客户群。

④ 产品(服务)技术。指出产品(服务)技术是否独家拥有。如果是专利技术，则应说明保护范围及保护年限等，同时，还应说明相关技术的使用情况。

⑤ 公司的法律形式。即公司经营的性质，包括个体工商户、合伙公司、有限责任公司、分公司、股份有限公司等几种形式。

⑥ 企业核心管理层的构成。重点要突出这些人的优势，即教育背景、专长、经验，如果是股份制，还要说明所持股份、在公司中的职位等。

⑦ 可利用资源。说明你已经拥有或可以利用的、对企业有帮助的客户资源、公共关系资源、人力资源、行业资源、合作伙伴等，这是企业获得成功的关键因素。

⑧ 资金需求状况。说明需要多少资金，主要用于哪些方面；资金的来源是自有、借款、贷款、转让股权还是风险投资；资金的偿还期限及偿还方式。

(2) 企业概要及经营理念。创业计划必须提供企业的基本信息：历史、现状、实现这些目标的途径。

(3) 产品(或服务)介绍。在此应该描述企业的产品(或服务)，以及他们的特殊性，产品(或服务)的构成是什么？价格如何？哪一些服务是企业能够提供的，以及哪一些是不能提供的？

① 要介绍产品(服务)的主要内容、主要用途和应用范围，一般要附上产品原型、照片或其他介绍。

② 要说明产品(服务)现在处于实验阶段还是成熟阶段，在市场上是否得到了验证，产品的生命周期、技术原理、技术水平、与同类产品比较具有的优点。

③ 介绍企业将如何通过产品(服务)规划来满足消费者的需求，实现利润的最大化，并在与对手的激烈竞争中保持优势。

④ 研究与开发。畅销只能代表当今市场的需求。对技术型企业来说，研发是企业的生命力所在，因此，应重点阐述研发的目的、投入、研发力量、研发决策等问题。让投资人对企业的研发及后续力量有充分的信心。

⑤ 售后服务与技术支持。售后服务与技术支持往往可以提高企业的信誉度，如海尔集团之所以成为电器行业的龙头，很大程度上是因为它遍布全国的售后服务与技术支持网络，并能在最短时间内满足消费者需要。有鉴于此，要想企业长足发展，就应成立专门的部门并制定一系列规定。

⑥ 未来产品或服务规划。当今社会竞争激烈，如果你的产品一成不变，必将遭到淘汰。因此，产品开发不仅要计划当前需开发的产品，还要考虑今后几年之内的产品计划，包括现有产品的升级换代和研制新产品。这样才能在竞争中始终处于技术上的领先地位。

(4) 生产制造计划(技术和工艺)。这一部分主要针对科技创业，并且企业所从事的行业属于新兴高技术领域，对产品的生产工艺流程及技术路线，以及技术的创新性、独特性和可发展性等问题进行阐述。

(5) 市场与竞争。市场的内容包括企业的行业分析、市场细分、目标市场的选择等，竞争的内容指对企业竞争环境、竞争对手的分析。

① 行业分析。在创业计划中，应该就企业所处行业的全貌及企业产品在行业中的需求变化情况进行介绍。同时对行业的发展方向也应有一个明确的了解，从而较为全面地掌握企业所处的环境。可以引用权威机构或权威人士对行业发展趋势的预测。

② 市场定位分析。通过市场细分，把潜在的消费者按某种特点(地理、人口、顾客的经历与偏好等)加以分类。然后进行明确的介绍和必要的分析，即市场对本产品的需求情况；能否为企业带来所期望的利益；新的市场规模有多大；影响市场需求的因素有哪些；未来市场的走势等，并在此基础上介绍企业的市场定位。

③ 企业的竞争分析。在现代经济社会，一个企业所面对的竞争是全方位的，在分析市场竞争格局时，应对竞争者的产品、市场份额和营销策略了如指掌。

要了解新企业目前有哪些竞争对手？他们的优势和劣势是什么？是否存在有利于本企业产品的市场空档？本企业预计的市场占有率是多少？新企业如何应对竞争对手的反应？谁还有可能发现并利用相同的机遇？有没有办法通过结成联盟的形式，将潜在的或实际的竞争者争取过来，增强自己的竞争优势？在此基础上阐述企业的竞争对策。

(6) 营销策略计划。包括企业的销售策略、销售组合和促销手段等。

① 树立自己的品牌。品牌策略指企业生产的所有产品均使用一个品牌，以此提高市场占有率，实现企业的营销目标。如海信集团生产的电视、电脑、空调等产品都使用同一品牌"海信"。

② 选择合适的营销渠道。在开发营销渠道时，首先要考虑渠道的长短，即选择直销或间接销售。直销是企业将产品直接卖给消费者，其优势在于能够及时销售，节约资金，直接掌握市场需求，提供优质服务，控制价格。间接销售则是企业先把产品卖给中间商，再由中间商将产品卖给另外的一些中间商或消费者。其优势在于减少了企业销售的工作量，方便消费者，发挥经销商的优势，调节产需关系。

③ 选择恰当的促销手段和方法。促销手段可分为直接和间接两种。人员促销就是直接促销，它通过推销员包括邀请专家、顾问直接与消费者见面，进行宣传与推销，引起消费者的关注和兴趣，促进消费者购买。间接手段促销包括广告促销、营业推广促销与公共关系促销等。广告促销是利用报纸、杂志、广播、电视等媒体向消费者传递产品信息以促进销售。营业推广促销是通过一系列刺激消费者购买的措施，如样品赠送、价格优惠、奖励销售等来促进销售。公共关系促销是通过公关人员广交朋友、树立企业信誉、调解企业与消费者之间的关系、主动游说客户等方式达到促销目的。

④ 制定合理的定价策略。企业要根据不断变化的市场环境，着眼于企业的收益和发展，制定出合理的定价策略。例如：成本加成定价法，即按产品单位成本加上一定比例的利润制定产品价格的方法，其计算公式为"价格一单位成本×(1+成本利润率)"；差别定价法，即对同一种产品根据市场的不同、顾客的不同而采用不同的价格，是实际应用中较典型的定价策略之一；满意度定价法，即以满意度为基础的定价策略，目的在于缓和、减轻消费者的购买疑虑和风险，一般用于服务性企业；关系定价法，即为了有助于形成同顾客的长期关系而制定的具有创造性的定价策略，这种定价策略能够刺激顾客多接受本企业的产品(服务)。

(7) 企业管理计划。在这一部分重点介绍企业的组织机构、管理方式及主要管理人员。高素质的管理人员和良好的组织结构是管理好一个企业的重要保证。在计划书中必须对主要的管理人员进行介绍，突出他们的能力，在公司中的职位和责任，以及过去的详细经历和背景。

对企业组织结构的简要介绍包括：企业的组织机构图、各部门的功能与责任、各部门的负责人及主要成员、企业的报酬体系。如果是股份制，还要介绍公司的股东名单，包括认股权、比例和特权、董事会的成员、各位董事的背景资料等。

(8) 筹资方案。这一部分阐述创业企业的筹资渠道和方式，以及具体操作办法。

(9) 财务计划。这一部分主要包括企业的5年财务预测及相应的财务指标。财务规划是对经营计划的支持和说明。它一般包括：资本的构成、固定资金与资产的详细情况、资金流动周转预测、盈亏预测、财务审计等。

(10) 风险分析。这一部分提出企业未来可能遇到的风险，以及避免和控制这些风险的手段和措施。

① 普遍存在的风险。此类风险多数是由管理制度不健全、使用人员不当、没有建立起有效的监督机制而造成的。

② 市场风险。现在我国已从计划经济过渡到市场经济，市场经济本身存在着竞争和竞争对手，所以就存在风险。这种风险主要来自市场供求关系的变化。在市场经济中，供应与需求是一种不平衡—平衡—不平衡—平衡不断发展变化的关系。

③ 政策风险。这种风险经常与国家政策和大的经济环境有关，有时甚至受到全球经济的影响。

④ 贪污、盗窃风险。这些风险主要发生在管钱、管物的人员身上，尤其是一些企业，将银行支票、财务账、名章集中由一个人管理，更容易出现问题。

⑤ 火灾风险。火灾风险主要发生在用电和使用明火等单位。

⑥ 产品质量风险。这类风险不仅存在于生产企业中，根据我国消费者权益保护法的规定也存在于销售单位中。因为消费者从销售单位里买了质量差的产品，给消费者造成损失时，销售单位首先要对消费者进行赔偿，生产单位具有连带责任。

6.2.7　创业风险的规避

创业有风险，从商须谨慎。市场经济条件下，创业总是有风险的，不敢承担风险，就难以求得发展。关键是创业者要树立风险意识，在经营活动中尽可能预防风险，降低风险、规避风险。

1. 大学生创业中常见的风险

大学生要想能够在创业过程中规避创业风险，必须认识创业过程中的各种风险。

(1) 机会风险。人的一生有许多机会，选择机会很重要，鱼和熊掌不能兼得。比尔·盖茨选择创业就放弃了学业，也是承担了机会风险的。可能有许多像比尔·盖茨一样选择的大学生创业失败了，学业也荒废了。

(2) 盲目选择项目的风险。项目的选择必须经得起市场检验，不是大学生自己想做什么项目就能做成什么项目。大学生在校园里时间太长，不了解市场，只是凭自己的兴趣和想象来决定投资方向，甚至仅仅凭一时心血来潮就决定干哪一行，这当然会碰得头破血流。

(3) 实际运营能力的风险。大学生从象牙塔走出来，还未实现由"学校人"向"社会人"的完全转变，做起生意来还十分稚气，书生气太浓，由于社会经验不足，对一切人和事都理想化思考，对困难估计不足，在实际运营过程中存在太大风险。风险同样来自经营运作的随意性。

(4) 法律风险。大学生由于缺乏社会经验，故而对一些生意上的相关手续并不是十分清楚，往往以感情代替规则，以主观判断代替理性思考，容易出现疏忽。随着大学生创业不断增多，如何规避风险值得深思，首先一条就是要增强法律意识，保持清醒头脑。

(5) 人力资源风险。企业在进行人力资源管理时，往往重视招聘、培训、考评、薪资等具体内容的操作，而忽视了其中的风险管理问题。但是，所有企业在人力资源管理中都可能遇到风险，如招聘失败、新的人事政策引起员工不满、技术骨干突然离职等，这些事件都会影响企业的正常运转，甚至对企业造成致命的打击。

(6) 市场营销风险。市场营销风险源来自很多方面，总的来说有以下几大类：①市场需求变化是导致市场营销风险客观存在的首要因素；②经济形势与经济政策变化产生市场营销风险；③科技进步是导致市场营销风险的又一因素；④人为因素风险，主要是指销售人员和经销商给企业带来的风险。

(7) 海外投资遇到的风险。从事海外投资，与国内经营相比，创业者在经营过程中注定要遇到更多的风险，总的来说有以下几大类：①购买方式风险；②信息和信任风险；③人力资源风险；④投资保护风险。

2. 如何规避创业风险

虽然规避各种风险的方法各异，但创业成功人士在谈到预防经营风险时，透露了"八字秘诀"，即分析、评估、预防、转嫁。

(1) 学会分析风险。创业者对每一经营环节都要学会分析风险，做什么都不能满打满算，要留有余地，对可能出现的风险要有明确的认识和克服的预案。

(2) 善于评估风险。通过分析，预测风险会带来的负面影响。例如，投资一旦失误，可能造成多大损失；投资款万一到期无法挽回，可能造成多大经济损失；贷款一旦无法收回，会产生多少影响；资金周转出现不良，会对正常经营会造成哪些影响。

(3) 积极预防风险。例如，对投资方案进行评估，对市场进行周密调查，制定科学的资金使用政策等。一旦某个环节出了问题，要有采取补救措施的预案，尽可能减少负面影响。同时，还要加强管理，建立健全企业各种规章制度，特别是合同管理、财务管理、知识产权保护等；在平时的业务交往中要认真签订、审查各类合同，加强对合同履行过程中的监督。

(4) 学会转嫁风险。风险不可避免，但可以转嫁。例如，财产投保就是转嫁事故风险；购商品是转嫁筹资风险；以租赁代替购买设备是转嫁投资风险。大学生创业也是如此，个人独资需承担无限责任，但几个人共同投资，就是有限责任，能分散风险。

求职方法与技巧

第 7 章

求职材料准备

7.1 个人简历

个人简历是高校毕业生根据求职目标，向用人单位提交的、简要介绍个人基本情况的书面材料。个人简历就像一张名片，毕业生通常用来向用人单位宣传推介自己；招聘单位通过个人简历了解毕业生的基本情况。个人简历作为连接用人单位与毕业生的一份非常重要的说明材料，其制作水平的高低直接影响求职者能否得到面试机会。

如引导案例所说，毕业生在简历制作上常有这样的通病，即注重简历的外观设计而忽视简历内容。在校园招聘会上，我们经常会看到一些厚如书册、包装精美华丽的简历。有的同学把简历变成了自传，还有的同学还把漂亮的生活照贴在个人简历上。

"在我们收到的大学生简历中，100份里大约只有10份比较符合要求"。在"大学生职业生涯规划"活动的会场，远大集团人事资源部王经理的这句话，让在场的学子都发出了惊叹。那么，到底什么样的求职简历才是合适的，符合用人单位的要求呢？

制作个人简历的目的决定了简历的类型。毕业生一定要注意：制作个人简历的目的是获得企业招聘岗位，岗位都有任职条件，你的简历要能说明你有能力胜任企业招聘岗位的工作，这样的个人简历才会引起企业的注意。

7.1.1 简历的类型

不同的时间、场合，不同的个人经历，在简历的类型选择上有所区别。年代型简历以清晰的时间序列反映求职者的个人经历，而功能型简历则突出强调求职者的专业技术水平。毕业生要根据个人情况，选择适合的简历类型。

毕业生个人简历实际上分为两种情况，即单页简历和多页简历。单页简历是最简单的个人介绍，而多页简历则是详尽完整的简历，是单页简历的内容拓展，具体又包括简历封面、求职信、个人简历(即单页简历)、各种荣誉证书等。目前流行的是言简意赅且制作成本相对较低的单页简历。

7.1.2　个人简历的组成

1. 单页简历

单页简历一般分为以下7个组成部分,制作时最好能将所有简历内容都体现在一张A4纸上。

(1) 个人概况。个人概况包括:姓名、性别、出生日期、政治面貌、学校、专业、联系方式等内容(如果简历采用的是WORD格式,最好在个人概况的右边附上自己的登记照)。

(2) 教育背景。填写教育背景的时候一般采用倒叙,即先写现在再写以前。应写明时间、学校、专业,也可以写学习成绩、获奖学金、荣誉称号,以及特别的文章与论文、曾发表的文章题目、发表的刊物名称、在职培训、假期间的国际交流等学习生涯中的闪光点,表明你出类拔萃,还可安排在别的栏目,但注意简历中同一内容不要重复。

(3) 英语水平。现在,英语已经是衡量一个大学生素质高低的重要标准之一,但现实并非每个同学都能把它运用自如。所以,在制作简历时,这一栏的填写技巧就显得十分重要。如果你所应聘的单位或行业对英语水平没有过高要求且你英语水平一般时,简历上最好不要写这栏内容;但若应聘的单位有较高要求,则你需要尽量把你所获得的所有与英语相关的成绩、经历都附上,以增加竞争的筹码。

(4) 计算机水平。写作要点同英语水平一栏,制作简历的时候同样要注意扬长避短。

(5) 实践与实习。此处应该作为全篇的核心内容,可以着重叙述此项,并根据个人工作情况不同而重点突出说明工作的具体内容与经历,尤其是与求职目标相关的工作经历;一定要说出最主要、最有说服力的工作经历和最具证明性的能为公司获取的利润和相关成绩;说明的语气要坚定、积极、有力;最好附上具体的工作、能力等证明材料;写工作经验时,一般是先写近期的,然后按照年代的顺序依次写出。最近的工作经验是很重要的。在每一项工作经历中先写工作日期,接着是工作单位和职务。在这个部分需要注意的一点是,陈述了个人的资格和能力经历后,不要太提及个人的需求、理想等。

(6) 自我评价、兴趣爱好、求职意向。此处可向用人单位展示你的品德、修养、社交能力、合作能力,但注意要与应聘职位有关,否则会弄巧成拙。求职意向中要说明你想做什么,你能给公司提供什么价值,要求叙述简洁,最好不超过两行,可直接表明你申请的职位、目标等。

(7) 其他。这里还可以根据实际需要写一些还可为你"增值"的内容,如大学期间的论文、成果、发表的文章等。但要注意不该写的、没把握的内容不要写,否则有可能会成为面试中的问题。另外,这里也可以写一点自己信奉的人生格言或者励志的言语,如"勇往直前,从不言败""相信您的信任与我的实力将为我们带来共同的成功""希望我能为贵公司贡献自己的力量"等。

单页简历样式举例如下。

1. 个人概况

求职意向：

姓名： 性别：

出生日期：年月日 健康状况：

毕业院校： 专业：

电子邮件： 联系电话： 通信地址：

2. 教育背景

(请依个人情况酌情增减)

主修课程：

论文情况：(注：请注明是否已发表)

3. 英语水平

基本技能：听、说、读、写能力

标准测试：国家四、六级；TOEFL；GRE……

4. 计算机水平

编程、操作应用系统、网络、数据库……(请依个人情况酌情增减)

5. 获奖情况

6. 实践与实习

工作职务及简述：

附言：(请写出你的希望或总结此简历的一句精练的话，例如，相信您的信任与我的实力将为我们带来共同的成功！)

2. 多页简历

多页简历是单页简历的内容拓展，具体包括简历封面、自荐信、个人简历(即单页简历)、各种荣誉证书等。现在用人单位的招聘专员在招聘"海选"时，每天都会收到或者看到数以万计的求职简历，为了节省时间，那种厚厚的多页简历完全激不起他们阅读的兴趣。所以说现在流行的是言简意赅且制作成本相对低廉的单页简历。但是，是不是多页简历就完全失去了它的用武之地呢？答案显然也是否定的。当你通过某种渠道幸运地通过了招聘求职的初次海选而得到了进一步与用人单位洽谈的机会，如面试时，这时候携带一份有自己完备资料介绍和热情洋溢的求职信的多页简历就比单薄的单页简历要好得多。因为此时用人单位已经经过了第一步的大量海选，其职位候选人基本就锁定在某几个人，这时，自己所带的资料则要越详细越好。

(1) 简历封面。俗话说"佛靠金装，人靠衣装"，一份多页简历封面的制作好坏将直接决定此份简历能否吸引用人单位的眼球。一般来说，简历的封面易"简"不易"繁"，写明自己的姓名、专业、联系方式和个性宣言即可。

(2) 求职信。简历与求职信不同。简历传递的是技能、素质方面的信息，而且表述语言简练；求职信则包含更独特的信息，要说明你如何利用具备的技能帮助公司发展，你与其他申请者有什么不同，你对行业和公司的独特见解等内容。一封完整的求职信应该包括以下内容：①抬头和日期；②收信人姓名、职务；③公司名称；④公司地址；⑤称呼语；⑥第一段，开门见山地表明你的意图；⑦第二段，解释申请这一职位的独特理由；⑧第三段，强调你能为公司做什么；⑨第四段，得体的结尾，再次表达你的愿望，并预约面试。

3. 研究工作及成果

应该把做过的重大研究项目写进个人简历，并注明在项目中的角色、项目合作者及该项目的赞助单位，最后注明完成该项目的时间。

4. 自我评价及个人期望

总结大学阶段的表现，并由辅导员(班主任)或学院主管领导填写意见。根据自己的爱好、兴趣和特长，表明自己期望从事的工作。

5. 说明部分

如果说明的内容能引起招聘者的兴趣，那么简历上也应包括这部分。

7.1.3　个人简历的撰写技巧

个人简历真正的用处是让用人单位充分了解自己，从而提供可能的就业机会。因此简历要写得简洁精练，切忌拖泥带水。简历的格式要便于阅读，有吸引力，从而使用人单位对自己有良好的印象。

1. "简""力"结合

简历要"简"，一是要阐明总体情况；二是要有针对性；三是要针对应聘的职位列出自己学过什么，能做好什么，有什么实践成果和创意设想。简历要有"力"，即要有说服力，让招聘者一看个人简历就认为应聘者"是单位急需的人才"。例如，一位学广告设计的毕业生，一掏出简历，用人单位当场拍板要了他，原因很简单，他把简历设计成了一张普通名片，正面是个人基本情况、自荐意向，背面是设计作品。在厚厚的一沓资料面前，它无疑是有创意、有说服力的。

2. 突出成就

仅有漂亮的外表而无实际内容的简历是不会吸引人的，招聘人需要应聘者以"证据"证明个人的实力。所以，简历要证明毕业生以前的成就，以及从中得到了什么益处。强调以前的经历，一定要写上结果，例如，参与了某著名跨国公司组织的计算机软件竞赛活动，并获得了一等奖。不要平铺直叙自己过去的经历，短短一份"成就纪录"，远胜于长长的"工作经验"。

3. 坦率真诚

内容真实是简历最基本的要求。有一些自荐者，为了博得用人单位对自己的好印象，不惜给自己的简历造假。例如，过分渲染自己的学业成绩和能力，甚至擅改自己的学业成绩。造假者可能一时未被人识破，但终有暴露真相的一天，届时，对自己的伤害会更大。

4. 重点突出

由于时间的关系，招聘人员可能只会花短短几分钟的时间来审阅一个人的简历，因此简历一定要重点突出，将能力分析和能够胜任这份工作的理由作为重点予以突出。一般来说，对于不同的用人单位、不同职位的不同要求，自荐者应当事先进行必要的分析，有针对性地将其设计为简历的点睛之处，既要深思熟虑、写得精彩，又要巧妙布局、不落俗套。

5. 精准用词

许多负责招聘的工作人员都说他们最讨厌错别字，甚至有人说："我一发现错别字，就停止阅读。"因此，自荐者最好不要使用拗口的语句和生僻的字词，更不要有病句、错别字。要特别注意外文不要出现拼写和语法错误，因为招聘人员考查应聘者的外语能力就是从其简历开始的。同时，行文要注意准确、规范，大多数情况下，作为实用型文体，句式以简明的短句为好，文风要平实、沉稳、严肃，以叙述、说明为主。

6. 凸显专业

适当引用应聘职位所需的主要技能和经验术语，能使简历更显深度。例如，要应聘办公室人员，就要熟悉计算机操作系统；应聘工程师，需要掌握绘图和设计软件。招聘单位对不同的职位有相应的具体素质和技能要求，引用一些相关专业术语在简历中，能表现出自荐者具有这方面的资历。

7. 扬长避短

撰写自荐简历还要考虑竞争对手的因素，要知己知彼，突出自己的长处，回避自己的短处。例如，招聘者通常看重有更多实际经验的人，刚刚走出校门的毕业生，不太具有相关职业的工作经历，在自荐时应该更着重强调最近的教育与培训，尤其是与正在申请的工作最直接相关的课程或实践活动。同时，可以强调自己具有较强的适应能力来弥补工作经验的欠缺，列举在校期间参加过的勤工助学、实习和实践的成就证明自己勤奋肯干。另外，还可以考虑表达接受困难条件的意愿，如"愿意在周末和晚上加班"或"能够出差或外派"等。

7.1.4 简历写作注意事项

简历作为一份比较正式的毕业生推介材料，要反映出毕业生做事认真、严谨、耐心细致的态度，简历内容也要经得起推敲。撰写简历时要注意以下事项。

1. 篇幅不要太长

大学生的简历普遍都太长，有的甚至长达十几页，其实简历内容过多反而会淹没一些有价值的闪光点。而且，每到招聘的时候，一些企业，尤其是大企业，会收到很多份简历，工作人员不可能每个都仔细研读，一份简历一般只用1分钟就看完了，再长的简历也超不过3分钟。

简历过长的一个重要原因是有的人把中学经历都写了上去，这完全没有必要，除非你中学时代有特殊成就，如在奥林匹克竞赛中获过奖，一般来说，学习经历应该从大学开始写。另一个原因是很多学生的求职简历都附了厚厚一摞成绩单、荣誉证书的复印件，其实简历上可以不要这些东西，除非你应聘广告设计等相关工作，需附上你的作品。否则，只需要在简历上列出所获得的比较重要的荣誉即可。如果招聘单位对此感兴趣，会要求你在面试时把这些东西带去。

所以，简历要尽量简短，一页纸就足够了。

2. 内容一定要真实、客观

求职简历一定要按照实际情况填写，任何虚假的内容都不要写。即使有的人靠含有水分的简历得到了面试机会，但面试时也会露出马脚。雅虎(中国)公司的负责人说过，企业选人都非常慎重，她当年应聘雅虎时过了9道关，弄虚作假是过不了一轮轮面试关的。

3. 求职岗位一定要明确

求职简历上一定要注明求职的岗位。雀巢的招聘经理说过，每份简历都要根据你所申请的职位来设计，突出你在这方面的优势，不能把自己说成是一个全才，任何职位都适合。

建议大家不要只准备一份简历，再复印多份到处投递。应根据要应聘的职位性质有侧重地表现自己。如果你认为一家单位有两个职位都适合你，你可以向该单位同时投两份各有侧重的简历。

4. 用词要简洁直白

"我希望这样一个人生，它在经历了无数场风雨后成为一道最壮丽的彩虹……请用您的目光告诉我海的方向……"大学生的求职简历很多言辞过于华丽，形容词、修饰语过多，这样的简历一般不会打动招聘者。建议简历最好多用动宾结构的句子，简洁直白、语气诚恳。

5. 用语不要过分谦虚

简历中不要注水、不要过分介绍自己，有的同学在简历里特别注明自己某项能力不强，这就是过分谦虚，实际上不写这些并不代表说假话。

有的求职学生在简历上写道："我刚刚走入社会，没有工作经验，愿意从事贵公司任何基层工作。"这也是过分谦虚的表现，这会让招聘者认为你什么职位都适合，其实也就是什么职位都不适合。

6. 不要写上对薪水的要求

很多毕业生都对简历上该不该写对工资、待遇的要求存在疑惑，从一些公司的人力资源经理反馈的信息来看，写上对工资的要求会冒很大的风险，如果薪水要求太高，会让招聘单位感觉雇不起你；如果要求太低，会让招聘单位觉得你无足轻重。故最好不写。

另外，简历的目的是争取面试和面谈的机会，所以，如果觉得薪水问题不得不谈的话，可以等到面试或面谈的时候再说。

7. 简历的文字、排版、格式不要出现错误

用人单位最不能容忍的事是简历上出现错别字，或是在格式、排版上有技术性错误，以及简历被折叠得皱皱巴巴、有污点。这会让用人单位认为你连自己求职这样的事都不用心，那么对工作也不会用心。

8. 制作不必太过花哨

现在求职的高校毕业生的简历普遍都讲究包装，做得精致、华丽，有的连纸张都是五颜六色的。实际上，除非应聘美术设计、装潢、广告等相关工作，一般来说简历不必做得太花哨，用质量好一些的A4白纸就可以了。

简历过分标新立异有时反而会带来不好的效果，例如，一份简历封面上赫然写着四个大字"通缉伯乐"，给人的感觉就像是在威胁招聘单位。

9. 简历也可用手写

如今用电脑打印简历已很普遍，简历虽然整齐规范，但缺少生气和亲近感。如果在一堆电脑打印的简历中，有份手写的，一定会很醒目，若字又漂亮，那么被录用的概率会比电脑打印的高，因为从文字书写上也能了解一个人。

7.2　其他求职材料

因求职渠道不同，大学生还会用到其他形式的求职材料，如求职信、自荐信、推荐信等。

7.2.1　求职信

有相当一部分求职者在求职时，忽略了求职信对于成功求职的重要作用，认为制作一份出色的简历才是最重要的。其实，简历有简历的功能，求职信有求职信的作用。在通常情况下，二者相互配合才更容易成功求职。这也是国际上通行的做法。

一般来说，简历的着眼点在于自己，强调自己有什么。求职信的着眼点在于对方，强调将给对方带来什么。有时，求职者有什么优势并不等于用人单位就能得到相应的益处。求职信的作用在于告诉对方录用自己将使其得到什么益处，从而引起对方的注意、重视和好感，以期在成百上千的应征者中脱颖而出。

求职信的好坏会很大程度地影响个人简历的作用。一份好的求职信能为你赢得一个面试机会，但一份不好的求职信则会使你的个人简历形同虚设。

1. 求职信的内容

求职信与个人简历起着不同作用，许多个人简历中的具体内容不应在求职信中重复。例如，工作经历、学历或个人目标。个人简历告诉别人有关你个人、你的经历和你的技能，而求职信告诉别人"为什么你是这份工作的最佳人选"。

一份求职信应包括以下三部分。

1) 开头部分

求职信的首段要开宗明义讲清楚求什么职位。说明你为何寄个人简历，你对公司有兴趣并想担任他们单位某个空缺的职位。可以通过在求职信中提到你是看到某月某日报纸上的招聘广告知道有这个职位的，或者你一直通过新闻媒体了解公司或者这个行业。这会表明求职者的诚心，而不是漫天撒网式的求职。这样做能给招聘经理留下好的第一印象。

如果你是由一位朋友或同事介绍给公司的，则要在信中提起他们，因为招聘经理会感到有责任回复你的信(但是不要夸大其辞，如果你对公司或者该行业的情况叙述不正确，招聘者一眼就能看穿)。当你要求担任公司空缺时，要说得越具体越好。

2) 正文部分

第二部分是求职信的核心内容，要先简短地叙述自己为什么希望获得这个职位，没有必要具体陈述自己的经历，因为个人简历将负责这些。

这部分你要在信中围绕该职位的应知、应会来写，包括与应聘的职位有关的训练或教育科目、工作经验或特殊的技能；如无实际经验，略述实习类似经验亦可。应着重强调你的才能和经验将会有益于公司的发展。尽可能地少用人称代词"我"，要让人感到你想表达的是"我能为公司做些什么"。

3) 结尾部分

求职信的结尾是希望并请求未来的雇主给予面谈的机会，因此，信中要表明可以面谈的时间。使用的句子要有特性，避免老生常谈的陈词滥调。可以告诉招聘者怎样才能与你联络，打电话或者发E-mail，但不要坐等电话。要表明如果几天内等不到他们的电话，你会自己打电话确认招聘者已收到个人简历和求职信并安排面试，但语气要有礼貌(一些应聘者会用一段话来解释个人简历中不清楚的地方，如就业经历中的待业阶段)。

2. 求职信要点

(1) 对不同的招聘单位和行业，你的求职信要量体裁衣，内容不要千篇一律。

(2) 主要提出你能为未来的招聘单位做些什么，而不是他们为你做什么。

(3) 集中笔墨于具体的职业目标，围绕所求职位的应知应会来写，不要写没有竞争实力的空话、套话。

(4) 不要过分渲染自我。你当然认为自己有能力、够资格才申请某一职位，但不要过分夸大自己的能力或表现出过分的信心，尤其不要说出与事实不符的能力或特性。

(5) 不要对你的求职情形或人生状况说任何消极的话。

(6) 直奔主题，不要唠叨。

(7) 留意底薪。有的招聘单位要你提到希望的待遇。你要做明智的判断，写出你觉得可行的底薪。开始就业的人应知道，与其寻得一份高薪的工作，不如找待遇尚可而有升迁机会的工作。

(8) 内容不要超过一页，除非招聘单位索要进一步的信息。

3. 求职信的格式

求职信没有正式的格式，但在写信时要记住一些基本的规则。

(1) 信的标题：居中写"求职信"，表明此信的性质和行文目的。

(2) 信的左上角或者右上角要留出三行，用以填写家庭地址、城市、邮政编码和日期。

(3) 称呼的后面要用冒号而不要用逗号，写称呼时要用正式的语气。要用具体的称呼（如不要写"给有关负责人"）。应设法知道谁将收到你的信，如果有必要，可以打电话询问公司。如果你还是不能确定具体的名字，就称呼"尊敬的招聘经理先生或女士""尊敬的人事部经理先生或女士"，或者就称"尊敬的先生或女士"。

(4) 可以用表格和粗体线来组织求职信并强调其内容，使文章易读，但要慎用。

(5) 结尾时应在姓名上方写上祝福的话，然后下面是印刷体的全名。在你的求职信中，名字与结尾之间一定要保留足够的空间。

大家都知道，写求职信的最后目的在于获得职位，不过，现在的公司老板很少是看信不看人就雇用求职的人。一封求职信无论如何文辞并茂、令人心动，招聘单位不见到求职信作者是不会给予工作机会的。因此，求职信的目的在于获得面谈的机会。只要能得到面试机会，你的求职信就是成功的。

例文1

求职信

尊敬的女士/先生：

您好！我从2023年3月15日的《××报》上见到贵公司的招聘启事，欲申请贵公司招聘的网络维护员职位。根据招聘条件，我符合贵公司的要求。

我是××学院一名即将毕业的高校学生，专业是计算机应用。通过三年的学习，我系统地掌握了网络设计及维护方面的技术，对当今网络的发展也有较为清晰的认识。

随信附有我的简历。如蒙慨允有机会与您面谈，我将十分感谢。

此致

敬礼！

×××

2023年3月18日

7.2.2 自荐信

自荐信是自己推荐自己的信。有的毕业生会问，都已经有求职信了，怎么又来个自荐信？其对求职有用吗？实际上，这两种信在求职作用上并无实质差别，都可以与简历一起帮助你找到理想的职位。

但是，区别不大不等于没有区别。一般情况下，求职信的重点在"求"字，而自荐信的重点在"荐"字；同时，本单位的在职人员为获得本单位的另一个职务，只能写自荐信而不能写求职信。自荐信也是你进入理想单位的第一块"敲门砖"，从求职的角度讲，自荐信是很重要的，应认真对待。

1. 自荐信的内容

自荐信是用来展示自我的，自荐信的写法与求职信写法相似，也是不要千篇一律，不要采用一样的格式。但不管如何布局安排，都要层次分明、简洁明了、突出重点。通常情况下，多采用的是三部分的写作方式。

1) 自我介绍和自荐的目的

在介绍自我部分，可以用一句话简单介绍一下自己，只要把最重要、与未来雇主最有关的信息写清楚即可。例如，"我是××大学大三的学生，将于明年六月毕业，专业是××"。

自荐的目的要写清楚自荐干什么，有的可自荐某岗位、某职务，有的可自荐承担什么工作。自荐的目的要明确、具体，如"很高兴得知贵公司目前在招聘××职位，我自信可以胜任"。

2) 自我推荐

这部分是自荐信的主体内容，主要陈述个人的求职资格，展示自己具有的才能和特长，特别是能满足公司的需要，能为公司做出贡献的教育、技能和个性特征，让招聘单位了解你能为它做些什么。可以从下面两方面具体介绍。

(1) 专业。

介绍自己所学的专业和业余所学的专业及特长，以及具体所学的课程等。自己所受教育的阶段和教育背景的陈述，要突出与招聘工作密切相关的内容。

(2) 工作经历和能力。

说明与求职目标相关的工作经历，一定要说出最主要、最有说服力的资历、能力和工作经历。说明的语气要肯定、积极、有力，如"我在××公司实习期间，两次因工作积极主动受到公司领导的表扬"。

3) 结尾部分

结尾部分主要包括两方面内容：向招聘单位致谢，以及提出希望招聘单位能予以接纳的请求。还可以做一些补充，说明随信附有专家教授推荐信等内容。信的结尾要表明你的下一步计划，告诉招聘者怎样才能与你联络，打电话或者发E-mail，但不要坐等电话。要表明如果几天内等不到他们的电话，你会自己打电话确认招聘者是否已收到简历和自荐信并安排面试，如"我将在一周内与贵公司联系，以便安排时间与贵方讨论我的资历及贵公司的要求"。

2. 自荐信的格式

自荐信与求职信一样没有正式的格式，一般分为四部分。

(1) 标题。在信纸上方正中部位书写"自荐信"三个字，表明此信的性质和行文目的。

(2) 称呼。写法与求职信相同。这里不再赘述。

(3) 正文。此部分为自荐信内容，内容最后要有"此致敬礼""此致告安"等方面的祝颂语。

(4) 落款。在信的末尾右下方写"自荐人：×××"，然后写上日期。

3. 写自荐信需注意的问题

1) 把握自我介绍的量与度

在自荐信中，自我推荐部分一定要实事求是、恰如其分，切忌夸夸其谈、自我炫耀，

131

不实事求是，让对方反感。但也要防止过分谦虚，不敢肯定自己的成绩与才能，甚至有轻视自己的语气。这样做可能导致对方不仅不认为你谦虚，反而认为你缺乏自信，没有信心或者能力很低，而不予录用。

另外，自荐信中也不可忽视突出自己的长处，例如，你因某种原因获得上级组织的表彰奖励，或你曾组织过什么社团组织和大型活动等。这些长处哪怕是一两句话反映在信中，都可能收到良好的效果，都可能是你求职成功的关键性因素。

2) 内容简练且有针对性

冗长杂乱的自荐信是没有人愿意看的。当然，自荐信也不宜太短，寥寥数语，既说不清问题，又显得没有诚意，给人一种不认真、不严肃的感觉。总之，自荐信应该言简意赅、一目了然，一般以1000字左右为宜。要用如此有限的篇幅打动用人单位，关键在于突出重点，有针对性。应该在对用人单位有所了解的基础上，针对所需职位而写。

不能写适合所有单位、所有职位的自荐信，也不能将几十份通过复印内容千篇一律、完全没有针对性的自荐信向四处投寄，这样做是不会有什么结果的。

自荐信一定要用词准确、语句通顺，准确地表达你的意思。如果用词不当、语句不通、错别字连篇，用人单位则会因你的文字水平太差而拒绝录用你。尤其要注意的是，绝不可把收信人的姓名或公司名称写错。

3) 版面简洁工整

一封成功的自荐信，应该字迹工整、美观、清洁，给人以美的感受，这样会给对方以办事认真负责和细心的好印象。如你写得一手好字，自荐信就应该用手写，并落款"×××亲笔敬上"的字样。这样既显示了你的书法特长，又表明办事认真有诚意，可谓一举两得。如果你的字写得不好，也不要怕，只要认真去写，也会收到好的效果。打印体现了"现代味"，如果用打印件，也会给用人单位留下好的印象。

4) 态度诚恳语气热情

自荐信的措辞要得当，要让对方感到你自信而不自大，恭敬而不拍马，语气要热情、大方、谦虚，让人一看就觉得你真诚与实在。不要用强硬的语气，使对方觉得你在强迫别人接受你的愿望，如"请你务必在×月×日前给予答复为盼"；不要以上压下，如"×× 领导要我找你们……""×××总经理都同意了，请你们给予多多关照"，等等。这些都可能引起对方的反感，并因此而失去被录用的机会。

5) 可以用多种语言文字书写

如果你是向中外合资、外资或外贸等单位求职，应最好用中文和外文各写一封自荐信，这样既能显示你的外语水平，又能表现你对外方的尊重，一定会增加用人单位对你的兴趣。

例文2

<h1 style="text-align:center">自荐信</h1>

尊敬的招聘主管：

您好！

我是××学院国际经济与贸易专业的学生，愿将所积累的学识贡献给贵单位，并尽自己最大所能为贵公司的进步与发展贡献自己的全部力量。

　　我深知，机遇只垂青于有准备的人。在校期间，我抓住一切机会学习各方面知识，锻炼自己各方面的能力，使自己朝着现代社会所需要的具有创新精神的复合型人才发展。我的英语水平达到公共英语三级，计算机通过国家等级考试二级VF，并连续两年获得奖学金。在努力学习专业知识的同时，我还广泛涉猎了法律、文学等领域的知识。

　　在工作中学会工作，在学习中学会学习。作为一名院学生会干部，我更注重自己能力的培养。乐观、执着、拼搏是我的航标。在险滩处扯起希望的风帆，在激流中突显勇敢的性格，是我人生的信条。由我创意并组织的学院"红五月文化节"活动得到了老师和同学们的认可，使我以更饱满的热情投入新的挑战，向着更高的目标冲击。

　　为了更全面地锻炼自己的能力，我利用假期先后在政府机关、企事业单位进行了社会实践，我的实习论文被评为"优秀实习论文"，这些经验为我走入社会、参与商业经营运作奠定了良好的基础，而且从中学到了如何与人相处。

　　在即将走上社会岗位的时候，我毛遂自荐，期盼着以满腔的真诚和热情加入贵公司。

　　此致
敬礼!

自荐人：×××

××年××月××日

7.2.3　推荐信

　　高校毕业生在准备好个人简历、求职信或自荐信后，为了增加就业成功的砝码，可以请学校有一定名气或影响力的专家、教授，或者对你想去就业的公司有影响力的人给你写推荐信，让他们向招聘单位推荐你，有力的推荐是你被录取的重要条件之一。

1. 推荐信的写法与内容

　　(1) 先介绍被推荐人的基本情况，以及推荐的理由。

　　(2) 写明与被推荐者的认识时间(何时开始认识或认识多久)，认识程度(偶尔见面或密切接触)及关系(师生关系、上下级关系、同事等)。

　　(3) 对于被推荐者个人特质的评估，这是推荐信的核心。主要包括被推荐者的天赋、学习成绩、研究能力、工作经验、学习精神、组织能力、沟通能力、成熟度、抱负、领导能力、团队工作能力、品行及个性等方面。

　　(4) 必须表明推荐人的态度，是极力推荐还是有保留地推荐。

2. 推荐信的格式

　　推荐信的格式与一般书信基本相同，包括：信头，发信日期，收信人姓名、称呼，正文，信尾谦称，签名，推荐人姓名，职称及工作单位等部分。这里不多叙述。

3. 写推荐信需注意的问题

　　1) 推荐信要客观和公正
　　切忌流于形式、内容空洞，避免过度笼统和陈词滥调。要与被推荐人的其他材料，如个人简历、求职信或自荐信等相符，而且要相互呼应。

2) 推荐信应注意格式和文法

一封漂亮有力的推荐信会让人联想到"名师出高徒"之说。

4. 求职者应注意的事项

1) 寻找推荐人选

好的推荐信应当由具备相当知名度，且与求职者熟识的人撰写。求职者的上级、同事，或学校里的老师是最佳人选。

2) 保持联系

你要做的是与各推荐人保持联系，提供必要的信息和看法，并且确认每封推荐信皆能如期完成。

3) 致谢

最后记得向每位推荐人致谢，感谢他们付出心力为你撰写推荐信。

例文3

推荐信

王经理：

我是××学院的×××教师，长期以来一直担任我校××专业的教研室主任。在专业教学中，我了解到××同学在各方面一直表现得很优秀。该同学热爱学习，学习成绩优异，有很强的钻研能力；在学生会和班里一直担任干部，有很强的领导能力和沟通能力；组织策划过很多大型活动，组织能力、团队工作能力较强；该同学品行端正、为人正派。我想，该同学符合贵单位招聘要求，特此推荐。

此致

敬礼！

推荐人：×××
××年××月××日

7.3 互联网时代的简历演变趋势

7.3.1 电子简历与制作

网络应聘已经是非常普遍的求职形式，许多毕业生通过网络渠道应聘成功。电子简历以其传递快捷、成本低廉、便于筛选等优势受到用人单位的欢迎。几乎所有大企业都接受电子简历，中小企业也开始接收电子简历进行人才招聘初级筛选，可以说电子简历已逐渐成为毕业生求职必备材料。

据统计，规模较大的企业一般每周要接收500～1000份电子简历，但是人力资源部门指出，大部分电子简历不符合企业招聘要求。同学们在制作电子简历时要充分把握电子简历的注意事项，发挥出电子信息的优势。

同学们的简历基本上都是电子文档打印出来的，一般认为简历的电子稿就是电子简历。这种认识只能说部分正确，因为电子简历与打印简历由于信息检索方式、读者浏览方式等不同而具有不同的特点。

1. 电子简历注重关键词

一些企业会对电子简历进行关键词检索，对于不符合要求的简历，系统会自动删除。专业、学历、技能证书等要求的关键词一定不能漏掉，否则会失掉面试机会。

2. 叙述要层次分明

学历、能力、实习及工作经历等，重点突出、扬长避短。简历中有这样几项内容是亮点：技能、特长、成绩、证书、荣誉、嘉奖，这是以你骄人的业绩打动招聘者、引发招聘者浏览兴趣的地方，要着重描述，描述时要运用数字、百分比或时间、获奖级别等强化和量化手段来突出成绩。

3. 格式设置要简明清晰

电子文档格式设置虽然很丰富，但电子简历还是简洁明快为好。发送电子邮件时大多采用纯文本格式，为醒目，可以插入一些特别的符号，如"※""◎""+"等。版式可以设计得较为活泼，但应避免杂乱，喧宾夺主。为方便阅读，字号设置不宜过小。

4. 一定要避免错别字

不要小看错别字，你可能认为是粗心，无碍大局，但是对于如此重要的个人材料，别人会认为是能力不够。

7.3.2　个人简历的演变与趋势

互联网的发展颠覆了人类对各个领域的认知，就连一份小小的简历也不能逃脱互联网的冲击。个人简历从传统的印刷纸张到今天的数码传播，内容虽然依旧，但是形式完成了从有形到无形的转变。

不可否认，互联网让人类的生活越来越便捷，如今的简历可以扫码或电子邮寄，还可以上传至互联网，传播方式变得更加简单，传播的范围也更加广泛。在互联网时代，个人简历的发展呈以下五个趋势。

1. 个性化

未来的个人简历将会更加注重个性化的差异。在互联网中，人的差异化特性非常明显。简历的发展也受此影响，个性化的元素将会越来越多。如今，可以看见种类繁多的简历，这就是个性化需要的一种体现。未来这个趋势会越来越显著，以至于出现更多种类的简历，包括电子简历、视频简历，甚至VR简历也会应运而生，许多能体现职业特色和特殊技能的简历会更多地走进人们的视野。

2. 国际化

在互联网时代，国际交流变得很容易实现。个人简历发展的一大趋势，就是需要能适应多国、多地区的需要。所以，未来个人简历的制作要具有国际化视野，即多种语言的简历或者同声翻译简历等也会成为一种潮流。在制作简历的时候，也可以考虑加入一些国际元素，以此提升个人简历的档次和拓展使用的范围。

3. 网络化

互联网的即时性彻底改变了简历的投递方式，未来简历的使用将更依赖网络的发展。今天，人们可以利用丰富的网络资源制作简历，使用网络模板创建个性化简历，也可以直接把简历信息保存在网络端。未来的发展趋势，则可能把简历、求职甚至工作完全网络化，简历将变成人们的一个网络标签，人一生的表现将经由网络自动生成一份人生简历。

4. 定向化

具有针对性的定向化发展也是互联网下个人简历的一大发展趋势。利用互联网的资源和传播能力，指向某一特定公司或者特定行业而制作的简历，往往能够发挥奇效。因为这一特性更能体现职业能力、创意，更能受到用人单位青睐。甚至有的求职者甘愿为用人单位制作免费广告，这也成就了不错的简历典范。

5. 模块化

简历的不断演变使简历的制作方式越来越丰富，也越来越简单。在互联网的催化下，未来的简历制作可能会像积木一样，通过制作者的拼装即可轻松地组成一份充满个性化元素的简历。而每一个模块的制作都可能是单独的，以方便为不同公司组合成不同需求的简历，这样既体现了对用人单位的尊重，又节省了求职者重复劳动付出的时间成本。

第8章

求职心理指导

现代市场经济极大地改变了人才资源的配置，主要表现为社会不再直接从高校接收人才，而是根据社会各部门自身的客观需要在社会中广泛吸收人才，并通过劳动力市场实现双向选择。在这种社会背景下，大学生的就业竞争势必愈发激烈。这不仅需要大学生及时树立正确的择业观，还需要大学生充分关注自身的就业心理问题，积极地进行自我调适或接受心理指导。

8.1　大学生求职心理指导基本方法

8.1.1　正确认识自我

正确认识自我可谓大学生就业心理调适的第一步。古人云，人贵有自知之明，"贵"字表明一个人要有自知之明不是轻而易举的事。这不仅因为"当局者迷"，而且因为人的确难以客观地观察和把握自己。衡量他人是比较容易的，但面对自己，会因为自尊心使然而忽略很多缺点。所以只有正确认识自我，客观评价自我，明确自身的优缺点，才能扬长避短，正确地待人处事，树立客观的就业目标。

1. 合理定位自我

合理定位自我主要是指大学生要全面评估自己的专业特点和能力特点。

(1) 全面评估自己的专业特点。要评估专业一般可以从两方面进行：一是专业的性质；二是社会的需求。例如，如果你学的是中文专业，你的长处应该是运用汉语言文学遣词造句和写作，那么就比较适合做文秘、宣传、策划、编辑、语文教学工作；如果你学的是国际贸易专业，可能之前社会需求较大，但后来需求量一般，那么就要重新看待就业，适当降低自己的期望值，或者根据自己的其他能力拓展就业空间。总之，要抓住专业的性质和社会需求这两方面，对自己所学的专业进行正确的评估，从而摆正心态，寻找适合自己的职业。

(2) 全面评估自己的能力特点。大学生全面评估自己的能力，可通过两种有效方法：一是进行心理学的能力测试；二是充分结合自我评价与他人评价。其中，第二种方法更为常见和有效。这种方法具体是指，先通过自我反省对自己进行客观的评价，并把自己的长处和短处列出来；然后请别人对自我评价和列出的结果进行评价，以得到核实或修正；最后确定自己的能力倾向。

自己的能力倾向是确定就业目标的一个重要依据。一般情况下，如果你具有较好的组织能力和交际能力，善于与人相处和沟通，那么你适合选择一些企事业单位的管理工作，可以把就业方向确定在诸如公关、秘书、行政人员、人力资源管理者等职位上；如果你具有较好的逻辑思维能力和创新能力，专业基础又扎实，那么可以选择科学研究，如研究新课题，开发新产品；如果你具有较好的语言能力，性格活泼外向，外语水平高，那么可以选择翻译或从事旅游业工作等。总之，要对自己的能力进行充分评估，明确自己所适合的行业。

2. 充分了解自己的个性特点

个性就是一个人总体的心理面貌。它主要由个体的气质、性格、能力、兴趣、自我意识等构成。要避免出现就业心理问题，就需要对自己的个性特点有充分的了解，从而针对自己的个性特点选择职业。通常，一个人的气质、性格和兴趣不同，所适合的职业也不同。因此，大学生一定要对自己的气质特点、性格特点和兴趣特点有充分的了解。

(1) 气质特点。气质是指个体在心理活动动力方面表现出来特有的、具有一定稳定性的特征。它与遗传素质密切相关。心理学家把气质分为胆汁质、多血质、黏液质、抑郁质四种类型。这四种不同的气质类型表现出不同的特征。

不同气质类型的人会表现出不同的特征，相应地，他们适合从事的职业也会有差异。因此，气质和就业有着非常密切的关系。不过，一个人的社会价值和成就大小并不只取决于气质这一种因素。因此，大学生不要把气质的作用扩大化、绝对化。况且，在现实生活中，单纯具有某一种典型气质类型的人很少，多数人是几种气质兼而有之的混合型。所以，大学生在就业时需适当考虑自己的气质特征，以便于选择适合自己的工作，并能够在未来的岗位上充分发挥自己所长，求得更大发展。

(2) 性格特点。性格是指一个人对客观现实稳定态度和习惯化的行为方式。它是个性的重要组成部分，也是最具核心意义的心理特征。由于一个人所处的环境不同，生活经历也不一样，因而人的性格也是千差万别的。根据个体是倾向外部世界还是倾向内部世界，可以将个体的性格分为外倾型性格和内倾型性格。

外倾型性格的人，具有大胆、果断、直爽、好胜、急躁、大方、激动、活泼、乐于与人交往、灵活、炫耀、随和、自信、冒失、摇摆等特点。

内倾型性格的人，具有慎重、腼腆、冷静、拘谨、自我克制、乐于独处、固执、深思、细致、孤独、自尊心强、不喜欢与人交往、沉默寡言、富有责任感、有耐心、较稳重等特点。

在现实生活中，大多数人偏向于某种类型或属于中间类型，而并非单纯是某一性格类型的人。大学生在就业过程中，要对自己的性格特点有所了解，并将自己的性格特点与职业特点结合起来考虑，以便发挥个人的性格优势和潜能，在未来的工作岗位上取得较好的业绩。

(3) 兴趣特点。兴趣表现为人对某件事物、某项活动的选择性态度和积极的情绪反应。它也是体现一个人个性特征的重要因素。稳定的兴趣对职业选择和职业成就会有较为重要的影响。如果大学生按照自己稳定的兴趣选择了某职业，兴趣就会成为巨大的行为推动力，大学生在工作中就会具有高度的自觉性和积极性，就容易出成绩；如果大学生对所从事的职业不感兴趣，其工作积极性往往不高，也难以做出大的成绩。走自己的路，做自己喜欢的事情，选择自己感兴趣的职业，是当今社会最具有典型性的就业观念。

当然，兴趣也是可以培养起来的。大学生完全可以先选择一个职业，然后通过职业活动发现自己工作的意义、价值和某些吸引人之处，使自己对所从事的工作产生兴趣。

8.1.2　正确运用心理调适方法

所谓心理调适，就是指个体为了达到某种目的，在思想上或行动上进行自我调整，从而保持自身与环境之间关系和谐的过程。每个就业者的就业目标不同，就业心理倾向就不同，当这种倾向经过不断强化，就会形成心理定势。在心理定势的作用下，就业目标更加既定化、模式化，一旦自我选择与社会期望相矛盾、主体与客体相冲突，原先设计的就业目标难以实现，就会引起就业心理冲突，产生不良心理。因此，大学生一定要掌握正确的心理调适方法，根据实际情况，积极主动地进行自我调适，从而培养自己良好的心理素质，以正确的心态来面对就业。

8.2　大学生职场情商的培养

大学生踏入职场的那一刻，就不再是大学生了，而是职场新人。作为一名职场新人，有很多东西需要学习，而首先要学习的就是如何提高情商。情商是一个人感受、理解、控制、运用和表达自己及他人情感的能力，情商在一定程度上会影响一个人的成功。情商在职场中起着十分重要的作用，且占据重要的地位。

8.2.1　职场情商的含义

职场情商，就是一个人掌控自己和他人情绪的能力在职场中的具体表现，侧重于对自己和他人的工作情绪的了解和把握，以及如何处理好职场中的人际关系。

职场情商是职场人士不可或缺的素质，是在职场中获得成功的关键因素之一。在职场中，情商有时甚至会左右工作成效。因此，培养职场情商是职场人士不可或缺的必修课。

8.2.2　大学生提高职场情商的方法

1. 正确认识自我

职场情商既然关系到人际关系，就存在一个角色定位的问题，即面对什么样的人，自己又是什么样的一个角色，这就是通常所说的认识自我。如果对自我认识不清，那么很有可能对人际关系的处理不到位，甚至影响客户对自己单位的形象认知。

2. 学会控制情绪

在职场中，重要的是要学会管理自己的情绪，洞悉人心，并调整自己的心态，保持好情绪，收敛坏情绪，从而赢得别人的认可和尊重。

职场人士一般不愿意跟别人产生冲突，更不愿意被别人的情绪干扰，希望自己能跟别人保持良好的人际关系。那些能成大事的人，往往是理智型的，而不是情绪化的。

3. 不怕吃亏

很多人都怕吃亏，尤其是大学生。在面对利益冲突时，人往往盲目地以自我为中心。但是不要忘记，在职场中，虽然存在竞争，但单位是利益共同体，一荣俱荣，一损俱损。

4. 注重细节

在人际关系的处理上，细节的处理非常微妙，也非常重要，能体现出一个人的职场情商。注重细节则会表现出对他人的一种关心和重视，能增进人和人之间的感情。

5. 多赞美别人

多发现别人的优点、长处，多赞美别人，能让自己与同事相处融洽，也能让自己的工作更容易开展。

6. 保持低调

有些大学生为了彰显个性，总喜欢炫耀自己、显摆自己，他们以为这样就能获得别人的尊重。殊不知，这是令人反感的做法。所以，大学生要小心谨慎，保持低调。这也是大学生具备良好职场情商的重要表现。

7. 学会沟通

很多招聘广告中都会强调应聘者应具有善于沟通的能力，这也正说明了沟通是职场中必不可少的一环。很多用人单位有时候宁可招一个专业技能一般但沟通能力较为出色的员工，也不愿招一个整日独来独往、我行我素的员工。与客户、同事、领导沟通，可以体现一个员工的职场情商。注意，学会沟通也是培养职场情商的重要方法。

8. 谦虚做事

在职场中，很多工作需要他人的协助和支持才能完成，或者由一个团队共同完成。作为团队的一员，要谦虚做事，多听取大家的建议和意见，这对自己的成长是很有帮助的。

9. 让别人有舒适感

如果把所有与人际关系相关的知识凝练为一句话，那就是：所有人都希望被重视，都渴望被认可。因此，当别人犯错时，别急着横加指责，更不要私下讨论；当别人遇到难关时，要提供力所能及的帮助。但需要注意的是，不要试图讨好别人。讨好别人，不仅会让自己疲劳，而且是一件没有尽头的苦差事。

10. 保持镇定

当坏事发生时，忙着追责只会让自己陷入不良情绪，应该先想想如何善后，怎样让事情变得没那么糟。当局面好转后，心情也会随之渐渐平静。在职场中，那些不论发生什么情况，总能心平气和、照顾他人情绪、找出解决之道的人，会渐渐赢得别人的尊重和信任。

实践课堂

任务一：就业焦虑自评量表测试

面对就业市场的激烈竞争，大学生不仅要经历就业的考验，还要承受心理压力。调查显示，约50%的学生心理处于不健康或亚健康状态。目前，大学生心理问题的主要表现是：自闭、抑郁、焦虑等。某些心理问题可以通过相应的测试来分析和评估，从而对症下药，有效地将不良心理转变成健康心理。

焦虑自评量表(self-rating anxiety scale，SAS)是由 William W. K. Zung 编制而成的。其从量表构造的形式到具体评定的方法，都与抑郁自评量表(self-rating depression scale，SDS)相似，也是一个含有20个项目、分为4级评分的自评量表，适用于具有焦虑症状的成年人，仅用于疗效评估而非诊断。下面通过 SAS 来测试焦虑度，这种方法可供广大学生参考。

评分等级：SAS采用4级评分，主要评定项目为所定义的症状出现的频率。它的标准为："1"表示没有或很少时间有；"2"表示小部分时间有；"3"表示相当多时间有；"4"表示绝大部分或全部时间有。

计算方法：20个项目得分相加即得粗分(X)，经公式换算，即用粗分乘1.25以后取整数，就得到标准分(Y)。

SAS 的评定项目如下(括号内为症状名称)。

(1) 我觉得比平时容易紧张和着急(焦虑)。

(2) 我无缘无故地感到害怕(害怕)。

(3) 我容易心里烦乱或觉得惊恐(惊恐)。

(4) 我觉得自己可能将要发疯(发疯感)。

(5) 我觉得一切都很好，也不会发生什么不幸(不幸预感)。

(6) 我手脚发抖打战(手足颤抖)。

(7) 我因为头痛、颈痛和背痛而苦恼(躯体疼痛)。

(8) 我感觉容易衰弱和疲乏(乏力)。

(9) 我觉得心平气和，并且容易安静坐着(不能静坐)。

(10) 我觉得心跳得快(心悸)。

(11) 我因为一阵阵头晕而苦恼(头昏)。

(12) 我有过晕倒发作或觉得要晕倒似的(晕厥感)。

(13) 我呼气、吸气都感到很容易(呼吸困难)。

(14) 我手脚麻木和刺痛(手足刺痛)。

(15) 我因为胃痛和消化不良而苦恼(胃痛或消化不良)。

(16) 我常常要小便(尿意频繁)。

(17) 我的手常常是干燥温暖的(多汗)。

(18) 我脸红发热(面部潮红)。

(19) 我容易入睡并且一夜睡得很好(睡眠障碍)。

(20) 我做噩梦(噩梦)。

在焦虑自评量表的20个项目中，有15个是正向评分题，评分为1分、2分、3分、4分；有5个为反向评分题，即第5题、第9题、第13题、第17题、第19题，评分为4分、3分、2分、1分。

评定结果分析：按照国内常规结果，SAS标准分界值为50分。其中，50~59分为轻度焦虑，60~69分为中度焦虑，69分以上为重度焦虑。

任务二：就业心理测试

前言：本心理测试是由中国现代心理研究所以著名的美国兰德公司(战略研究所)拟制的一套经典心理测试题为蓝本，根据中国人心理特点加以适当改造后形成的心理测试题，目前已被一些著名的大公司用作对员工心理测试的重要辅助试卷。

测试说明：每题只能选择一个答案，应将第一印象的选项作为答案，把相应答案的分值加在一起即为得分。

1. 你喜欢吃哪种水果？

A. 草莓2分   B. 苹果3分   C. 西瓜5分

D. 菠萝10分   E. 橘子15分

2. 你平时休闲经常去的地方是哪里？

A. 郊外2分   B. 电影院3分   C. 公园5分

D. 商场10分   E. 酒吧15分   F. 练歌房20分

3. 你认为容易吸引你的人是？

A. 有才气的人2分   B. 依赖你的人3分   C. 优雅的人5分

D. 善良的人10分   E. 性情豪放的人15分

4. 如果你可以成为一种动物，你希望自己是哪种动物？

A. 猫2分   B. 马3分   C. 大象5分

D. 猴子10分   E. 狗15分   F. 狮子20分

5. 天气很热，你愿意选择什么方式解暑？

A. 游泳5分   B. 喝冷饮10分   C. 开空调15分

6. 如果必须与一种你讨厌的动物或昆虫在一起生活，你能容忍哪一种？

A. 蛇2分   B. 猪5分

C. 老鼠10分   D. 苍蝇15分

7. 你喜欢看哪类电影、电视剧?

A. 悬疑推理类2分　　　B. 童话神话类3分　　　C. 自然科学类5分

D. 伦理道德类10分　　E. 战争枪战类15分

8. 以下哪个是你随身必带的物品?

A. 打火机2分　　　　　B. 口红2分　　　　　　C. 记事本3分

D. 纸巾5分　　　　　　E. 手机10分

9. 你喜欢什么出行方式?

A. 火车2分　　　　　　B. 自行车3分　　　　　C. 汽车5分

D. 飞机10分　　　　　 E. 步行15分

10. 以下颜色你喜欢哪种?

A. 紫2分　　　　　　　B. 黑3分　　　　　　　C. 蓝5分

D. 白8分　　　　　　　E. 黄12分　　　　　　F. 红15分

11. 下列运动项目中哪一项是你最喜欢的(不一定擅长)?

A. 瑜伽2分　　　　　　B. 蹬自行车3分　　　　C. 乒乓球5分

D. 拳击8分　　　　　　E. 足球10　　　　　　F. 蹦极15分

12. 如果你拥有一栋别墅,你认为它应当建在哪里?

A. 湖边2分　　　　　　B. 草原3分　　　　　　C. 海边5分

D. 森林10分　　　　　 E. 城中区15分

13. 你喜欢以下哪种天气现象?

A. 雪2分　　　　　　　B. 风3分　　　　　　　C. 雨5分

D. 雾10分　　　　　　 E. 雷电15分

14. 你希望自己住在一座30层大楼的第几层?

A. 7层2分　　　　　　 B. 1层3分　　　　　　 C. 23层5分

D. 18层10分　　　　　 E. 30层15分

15. 你喜欢在以下哪一个城市生活?

A. 丽江1分　　　　　　B. 拉萨3分　　　　　　C. 昆明5分

D. 西安8分　　　　　　E. 杭州10分　　　　　F. 北京15分

测试结果分析:

180分以上:意志力强,头脑冷静,有较强的领导欲,事业心强,不达目的不罢休;外表和善,内心自傲,对有利于自己的人际关系比较看重;有时显得性格急躁,咄咄逼人,得理不饶人,不利于自己时顽强抗争,不轻易认输;思维理性,对爱情和婚姻的看法很现实;对金钱的欲望一般。

140~179分:聪明,性格活泼,人缘好,善于交朋友,心机较深;事业心强,渴望成功;思维较理性,崇尚爱情,但当爱情与婚姻发生冲突时会选择有利于自己的婚姻;金钱欲望强烈。

100~139分:爱幻想,思维较感性,以是否与自己投缘为标准来选择朋友;性格显得较孤傲,有时较急躁,有时优柔寡断;事业心较强,喜欢有创造性的工作,不喜欢按常规办事;性格倔强,言语犀利,不善于妥协;崇尚浪漫的爱情,但想法往往不切合实际;金钱欲望一般。

70～99分：好奇心强，喜欢冒险，人缘较好；事业心一般，对待工作随遇而安，善于妥协；善于发现有趣的事情，耐心较差，敢于冒险，但有时较胆小；渴望浪漫的爱情，但对婚姻的要求比较现实；不善理财。

40～69分：性情温良，重友谊，性格踏实稳重，但有时也比较狡黠；事业心一般，对本职工作能认真对待，但对自己专业以外的事物没有太大兴趣；喜欢有规律的工作和生活，不喜欢冒险，家庭观念强；比较善于理财。

40分以下：散漫，爱玩，富于幻想；聪明机灵，待人热情，爱交朋友，但对朋友没有严格的选择标准；事业心较差，更善于享受生活；意志力和耐心都较差，我行我素；有较好的异性缘，但对爱情不够坚持认真，容易妥协；没有理财观念。

第9章

应聘技巧

9.1 笔试

笔试是招聘单位利用书面形式对求职者的各类知识和技能进行的综合性考查。笔试主要适用于应试人数较多，需要考核的知识面较广或需要重点考核文字能力的情况，大企业、国家机关选聘公务员，往往采用此种考核形式。

笔试的题目往往有相应的标准答案，答卷可以设计得科学、全面、重点突出，而且有案可查、相对公平。因而越来越多的招聘单位喜欢采用笔试方式，与面试配合选拔人才。因此，求职者不可小视笔试，必须认真对待和重视笔试。

9.1.1 笔试的作用与种类

1. 笔试的作用

笔试是用人单位测试求职者的重要砝码，用人单位能够通过笔试对求职者的基本知识、专业知识、文字表达能力等综合能力进行较为客观的判断，是决定求职者去留的最科学的法律文本。它既可以防止任人唯亲等不正之风，也可以作为求职者能力的留档记录。

由于笔试的结果是根据一定的标准答案评定出来的，故它弥补了面试结果往往是根据个人爱好、感情用事评分的缺陷。笔试得出的分数往往可靠、真实且排名简易。因此，笔试对求职者来说是一次公平的竞争，对用人单位来说是检查和核实求职者真才实学的好办法。

1) 规范性

应聘者具有不同性质、不同类型和不同层次的特点，招聘单位为了在职位上求得一致性，笔试必须要有统一的测试内容、测试方式、测试过程和评价标准，要有严格的规范性。栏目的设置、名称的使用、题量的大小、范围的选择和内容的深浅等都按固定的规范标准来处理。

2) 客观性

试题依据一定的内容和客观标准拟制，评卷依据标准尺度，人为干扰因素很少，具有较强的区别功能。另外，笔试内容必须以用人单位对职位的客观要求为出发点，而不能只考虑求职者各自不同的主观意愿。

3) 公平性

笔试按照统一规范的内容要求进行，对于每一个应聘者来说都是统一的标准，只是知识水平和能力的差异。招聘单位将在公平合理的原则下，优先录用符合用人要求的人员。任何人都不得因家庭出身、个人成分、民族、性别、宗教信仰、婚姻状况等非个人德才素质问题，受到歧视或享有特权。

4) 专业性

笔试的目的是进一步了解应聘者所掌握专业知识和专业技能的深度和广度，考查其是否符合所录用职位的要求。专业性知识是指专业领域的一些专门知识，尤其是从事专业性、技术性较强的职位时，这方面的知识更为重要。

5) 广泛性

一方面指试题可以多种多样，内容包罗万象，出题范围的广泛性；另一方面指参加应聘人员可多可少，可用在高级职位和一般职位的应聘上。

6) 应用性

试题既可以考核其知识结构，也可以考核其知识的应用程度和实际操作能力，或者把知识和能力结合起来进行。特别是高职高专毕业生，更应注重专业技能的发挥和应用。

2. 笔试的种类

参加笔试之前，应了解笔试的种类，以便做好准备，充分发挥出自己的水平，争取好的成绩，取得应聘的成功。笔试一般可分为如下几种。

1) 文化素质考试

文化考试的目的是检验毕业生的文化程度和综合能力。毕业生虽然有学校出具的学习成绩单，用人单位为了直接掌握毕业生的文化素质，往往采取笔试的方法进行。

题目类型以活题较多，如要求学生运用某一原理或某一历史知识，分析某一问题，以考查毕业生文化基础是否扎实，考查文字表达能力、分析和观察问题能力、综合归纳能力、思维反应能力等。其特点是涉及面广，知识的综合性强，题目往往较灵活，考试形式往往是作文或论文写作。

(1) 作文。

作文即给出特定范围或特定要求，甚至给出明确题目，当场作文，以此考查求职者的思维能力和语言表达能力的考查形式。一般不做记叙文、议论文，而是与公司、行业或专业结合起来，写应用文，如书信、专业文书(请柬、贺信等)。

(2) 论文写作。

形式是给一道或几道题(任选一道)，在2小时或数小时之内交卷。

内容可以是人文素质方面的，也可以是专业领域的。例如，美国科内尔公司招聘高级白领，论文题目就是"论莎士比亚"。

2) 专业考试

专业考试主要检验应聘者担任某一职务时是否能达到所要求的专业知识水平和相关的实际能力，专业知识考试的题目专业性很强。有一些特殊的用人单位认为应聘者的自荐材料并不能完全反映其自身的某些能力或者单位工作性质的要求，需要通过笔试的方式对其进行文化专业知识的再考核，进行重新认定。例如，外贸外资企业招聘雇员要考外语，IT行业招聘雇员要考计算机专业相关知识，公检法机关录用干部要考法律知识等。值得引起注意的是，这种考试方式已被越来越多的招聘单位所采用。

3) 心理和智商测试

心理测试是用事先编制好的标准化量表或问卷测试应聘者，根据完成的数量和质量来判定其心理水平或个性差异的方法。一些特殊的用人单位常常以此来测试应聘者的态度、兴趣、动机、智力、个性等心理素质。

智商测试主要测试受聘者的记忆力、分析观察能力、综合归纳能力和思维反应能力。该测试经常被一些著名跨国公司所采用，他们对应聘者的综合素质要求较高。在他们看来，专业能力可以通过公司的培训获得，因此有没有专业训练背景无关紧要，但应聘者是否具有不断接收新知识的能力是至关重要的。

心理测试是要求毕业生填写标准化量表或问卷，根据其得分来判定其心理水平或个性差异。企业常用的测试量表有：MBTI职业性格测试、DISC测试(人类行为语言测试)、大五人格测试、九型人格测试、艾森克情绪测试、卡特尔16PF测试(16种人格问卷)。

4) 综合能力测试

综合能力测试兼有智商测试的要求，但程度更高，这种考试的目的在于考查应聘者的文字、口头表达能力，以及分析、解决问题和逻辑思维的能力。例如，应聘者要在规定的时间内对一组数据、一组资料进行分析，找出其合理的地方和存在的问题，并设计出解决问题的方案。这是对应聘者的阅读理解能力、发现、分析和解决问题的能力、知识面等素质的全方位测试，最难的情况是资料的提供及应聘者的问答都用英语进行。我们平常接触到的限时写一份会议通知、请示报告、工作总结，以及提出一个论点予以论证或批驳等，也属于这种测试的范畴。

同时，综合能力也检验毕业生的实际工作能力，这种考试往往是针对特定的工作岗位来设计的。例如，用人单位要招聘一名秘书，为了考查应聘者是否具有这方面的技能，可以通过下面的题目来测试：阅读一篇文章，写读后感；自编一份请求报告和会议通知；听取五个人的发言，写一份评价报告；某公司计划在5月份赴日本考察，写出需要做哪些准备工作。

5) 国家公务员录用考试

国家机关录用公务员，一律实行考试录用。中央、国家机关的各招考职位按性质和权责的不同分为A、B两类。"A类"职位主要包括在中央、国家机关和中央国家行政机关派驻机构与中央垂直管理系统所属机构中，从事政策、法律法规、规划等的研究起草工作和政策、法律法规、规划实施的指导、监督检查工作，以及从事机关内部综合性管理工作的职位。"B类"职位主要包括在中央、国家机关和中央行政机关派驻机构与中央垂直管理系统所属机构中，从事机关内的专业技术工作、对机关的业务工作提供专业技术支持的职位；实行中央垂直管理的行政机关中直接将各项具体规定施于公民、法人和其他组织的行政执法职位。由于A、B两类职位对考生素质和能力的要求有所区别，故两类职位的考试科目也将不同。报考"A类"职位的考生笔试公共科目为《行政职业能力测验》(A)和《申论》两科。报考"B类"职位的考生笔试公共科目为《行政职业能力测验》(B)一科。与以前相比，最大的变化是两类考试都取消了《公共基础知识》科目，并取消了考试指定用书。

为方便考生，全国31个省会城市全部设置报名、考试点，实现考生就近考试。国家机关考试录用机关工作人员和国家公务员的报名时间定在每年11月的第一个周六进行。公共科目笔试时间每年12月的第三个周六进行。

9.1.2　笔试的准备

笔试从某种角度来说，能更深入地检验毕业生的综合素质。毕业生平时的知识积累程度，对知识是否真正理解和掌握等，通过笔试能得到较好的体现。用人单位的出题方式远比学校灵活多样，更侧重于能力，而不是单纯的知识。因此，在笔试之前，毕业生应对它进行深入的了解，做到知己知彼，不打无准备之仗。

1. 克服自卑

笔试怯场，大多数是由于缺乏自信心所致。客观冷静地对自己进行正确评估，就能克服自卑心理，增强信心。应聘笔试同高考不同，高考是"一锤定音"，而求职应聘考试则有多次机会。

2. 有备无患

提前熟悉考场，有利于消除应试的紧张心理，还应提前查看考场注意事项，尽量按要求做好准备。除携带必备的证件外，一些考试必备的文具(钢笔、橡皮等)也要准备齐全。

3. 保持良好的身心状态

求职过程中的笔试毕竟不同于学校平时的考试，临考前要注意以下几点。
(1) 要适当减轻思想负担，不可给自己施加过大的压力，否则适得其反。
(2) 笔试的前一天要注意休息，保证充足的睡眠，避免考试时精神不振，影响正常思维。
(3) 要适当参加一些文体活动，从而使高度紧张的大脑得到放松休息，以充沛的精力参加考试。

4. 了解笔试类型，做到有的放矢

不同的笔试类型，有不同的考试内容，毕业生在考前应进行详细的了解，针对不同情况做出相应的准备。例如，公务员考试就有明确的考试范围，并有指定的参考书，考生复习相对有针对性。而一些用人单位的笔试则相对灵活，范围也比较大，没有明确相关的参考书。毕业生可围绕用人单位划定的大致范围翻阅一些有关的图书资料。笔试成绩与毕业生平时的努力也有很大的关系，如果毕业生兴趣广泛，平时注意吸收各种信息，考试时就能驾轻就熟，得心应手。

5. 笔试的知识准备

(1) 学以致用，理论联系实际。现在的求职考试越来越强调用学过的知识来解决实际问题，具有很强的实用性。换句话说，现在的应聘考试主要是考核应聘者对知识的运用能力。因此，在复习过程中必须始终突出一个"用"字，通过各种实践，把学得的知识运用到工作实际中，进而解决各种具体的问题。

(2) 提纲挈领，系统掌握。在知识与能力这两者中，知识无疑是基础，没有扎实的基础知识，也就无从谈能力的培养和提高。掌握知识的一个有效方法就是把零散的知识系统化。但是应聘笔试往往范围大，内容广，存在一定的随意性和盲目性，因此，凡是与求职有关的一些知识，如文史知识、科技知识、经济知识、法律知识和一般的电脑知识，均要系统地复习一遍。

(3) 多读多练，提高阅读能力。提高阅读能力，对扩展知识面和回答应聘考试的各类问题很有益处。要提高阅读能力，首先要坚持进行阅读实践。知识的获得，主要依靠传授；能力的提高，则必须通过实践。复习时经常做些阅读训练，有助于阅读能力的提高。在做阅读训练时，一定要做到"眼到"和"心到"，特别是"心到"。即对每个问题都仔细揣摩，认真思考，分析比较，综合归纳，努力提高自己的阅读能力。

(4) 敏锐思考，提高快速答题能力。为了适应招聘考试中的题量，还应该尽快培养自己快速阅读、快速思维和快速答题的能力。因为现代阅读观念不只着眼于信息的获取，而且特别重视速度。所以在准备笔试的时候一定要提高做题速度。

6. 科学答卷

拿到试卷后，首先应通览一遍，了解题目的多少和难易程度，以便掌握答题的速度。然后按先易后难的原则排出答题顺序，先攻相对简单的题，后攻难题。这样就不会因为攻难题而浪费太多时间，导致没有时间做会答的题。遇到较大的综合题或论述题，则应先列出提纲，再逐条撰写。最后，要尽量挤出时间对容易出错的地方进行复查，特别注意不要漏题，更不能跑题或出现错别字、语法不通、词不达意等错误。另外，应当注意卷面字迹清晰，书写过于潦草、字迹难以辨认也会影响考试成绩。因为求职笔试不同于他专业考试，"醉翁之意不在酒"，有时招聘单位并不特别在意应试者考分的稍许高低，认真的态度，细致的作风，会大大增强录用的可能性。

9.1.3 笔试的复习方法与技巧

要在笔试中取得好成绩，关键在于牢固地掌握所学知识。在系统复习前，制订一份合理的、具体的、切实可行的复习计划，掌握一个实用、有效、科学的记忆方法，无疑会为应聘时的笔试打下坚实基础。

1. 计划周全

(1) 对考前复习的情况进行具体分析，包括需要复习的内容，自己掌握知识和能力的情况，哪些内容是自己掌握得不好或没有掌握的，有多少复习时间，如何分配等。

(2) 妥善安排复习时间和内容，计划出每一科复习大致需要多少时间，每一阶段要达到什么目标，复习什么内容。不仅要有总的复习目标，还应有阶段性的目标。复习计划中的复习活动要多样化，各科复习交替进行。

(3) 复习计划制订后要严格执行，以顽强的意志控制自己的复习进度。要增强战胜困难的信心，采用限时量化复习方法，加快复习速度，提高复习效率。

(4) 要张弛有度、劳逸结合，防止过度疲劳，确保以充沛的精力执行复习计划。

2. 方法得当

(1) 归纳提炼法。将大量的知识归纳提炼为几条基本理论，用简明的表格、提纲或者精练的语言准确地记录下来。把个别的概念、定义、定律、定理放到知识体系中贯通思考，并弄清相互之间的联系和衔接之处，列出相似点和不同点，抓住概念、定义、公式、定律等的本质内涵。对于容易混淆的概念或法则用对比的方法进行辨析，弄清相互之间的联系和区别，这是加深理解、强化记忆的有效方法。

(2) 系统排列法。对归纳提炼出来的知识点求同存异，使之成为系统的排列过程。在系统排列时，以某些相同的或相似的特征为基础，不断把较小的组或类联合为较大的组或类。也可采用相反的方式，以对象的某些特点或特征差异为基础，把它划分为较小的组或类。通过这种系统排列，组成一定的顺序，从而找出各部分之间的联系，更好地认知其特性。

(3) "厚书变薄"法。把章节或单元的学习用系统科学的方法自编提纲，进行高度概括，把"厚书变薄"。变"薄"的原则是具有科学性，把大量看起来是单一的或逐个理解的知识内容有意识地归并到某个知识体系中，从横向、纵向上形成有机联系，组成一条知识链。在概括学习内容时，抓住关键的知识点，前后联系，纵向结合，起到提纲挈领的作用。

(4) 串联建构法。在系统复习的基础上，对章节与章节，单元与单元进行串联，做更高层次理解。对已掌握的知识进行整理、归纳、分类、列表，以形成自己的知识体系，建立起良好的知识结构。在复习每个具体内容时，先冷静地想一想，厘清脉络，再看书。逐个章节复习时，找出难点、重点。在全面复习完成后，把整书的知识点再在脑中过一遍。这种方法可以改变一味死记硬背的方法，从整体上把握知识。

在运用上述几种方法复习时，必须保持充沛的精力，手脑并用、学思结合。同时把反复感知与尝试回忆相结合，可达到良好的复习效果。

9.1.4 笔试的答题技巧

笔试成绩的高低，不仅与自己的实际水平和考前复习有关，还与自己的答题技巧有关。要提高答题技巧，就要有良好的考试心理状态，要了解考试的特点，要了解各类考试题目的特征和解答各类题目的方法。只有掌握了良好的答题技巧，才能充分反映自己已掌握的知识，充分发挥自己的真实水平。

考试的心理要做到适度紧张和适度放松相结合。太过于放松，抱着无所谓的态度，考不出好成绩；而过于紧张，情绪慌乱，则更考不好。只有适度紧张，保持重视，认真审题，合理运用所学知识，先易后难，不疾不徐，才有可能考出最佳成绩。

有了良好的考试心理状态，还要掌握合适的答题方法和技巧。

1. 先易后难，先简后繁

笔试题型多、内容多，又要限时答完，因而必须合理安排答题时间。拿到考卷，先要看清注意事项、答题要求，然后从头到尾大略看一下试题，了解题目类型、分量轻重、难易程度，再采取先易后难、先简后繁的原则开始答题。

2. 精心审题，字迹清楚

在具体答题时，必须认真审题，切实弄清题目要求，逐字逐句分析题意，按要求进行回答。书写时，力求做到字迹清楚、卷面整洁，格式、标点正确，不写错别字。

3. 积极思考，回忆联想

有些试题的设计，从理论和实践两方面检查考生的基础知识和技能，并以综合运用为主，检验考生的实际水平和学习灵活性，有一定的难度。考试时要积极思考，努力回忆学过的知识，进行联想、比较、分析，积极思考后给出正确答案。

4. 掌握题型，答题精细

要了解各科考试的特点，熟悉每种题型的答题方法，避免出现不必要的差错。常用的题型有填充题、问答题、选择题、判断题、再生题、应用题、作文题等。

(1) 填充题。这是一般试卷中不可缺少的基本题型，用以检查考生对这些知识所掌握的情况。答题时必须看清题目要求，是填词还是填句，填词语还是填符号，是填写一个还是几个。

(2) 问答题。此类题型要求考生对试题提出的问题做出回答，较多的是要求用简单的语句回答简单的问题。答题时要抓住重点，开门见山，简明扼要。落笔前应先理顺思路，按要求顺序回答。

(3) 选择题。选择题是从试题已给的几个被选答案中，选择一个唯一正确、恰当的答案。要答好这种题型，可用经验法，凭所掌握的知识做经验性选择；可用假设法，假设某选择答案正确，代入验证，以获取正确答案；可用排除法，对题目中的选择项采取逐一排除的方法，最后确定正确的答案；也可用计算法，通过计算来确定正确答案。

(4) 判断题。判断题即要求对所给的命题做出明确的是或非的回答。一般判断题只有一个误点，最多两个，较多出现在易混淆、易误解的常识性知识部分，解题时可将注意力集中在这些内容上。

(5) 再生题。再生题主要是指听写、默写、记录等一类题型，用以检验考生对某些知识的掌握和应用能力。这类题目的内容一般是所学课程的重点和精华部分，解答的基础在于平时对字、词、句、段、篇的理解和记忆。下笔前，应迅速在脑中默记一遍，避免出现漏字、错字。

(6) 应用题。此类题要求考生运用所学的知识解决实际问题，即根据题目的要求，选择适当的方法，予以解答。解题时先找出关键词，理解题意，解答后应主动验证，确保正确无误。

(7) 作文题。作文题即在规定的时间和空间内写好贴合题目内容及格式要求的文章，一般会有字数要求。做此类题时要审题果断准确，迅速地扣住作文题目的关键词，确定写作提纲。写作提纲应简略，不要太费时间，只要能反映文章的基本思路、段落层次即可。行文时要合理分配时间，对需要修改加工的词句，可先跳过去，留在最后解决。写好后要注意检查，理顺句序，检查标点符号及是否有错别字等。

9.2　求职面试技巧与礼仪

9.2.1　面试概述

1. 面试的含义

面试是人员素质测评中一种非常重要的方法，它具有其他测评手段不可替代的特点，是人员素质测评有别于其他领域测评的主要方法。面试是一种通过考官和考生直接交谈或将考生设置在特定情境中进行观察，了解考生的经验、个性、能力及求职动机等情况，从而完成对考生适应职位的可能性及发展潜力评估的一种十分有用的测评技术。面试是人事管理领域应用得最普遍的一种测量形式之一，企业组织在招聘中几乎都会用到面试。面试的特点是灵活，获得的信息丰富、完整和深入，但是同时具有主观性强、成本高、效率低等缺点。

2. 面试的特点

1) 面试以谈话和观察为主要手段

谈话是面试过程中的一项主要手段。在面试过程中，作为主试人，主要向应聘者不断地提出各种问题；作为应聘者，主要是针对主试人提出的问题进行回答。观察是面试过程中的另一项主要手段，要求主试人在面试中善于运用自己的感官，特别是用视觉和听觉发现或感知应聘者的相关情况，最终结合谈话内容做出对应聘者的综合评价。

2) 面试是一个双向沟通、互动的过程

主试人可以通过观察和谈话来评价应聘者，应聘者也可以通过主试人的行为来判断其价值评定标准、态度偏好、对自己面试表现的满意度等，从而调节自己在面试中的行为表现。应聘者也可借此机会了解所应聘的单位、职位等情况，以此决定自己是否可以接受这项工作。同时，面试的直接互动性又提高了主试人与应聘者间相互沟通的效果与考查的真实性。

3) 面试内容具有很强的灵活性

面试内容对于不同的应聘者来说是相对变化的、灵活的，内容因应聘者的个人经历、背景、工作岗位、面试表现等情况的不同而无法固定。从主试人角度看，最好是在半控制、半开放的情况下灵活把握面试内容。

4) 面试对象具有单一性

面试的形式有单独面试和集体面试两种。在集体面试中，多位应聘者可以同时位于考场之中，但主试人不同时面向所有的应聘者，而是逐个提问、逐个测评，即使在面试中引入辩论、讨论，评委们也是逐个观察应聘者的表现。这是因为面试的问题一般要因人而异，测评的内容主要侧重个别特征，同时进行会相互干扰。

5) 面试时间具有持续性

面试情况因人而异，差异性较大，无法在同一时间进行，而是逐个持续进行。对每一位应聘者的面试时间，也不能做硬性规定，而应视其面试表现而定。

3. 面试的内容

面试的内容与应聘职位的要求密切相关，但通常而言，面试过程中有一些因素是各种职位都关注的。面试中较为常见的评价因素如表9-1所示。

表9-1　面试中常见的评价因素

评价因素	考核内容	相关职位举例
仪表风度	求职者的体形、外貌、气色、衣着举止和精神状态	公务员、教师、公关人员等
专业知识	求职者掌握专业知识的深度和广度	对专业技能要求较高的职业
工作经验	求职者相关的背景和工作经验	大多数职业
口头表达能力	求职者是否能够将自己的思想、观点、意见或建议顺畅地用语言表达出来	教师、公关人员、管理人员、营销人员等
综合分析能力	求职者是否能够对面试考官提出的问题通过分析，抓住本质，并且说理透彻、分析全面、条理清楚	市场分析员、管理人员等
反应、应变能力	求职者是否对面试问题理解正确，回答是否迅速、恰当，对于突发问题的反应是否机敏、恰当	急诊医务人员、司机、飞行员公关、营销人员等
人际交往能力	了解求职者的人际交往倾向和与人相处的能力	销售、公关人员和管理人员等
自控能力	面对压力时的克制能力和耐心	公务员和管理人员等
工作态度	求职者对过去和学习经历的态度，以及对应聘职位的态度	大多数职业
进取心	求职者是否有脚踏实地的表现和积极进取的意愿	大多数职业
求职动机	求职者为何求职、兴趣何在	大多数职业
业余爱好	业余喜欢从事的运动或娱乐活动	大多数职业
其他	工资、福利等与工作相关的问题	大多数职业

4. 面试的种类

1) 单独面试与集体面试

所谓单独面试，是指主试人个别地与应聘者面谈，这是最普遍、最基本的一种面试方式。单独面试的优点是能提供一个面对面的机会，让面试双方较深入地交流。单独面试又有两种类型：一是只有一个主试人负责整个面试过程，这种面试大多在较小规模的单位录用较低职位人员时采用；二是由多位主试人参加整个面试过程，但每次均只有一位与应聘者交谈，公务员面试大多属于这种形式。

集体面试又叫小组面试，指多位应聘者同时面对主试人的情况。在集体面试中，通常要求应聘者进行小组讨论，相互协作解决某一问题，或者轮流担任领导主持会议、发表演说等。这种面试方法主要用于考查应聘者的人际沟通能力、洞察与把握环境的能力、领导能力等。

无领导小组讨论是最常见的一种集体面试法，是指在不指定召集人、主试人不直接参与的情况下，应聘者自由讨论主试人给定的题目，题目一般取自招聘工作岗位的专业需要，或现实生活中的热点，总是具有很强的岗位特殊性、情景逼真性和典型性。讨论中，主试人坐于离应聘者一定距离的地方，不参加提问或讨论，通过观察、倾听为应聘者进行评分。

(1) 无领导小组讨论的含义。

无领导小组讨论是评价中心技术中经常使用的一种测评技术，一般是对应试者进行集体面试。它通过给一组应试者(一般是5~7人)一个与工作相关的问题，让应试者进行一定时间(一般是1小时左右)的讨论，来检测应试者的组织协调能力、口头表达能力、辩论能力、说服能力、情绪稳定性、处理人际关系的技巧、非言语沟通能力(如面部表情、身体姿势、语调、语速和手势等)等各个方面的素质是否达到拟任岗位的用人要求，以及自信程度、进取心、责任心和灵活性等个性特点和行为风格是否符合拟任岗位的团体气氛，由此来综合评价应试者的优劣。

在无领导小组讨论中，一般不给应试者指定特别的角色(不定角色的无领导小组讨论)，或者只给每个应试者指定一个彼此平等的角色(定角色的无领导小组讨论)，但都不指定谁是领导，也不指定每个应试者应该坐在哪个位置，而是让所有应试者自行安排、自行组织，评价者只是通过应试者的活动，观察每个应试者的表现，对应试者进行评价，这也就是无领导小组讨论名称的由来。

无领导小组讨论主要测试应试者的论辩能力。其中，既包括对法律、法规、政策的理解和运用能力的检验，又包括对拟讨论问题的理解能力、发言提纲的写作能力、逻辑思维能力、语言说服能力、应变能力、组织协调能力的考评。

(2) 无领导小组讨论的程序。

① 讨论前事先分好组，一般每个讨论组6~8人为宜。

② 考场按易于讨论的方式设置，一般采用圆桌会议室，面试考官席设在场四边(或集中一边，以利于观察为宜)。

③ 应试者落座后，监考人员为每个应试者发空白纸若干张，供草拟讨论提纲。

④ 主考官向应试者讲解无领导小组讨论的要求(纪律)，并宣读讨论题。

⑤ 给应试者5~10分钟的准备时间(构思讨论发言提纲)。

⑥ 主考官宣布讨论开始，依考号顺序每人阐述观点(5分钟)，依次发言结束后开始自由讨论。

⑦ 各面试考官仅观察，并依据评分标准为每位应试者打分，但不准参与讨论或给予任何形式的诱导。

⑧ 无领导小组讨论一般以40~60分钟为宜，主考官依据讨论情况，宣布讨论结束后，收回应试者的讨论发言提纲，同时收各考官评分成绩单，应试者退场。

⑨ 记分员用去掉一个最高分、一个最低分，然后求得平均分的方式，计算出最后的得分，主考官在成绩单上签字。

(3) 无领导小组讨论的特点。

无领导小组讨论能检测出笔试和单一面试法所不能检测出的能力或者素质；可以依据应试者的行为、言论来对应试者进行更加全面、合理的评价；能使应试者在相对无意中显示自己各个方面的特点；使应试者有平等的发挥机会，从而很快地表现出个体上的差异；

节省时间，并能对竞争同一岗位的应试者的表现同时进行比较(横向对比)，观察应试者之间的相互作用；应用范围广，能应用于非技术领域、技术领域、管理领域等。

但无领导小组讨论对测试题目和考官的要求较高；同时，单个应试者的表现易受其他应试者的影响。

2) 一次性面试与分阶段面试

所谓一次性面试，是指用人单位对应聘者的面试集中于一次进行。在一次性面试中，主试人的阵容一般比较"庞大"，通常由用人单位人事部门负责人、业务部门负责人及人事测评专家组成。在一次性面试情况下，应聘者能否面试过关，甚至是否被最终录用，就取决于这一次面试表现。面对这类面试，应聘者必须集中所长，认真准备，全力以赴。

分阶段面试又可分为两种类型，一种叫"依序面试"，一种叫"逐步面试"。

依序面试一般分初试、复试与综合评定三步进行。初试的目的在于从众多应聘者中筛选出较好的人选，一般由用人单位的人事部门主持，主要考查应聘者的仪表风度、工作态度、上进心、进取精神等，将明显不合格者予以淘汰。初试合格者进入复试，一般由用人部门主管主持，以考查应聘者的专业知识和业务技能为主，衡量应聘者是否适合拟任工作岗位。复试结束后再由人事部门会同用人部门综合评定每位应聘者的成绩，从而确定最终合格人选。

逐步面试一般由用人单位的主管领导、处(科)长及一般工作人员组成面试小组，按照小组成员的层次，按由低到高的顺序，依次对应聘者进行面试。面试的内容依层次各有侧重，低层一般以考查专业及业务知识为主，中层以考查能力为主，高层则实施全面考查与最终把关，实行逐层淘汰筛选，越来越严。应聘者要对各层面试的要求做到心中有数，力争每个层次均留下好印象。

3) 非结构化面试与结构化面试

在非结构化的面试条件下，面试的组织非常"随意"，对于面试过程的把握、面试中要提出的问题、面试的评分角度与面试结果的处理办法等，主试人事前都没有精心准备与系统设计，类似于日常的非正式交谈。采用这样的面试方式，除非主试人的个人素质极高，否则很难保证非结构化面试的效果，因此，真正非结构化的面试愈来愈少。

正规的面试一般为结构化面试。结构化包括三方面的含义：一是面试过程把握(面试程序)的结构化。在面试的起始阶段、核心阶段、收尾阶段，主试人要做些什么、注意些什么，要达到什么目的，事前都会相应策划。二是面试试题的结构化。在面试过程中，主试人要考查应聘者哪方面的素质，围绕这些考查角度主要提哪些问题，在什么时候提出，用怎样的方式提，在面试前都会做出准备。三是面试结果评判的结构化。从哪些角度来评判应聘者的面试表现，等级如何区分，甚至如何打分等，在面试前都会有相应规定，并在众多的主试人之间统一尺度。

目前，结构化面试因其直观、灵活、深入、具有较高的信度和效度而不断为许多用人单位接纳和使用，它作为现代人员素质测评中一种非常重要的方法，日益受到人们的重视。但它在实际操作中还存在测评要素设计、评委评分一致性等问题。

(1) 结构化面试的组织实施程序。

结构化面试的组织实施程序主要包括建立考官队伍、选择和布置面试考场、面试具体操作实施三个环节。

① 建立考官队伍。

面试考官的选取，明确要选德才兼备的人。如果考官不是德才兼备的人，则很难保证能通过面试录用德才兼备的人才。同时，对考官的培训也是不可或缺的，研究和实践都证明，经过培训的考官，不论是评分的信度还是评分的效度都明显比没有经过培训的考官要高。另外，结构化面试的规范性和程序性要求很高，也要求在面试实施前必须对他们进行集中培训。

② 选择和布置面试考场。

面试的具体组织实施工作很烦琐，包括面试考场的选择和布置、候考室和考务用品的配备、应考者的面试通知与联系、事先抽签决定面试顺序等。这些工作看起来很不起眼，但任何一项工作没做好都有可能影响面试实施。

对面试考场的基本要求有四条：一是考场所在位置的环境必须无干扰、安静；二是考场面积应适中，一般以30~40平方米为宜；三是温度、采光度适宜；四是每个独立的面试考场，除主考场外，还应根据考生的多少设立若干候考室，候考室应与主考场保持一定的距离，以免相互影响。

面试考场的布置也是很有讲究的，就考官与应考者的位置安排来说，通常有如下几种模式。

○ 圆桌会议的形式，多个考官面对一位应考者。
○ 一对一的形式，考官与应考者按一定的角度而坐。
○ 一对一的形式，考官与应考者相对而坐，距离较近。
○ 一对一的形式，考官与应考者相对而坐，距离较远。
○ 一对一的形式，考官与应考者坐在桌子的同一侧。

上述考官与应考者不同位置的安排，其产生的面试效果是不同的。在面试中，如果采用相对而坐，距离较近的形式，考官与应考者面对面而坐，双方距离较近，目光直视，容易给应考者造成心理压力，使应考者感觉自己好像在法庭上接受审判，可能会紧张不安，以致无法发挥其正常的水平。当然，想特意考查应考者的压力承受能力时可采用此形式。像相对而坐，距离较远的形式，双方距离太远，不利于交流，同时，空间距离过大也增加了人们之间的心理距离，不利于双方更好地进行合作。如果考官与应考者坐在桌子的同一侧，则考官与应考者心理距离较近，也不容易造成心理压力，但这样会显得考官的位置有些卑微，也显得不够庄重，而且不利于考官对应考者的表情、姿势进行观察。采用圆桌会议的形式，应考者不会觉得心理压力太大，同时气氛也较为严肃。若考官与应考者按一定的角度而坐，可以避免目光过于直视，从而缓和心理紧张，避免心理冲突，同时有利于对应考者进行观察。因此，通常情况下一般采用前两种位置安排面试。

③ 面试的具体操作实施。

如前所述，规范化的操作实施过程是结构化面试的重要特点之一。在公务员录用面试中，通常采用这种形式，具体操作步骤如下。

对进入面试的考生讲解本次面试的整体计划安排、注意事项、考场纪律。例如，应考者在面试前不能与已面试过的应考者进行交流，因为同一职位的应考者面试试题很可能相同。鉴于此，应考者在等待面试时，不许使用手机等通信工具，也不允许在外面随便走动。

以抽签的方式确定考生的面试顺序，并依次登记考号、姓名。在公务员录用面试中，形式上的公平性与内容上的公平性同样重要，甚至形式上的公平性会更令人关注，因为形式的公平与否是人们容易看到的。面试顺序往往由应考者本人在面试开始前抽签决定，以确保面试的公正性和公平性。

面试开始，由监考人员或考务人员依次带领考生进入考场，并通知下一名候考人准备。每次面试1人，面试程序为首先由主考官宣读面试指导语，然后由主考官或其他考官按事先的分工依据面试题请应考者按要求回答有关问题。根据应考者的回答情况，其他考官可以进行适度的提问，最后各位考官独立在评分表上按不同的要素给应考者打分。

向每个考生提出的问题一般以6~7个为宜，每个应考者的面试时间通常控制在30分钟左右。

面试结束，主考官宣布应考者退席。由考务人员收集每位考官手中的面试评分表并交给记分员，记分员在监督员的监督下计算面试成绩，并填入考生结构化面试成绩汇总表。

记分员、监督员、主考官依次在面试成绩汇总表上签字，结构化面试结束。

4) 常规面试与情景面试

所谓常规面试，是指日常情况下主试人和应聘者面对面以问答形式为主的面试。在这种面试条件下，主试人处于积极主动的位置，应聘者一般是被动应答的姿态。主试人提出问题，应聘者根据主试人的提问做出回答，展示自己的知识、能力和经验。主试人根据应聘者对问题的回答，以及应聘者的仪表仪态、身体语言、在面试过程中的情绪反应等对应聘者的综合素质状况做出评价。

情景面试即通过引入无领导小组讨论、公文处理、角色扮演、演讲、答辩等情景模拟方法的一种面试形式。情景面试突破了常规主试人和应聘者一问一答的模式，是面试形式发展的新趋势。情景面试的具体方法灵活多样，面试的模拟性、逼真性强，应聘者的才华能得到更充分、更全面的展现，主试人也能对应聘者的素质做出更全面、更深入、更准确的评价。

情景面试同传统的心理测验、人事考核方法相比，具有以下明显特点。

(1) 强调在模拟特定的工作情景下考查应聘者的实际工作能力，针对性强、效度(指测试结果达到测试期望目标的程度)高。传统人员测验与工作情景关系不大，测评的是人的人格、智力、性格等，选拔时很难避免高分低能的情况。

(2) 强调在动态中考查。如无领导的小组讨论，事先不规定谁是讨论主持人。在讨论过程中，又不断提供新的信息，要求被考查者根据变化了的信息，灵活地决策。这样考查比静态考查更真实、更实际。

(3) 强调考查方式的多样性和评价的集体性。情景面试对应聘者的评分与评价，不是由个别主管人员决定的，而是由测评小组集体经过讨论达成一致意见后决定的，更为全面、准确。

5) 压力性面试与非压力性面试

压力性面试是将应聘者置于一种人为的紧张气氛中，让应聘者接受诸如挑衅性的、非议性的、刁难性的刺激，以考查其应变能力、压力承受能力、情绪稳定性等。在典型的压力性面试中，主试人会连续不断地就某事向应聘者发问，且问题刁钻棘手，以此种"压力发问"的方式逼迫应聘者充分表现出对待难题的机智灵活性、应变能力、思考判断能力、气质性格和修养等方面的素质。

非压力性面试是指在没有压力的情况下考查应聘者有关方面的素质。

在实际面试过程中，主试人可能采取一种或同时采取几种面试的类型，目的是能够选拔出符合用人单位需要的优秀人才。

9.2.2　面试前的准备

面试的准备从大学生进入大学后就应该开始了。大学生应当全面学好专业知识，提高专业技能，在此基础上，尽可能地扩大知识面，特别应注意语言表达能力的锻炼。多参加集体活动，课堂讨论大胆发言，这些都有助于语言的组织和讲话能力的提高。大学生还要有意识地多与不熟悉者交谈，养成与生人自如交谈的习惯。

"知己知彼，百战不殆"。机遇总是降临到有准备的人身上。在此，我们主要讨论在应聘面试前应做好哪些具体的准备工作。

1. 做好自我认知准备

要自信地应对面试，首先要对自己有清楚的认知。大学毕业生在面试前应对自己的能力、特长、个性、兴趣、爱好、长处、短处、人生目标、择业倾向做认真的分析。例如，写出几件自己认为可以称得上成功的事情，逐一分析这些成就；列出最主要的几项技能。

另外，一定要针对应聘企业设计较为详细的个人职业发展计划，不要只考虑目标，不考虑达到目标的途径。这样当被问及"未来5年计划如何发展个人事业"时，就能从容展示对自己目前专业技能的评估，以及为胜任职业目标所拟订的粗线条的技能发展计划。

2. 做好资料准备

1) 准备个人资料

除了前一章所提到的自荐信、有关人士的推荐信、个人简历等，还要准备好学习成绩单、获奖证书、个人科研成果、论文、参加有关活动的证明等，以备考官在面试时翻阅、核查。

2) 收集用人单位的有关资料

面试前应对所应聘的公司做全方位、深入的了解。切记了解他人是推销自己的前提。谈论用人单位的优点，是你与单位领导快速消除陌生感、拉近距离的桥梁；用人单位某些方面的不足，是你提出建设性意见、让对方认知你的长处的切入点。

大学生应尽可能多地了解用人单位的历史、现状，以及领导层的风格，掌握该公司的业务方向、产品特色、发展前景等。必要时，连带将该行业也通盘了解一下，一是对自己的前程负责，二是以备应聘中的相关提问。

3. 做好模拟演练准备

在面试时，考官常常会问到一些常见的问题。如果能够事先了解这些问题，就可以使自己胸有成竹地回答这些问题，这是非常有益于面试成功的。不同的招聘面试会提出不同的问题，但有一些问题是比较常见的。其中，以下两个问题是必考题，都需要认真准备。

(1) 请做一下自我介绍。

(2) 你为什么选择本公司？

此外，还要针对面试可能提出的其他问题进行必要的准备。这些问题可能涉及公司业务、公司文化、行业背景，如"请你谈谈对本公司的了解""你知道本公司在行业中的地位吗"；也可能涉及公司所需要的专业知识，如"如果对公司某产品进行促销，请你设计一下促销方案"；有些还可能涉及应聘者个人的性格、兴趣爱好、对工作的态度、工作能力及对某些社会问题的看法等诸多方面，如"据某报纸报道，某公司上个月裁减20名员工，其中12人是应届大学生，请你谈谈对此事的看法"。这些问题的准备与前面资料的准备环环相扣。只有在全面了解面试单位、充分客观评价自我、关注社会热点问题的基础上，才能对答如流。

4. 做好语言声音准备

在面试中给考官留下良好的听觉印象是面试成功的关键因素之一，所以万万马虎不得。听觉印象主要是指说话时的语气、音调，甚至逻辑重音，这些都体现了一个人的教养。同学们要注意声音的清楚、悦耳，要显示出自信。

大家结合前两项准备工作，通过模拟面试，练习语音、语速，及时调整改善不足之处。首先，要改掉不良的说话习惯，尤其要注意去掉不文明的口头禅。其次，说话应该尽量说普通话。再次，要注意语音表达，语音尖细或低粗都不好，语调平和、声音适中。最后，要练习说话语速，保持中等语速(每分钟约120个字，类似播音员的语速，可多听多学)。

5. 做好服饰装扮准备

很多大学毕业生没有意识到，自己未被录用的重要原因是没有重视求职服饰，形象不佳。国内外有关调查表明，有近1/3求职者落选是因为他们的服装不合格、不修边幅或行为不雅。大学毕业生应聘时的着装，一定要讲究搭配合理、色调和谐。同学们在准备服饰时要注意以下几点。

1) 根据体型选择服装

瘦高体型者，不宜选用竖条和质地较薄的服装，否则会夸大纤细的身形，给人缺乏韵味之感，而质感厚实点儿的衣料会使体瘦的人看上去精神抖擞；体型丰满者应选择厚度适宜的衣料，过厚过薄的服装都会暴露体型弱点；肥胖者切忌穿夸大体型的大花纹、横花纹、大方格图案的服装。

2) 着装正统大方。

面试是求职的重要环节，同学们都会慎重对待，穿着正式能够显示出你对面试单位的重视。着装不必赶时髦，不必求流行，尤其不能浓妆艳抹，打扮得花枝招展，因为许多人在心理上都认为过分追时髦的人往往是不求上进的人。

在服装选择上，男生适合选用西服，显得稳重、干练；女同学则应选择简单、明快且质感较佳的服饰，在整洁典雅中可透射些许活泼美丽，佩饰要少而精。

发型在人的外观上占有重要地位。男同学过长的头发，女同学过于夸张、染色的头发或头发蓬乱，往往会产生不利效果。女生整理发型应以整洁、清纯、大方为原则，如果不是短发，最好把两侧长发放在耳后，并且用发卡夹好。

对于银行业、机械行业、食品业等单位而言，员工经常与客人或设备接触，为保持清洁或出于礼节考虑，这些单位一般不允许女生留长发。即使允许留长发，一般也要求将长发扎起来。因此，应聘窗口行业的女生在面试时要特别注意发型。

3) 服饰要适合应聘工作的需要

根据所应聘的工作性质和类型，确定自己的穿着，这是一个较稳妥的做法。如果应聘工作的性质比较严谨，同学们需要一套正规的服装，建议选择端庄、柔和的颜色，黑色虽然缺乏创意，但会给人精干利落的印象，肤色白皙的女生可以选择；如果应聘工作比较讲究创意，那同学们可以穿得稍微休闲一点，力求显出自己的创造力，但是要达到顺眼、耐看的视觉效果，而不要表现得另类、超前。

(1) 男性。

① 西装。男生应该选择裁剪良好、款式经典的西服套装，切忌太过前卫的设计。颜色以黑色、灰色、深蓝色为宜，并且是纯色的，不要有大格子、大条纹，这些在宴会上比较合适，但不适用于面试。衣服的面料最好是比较易于打理又不易变形的。

② 衬衫。要选用面料挺、质感好的衬衫。白色的长袖衬衫是上上之选，永远都不会错。别的颜色的衬衫也可以，但是不如白色那么正式，要注意和西装的颜色搭配是否合适。短袖的衬衫太过休闲，不推荐。

③ 领带。领带宜选用保守一些的，传统的条纹、几何图案和佩斯利螺旋花纹都很不错。还要注意领带和西装、衬衫颜色的协调性。

④ 鞋子。应在面试前把鞋子擦干净并且上些鞋油，确保鞋子是完好的。光亮的鞋子能够表现出果决的做事风格及良好的职业素养。如果鞋子的鞋底有一个洞，则会留下非常负面的印象。还要注意鞋子的颜色和套装相配，黑色是个很好的选择。

⑤ 袜子。袜子是很容易被忽视的一个环节，很多求职者往往有特别准备的西装和鞋子，却在袜子上功亏一篑，与整体不和谐。应试者可以在面试前的晚上，把细心挑选好的新袜子放在桌上，一定要注意颜色的选择。一般来说，白袜子黑鞋子的搭配是很不专业的，要加以避免。此外，袜子也不宜过短，以免坐下来的时候，把小腿露出来。

⑥ 饰品。男生应少戴饰品，越简单越好，不要佩戴项链、手链、耳环、鼻环、手镯等，手表是可以的。

(2) 女性。

① 西装。对于女生来说，选择西装的时候也要注意颜色，黑色、深蓝色、灰色等稳重的颜色是比较理想的选择。款式不要太过新颖前卫，宜保守传统。如果是裙装，一定要注意裙子的长度，不要在膝盖以上，裙子太短是不专业的表现，会使面试官的印象大打折扣。如果上衣是 V 领的，也要注意开口不能太低，如果很低的话，可以通过丝巾或者内衬上衣来弥补。

② 衬衣。在挑选衬衣的时候，无论是颜色还是款式都以保守为宜。不要挑选透明材质的上衣，也不要选择蕾丝花边或者雪纺薄纱。可以在衬衣里面再穿一件背心，以防走光。

③ 鞋子和丝袜。应确保鞋子的款式专业，不花哨，颜色与套装相配。丝袜的颜色也

应是比较传统常见的，如黑色、肉色、深灰色等，但必须和套装、鞋子相配。不要穿明黄色、玫红色等鲜艳的颜色。

④ 包。选用的包应该是和整个穿着相配的，不要太大，中等或小型尺寸即可。如果可以的话，皮制的最好。

⑤ 配饰。应选择尽可能简单的饰品。面试属于正式交往场合，不应戴手链。可以一只手只戴一个戒指，且不要戴形状奇特的戒指，不然不方便握手，这样也会留下不好的印象。另外，不要戴很大很长的耳环，也不要戴太多耳环，简洁的耳钉就可以带来不凡的效果。

6. 做好身心准备

健康的身体是参加面试的前提，良好的精神状态是面试成功的重要保证。同学们一定要注意身心准备工作。

(1) 要加强身体锻炼，保证睡眠，保持充沛的体力。应聘前的几天内，不做过于劳累辛苦的事情，也不从事过于紧张、刺激的活动，应保持心理稳定与愉悦。

(2) 要克服消极的心理紧张。临场前过度紧张和焦虑，临场时呆板和木讷，是应试的大忌。求职者应注意调整好临场前的心理状态，自然而又精神饱满地参加面试。

(3) 要充满必胜的信念。应聘成功取决于自己平常养成的内在特质，如高尚的品德、良好的习惯、健康的人生态度、自觉的人际亲和力和学已有成的业务技能。例如，既然我已准备好，那么我一定成功。

9.2.3　面试中的技巧与言谈礼仪

1. 答问技巧

(1) 把握重点，条理清楚。一般情况下回答问题要结论在先，议论在后，先将自己的中心意思表达清楚，再做叙述和论证。

(2) 讲清原委，避免抽象。招聘者提问是想了解求职者的具体情况，切不可简单地仅以"是"或"不是"作答，有的需要解释原因，有的则需要说明具体情况。

(3) 确认提问，切忌答非所问。面试中，招聘者提出的问题过大，求职者不知从何答起，或求职者对问题的意思不明白是常有的事情。可以通过"您问的是不是这样一个问题……"将问题复述一遍，确认其内容，这样才能有的放矢，以免南辕北辙、答非所问。

(4) 讲完事实以后适时沉默。应从容应对，进退有度，保持最佳的状态，同时好好思考自己的回答。

(5) 冷静对待，荣辱不惊。招聘者中不乏刁钻古怪之人，有时会故意挑刺，令人难堪。这不是"不怀好意"，而是一种策略，故意提出不礼貌或令人难堪的问题，其意义在于"刺激"应聘者，考查你的"适应性"和"应变性"。你若反唇相讥，恶语相向，就大错特错了。

(6) 要知之为知之，不知为不知。面试中常会遇到一些不熟悉、曾经熟悉现在忘了或根本不懂的问题。面临这种情况，回避问题是失策，牵强附会更是拙劣，诚恳坦率承认自己的不足之处，反倒会赢得招聘者的信任与好感。

2. 发问技巧

面试时若招聘者问你有没有问题，你可以适当问一些问题，并且应该把提问的重点放在招聘者的需求及你如何能满足这些需求上。通过提问的方式进行自我推销是十分有效的，但所提问题必须紧扣工作任务、紧扣职责。

你可以询问以下的问题：应聘职位所涉及的责任及所面临的挑战；在这一职位上需要取得怎样的成果；该职位与所属部门的关系；该职位具有代表性的工作任务是什么。当然也要注意不要问一些通过事先了解能够获得的有关公司的信息，这会让人对你面试的目的是否明确表示怀疑。

3. 谈话技巧

(1) 谈话应顺其自然。不要误解话题，不要过于固执，不要独占话题，不要插话，不要说奉承话，不要浪费口舌。

(2) 留意对方反应。交谈中很重要的一点是把握谈话的气氛和时机，这就需要随时注意观察对方的反应。如果对方的眼神或表情表现出对你所涉及的某个话题已失去兴趣，应该尽快找一两句话将话题收住或开始下一话题。

(3) 要有良好的语言习惯。交谈时不仅要表达流利，用词得当，同样重要的还有说话方式，应注意以下几点。

① 发音清晰。有些人个别音节发音不准，如果影响讲话整体质量，应少用或不用含有这些音节的字或词。

② 语调得体。得体的语调应该起伏而不夸张，自然而不做作。

③ 声音自然。音调不高不低，不失自我，不仅听起来真切自然，而且有利于缓解紧张情绪。

④ 音量适中。音量以保持能听清为宜，切忌声音过大。

⑤ 语速适宜。要根据内容的重要程度、难易程度及对方注意力情况调节语速和节奏。

此外，还要警惕容易破坏语言意境的现象，如过分使用语气词、口头语，这不仅有碍于听者的连贯理解，还容易引人生厌。

4. 言谈礼仪

(1) 注意谈话方式。不要打断考官的话题，注意倾听对方的谈话内容，对重复的问题不要表示出不耐烦。

如果对考官的话没听懂或没听清，应等考官把话说完再提出，如"很抱歉！刚才您说的是……吗""你刚才这句话我没有听清，能否再重复一遍"。

(2) 注意运用规范的语言。忌用"口头禅"、方言、土语等不为他人理解的语言，更不能油腔滑调。

(3) 及时告辞致谢。考官说："今天辛苦你了！"即意味着结束。你应从容站起，面带微笑说："谢谢！"走到门口，回身说："再见！"出门要随手轻轻关门。切记，无论有无录用的希望，都应向对方表示衷心感谢，这最能体现你的真诚和修养。面试结束前不要忘记表态："非常感谢贵单位给我的面试机会。""我非常愿意成为贵单位的一员，请领导考虑我。"

4. 交谈心态

作为应届毕业生，初次参加招聘面试，如何摆正自己的心态很大程度上关系着求职的成败。

(1) 展示真实的自己。面试时切忌伪装和掩饰，一定要展现自己的真实实力和真正的性格。有些毕业生在面试时故意把自己塑造一番，如明明很内向，不善言谈，面试时却拼命表现得很外向、健谈。这样的结果既不自然，很难逃过有经验者的眼睛，又不利于自身的发展。即使通过了面试，人力资源部门往往会根据面试时的表现安排适合的职位，这对个人的职业生涯也是不利的。

(2) 以平等的心态面对招聘者。面试时如果以平等的心态对待招聘者，就能够避免紧张情绪。特别是在回答案例分析问题时，一定要抱着我是在和招聘者一起讨论这个问题的心态，而不是觉得他在考自己，这样就可以充分发挥自身才能，从而做出精彩的论述。

9.2.4　面试时的注意事项与禁忌

1. 注意提前赴约

任何一个单位都希望自己的员工有严格的时间观念。迟到是求职面试的一大忌讳，它会使考官怀疑你的工作效率，不利于求职的成功。据有关专家统计，求职面试迟到获得录用的可能性只相当于准时到达者的1/2。因此，毕业生一定要提前到达面试单位。

提前到达既可以有充分的时间来观察该公司，又可以思考准备回答的重点问题，稳定自己的情绪。一般来讲，面试时留出20分钟的富余时间，可以应对一些意外情况。如果路途遇到预想不到的麻烦事，一定要采取措施，如给招聘单位打电话解释清楚原因等。但是也不要早于20分钟以上到达面试地点，这会使人认为你过分着急。

2. 注意细微之处

走路、进门、握手、坐姿这些细节问题可以反映出一个人的内在修养，都不可过于随意。

(1) 注意通报细节。到达面试地点后，不可贸然进入，一定要先敲门，不论门是否开着，经允许后再轻轻推开门进入。如果需要关门，则应轻轻关门。

(2) 注意握手礼节。若非考官先伸手，面试者切勿向前伸手与对方握手。握手的一般规则是上级可对下级主动，长辈可对晚辈主动，女士可对男士主动。

(3) 注意坐姿形象。在未得到考官的邀请前，请勿直接坐下。当对方叫面试者坐下时，应道声"谢谢"。正确的坐姿：后背自然伸直，双腿不能叉开，男生双膝应与两肩齐，女生双膝并拢。双手自然放置大腿上或双手相叠放在桌上，不要有挠头、抓耳、掏兜、弹动手指、抖动双腿或跷"二郎腿"等不雅动作。

有些考官特别注重应聘者在简历之外给人的一种感受，例如，给应聘者的水杯特意用普通水杯，看看他放杯子时发出的声响，看他是否会盖上杯盖等。

关注细节对同学们面试成功有重要影响。用人单位除了通过细节观察面试者个人修养，有时细节还可能暗扣考题。例如，正式面试时问你："对抽烟怎样看？"你的回答一般会遵循着社会公众思路说抽烟有害健康，然而，刚才在该公司休息室，有人却观察到你迫不及待连抽了两支烟。显然你言不由衷、言行不一，应聘必然失败。

有时在你未到面试现场前，用人单位已安排了试题。例如，在你路过之处放一把碍脚的笤帚，看你是否扶起它，把它放置妥当；故意不设烟灰缸，看你往哪里弹烟灰；在你座椅附近置几团废纸，看你是否收拾起来等。总之对个人日常习惯的考查，最有效的就是这些不经意的"小事"，而小事却能看出大问题。因此，毕业生一定要重视细节问题。

3. 注意面试言谈举止

言谈举止不仅可以看出一个人的个性、修养，也可以看出其成长环境及家教状况。大学生在求职面试过程中言谈举止文明有礼，对顺利通过面试具有重要作用。

(1) 注意交谈表情与态度。面带微笑进入面试场所能让你消除紧张情绪，也能让考官心情愉悦。面试时要正视前方考官。如果考官有二三位，则看着首席或中间的一位，表情要轻松、柔和、自然、大方。回答问题应诚恳热情、口齿清晰、语速适中、语言朴实。不要过分显摆自己，也不要贬低其他应聘者或其他招聘单位。

(2) 恰当使用身体语言、简明扼要。面谈中，身体稍向前倾，以示对谈话的兴趣。及时用眼神、头部动作或"噢""对"等简短应答语言对考官的讲话做出相应的反应，切不可分散注意力、左顾右盼，更不能有打呵欠、看手表等失礼的表现。思索问题时切勿眼球乱转、翻眼、死盯天花板等。毕业生在面试时常犯的错误：回答问题时低头不看人，或者回答问题时不敢直视面试官。想克服这个毛病，大学生平时要多进行即兴问答方面的训练。

回答要动脑筋，弄清对方发问的目的、要求，尽量做到有理有节，不可随意答复或敷衍搪塞。对于简单问题的回答，可能就是一句话，千万不要嫌一句话太少，总想多说几句，要抑制说话的欲望。对于复杂问题的回答，应先说结论，再简述理由。

回答时间限定在1分钟内。记住：说话时间决不能长。应聘不一定要面面俱到，但一定要打造你使人动心的"亮点"。这就好比吃饭，只有你把肉放在米饭的上面，才能激发别人的食欲；如果埋在饭中，则不可能达到这样的效果。应聘中，精华一定要列出来重点谈。

4. 禁忌事项

大学毕业生在求职面试前，应当了解面试有关禁忌事项，并从中吸取经验，避免在以后面试时犯同样的错误，提高求职成功率。

(1) 过于想博得好感。例如，由于过于想博得好感，以至于不切实际地赞颂或奉承该企业，甚至中伤该企业的竞争对手。在正规的企业中，或是在具备专业素养的考官面前，这种行为是非常忌讳的。

(2) 过分谦卑。谦虚是美德，但是如果把握不好度，容易出现语言沉闷、底气不足，或者行为过于拘谨，使得用人单位没有信心录用你。

(3) 过分自夸。应试者大谈个人成就、特长、技能时，却没有实例相应证，容易招致招聘考官反感。此外言谈过于自信，说话滔滔不绝，会使年轻的考官产生危机感。

(4) 过于外向。情绪变化太快，情感极易流露，动不动就大笑或流泪，会使考官认为你不成熟。

(5) 过于世故。想方设法与考官"套近乎",缺乏大学生应有的单纯、明朗,容易影响考官对你人品的判断。

(6) 过于随便。例如,自称没拿这次面试当回事,只是想锻炼锻炼自己;或者表明有好几家企业还等着我呢,这些都是过于随便的表现。

常见的面试问题A

面试过程中,面试官会向应聘者发问,而应聘者的回答将成为面试官是否接受他的重要依据。对于应聘者而言,了解这些问题背后的"猫腻"至关重要。下面对面试中经常出现的一些典型问题进行了整理,并给出了相应的回答思路和参考答案。读者无须过分关注分析的细节,关键是要从这些分析中"悟"出面试的规律及回答问题的思维方式,以求"活学活用"。

问题一:"请你进行自我介绍"

思路:

1. 这是面试的必考题目;

2. 介绍内容要与个人简历相一致;

3. 表述方式上尽量口语化;

4. 要切中要害,不谈无关、无用的内容;

5. 条理要清晰,层次要分明;

6. 事先最好以文字的形式写好、背熟。

问题二:"谈谈你的家庭情况"

思路:

1. 此问题对于了解应聘者的性格、观念、心态等有一定的作用,这是招聘单位问该问题的主要原因;

2. 简单地罗列家庭人口;

3. 宜强调温馨和睦的家庭氛围;

4. 宜强调父母对自己教育的重视;

5. 宜强调各位家庭成员的良好状况;

6. 宜强调家庭成员对自己工作的支持;

7. 宜强调自己对家庭的责任感。

问题三:"你有什么业余爱好"

思路:

1. 业余爱好能在一定程度上反映应聘者的性格、心态、志趣,这是招聘单位问该问题的主要原因;

2. 最好不要说自己没有业余爱好;

3. 不要说自己有庸俗的、令人感觉不好的爱好;

4. 最好不要说自己的爱好仅限于读书、听音乐、上网,否则可能令面试官怀疑应聘者性格孤僻;

5. 最好能有一些户外的业余爱好来"点缀"你的形象。

问题四："你最崇拜谁"

思路：

1. 最崇拜的人能在一定程度上反映应聘者的性格、观念、价值取向，这是面试官问该问题的主要原因；

2. 不宜说自己谁都不崇拜；

3. 不宜说崇拜自己；

4. 不宜说崇拜一个虚幻的或是不知名的人；

5. 不宜说崇拜一个明显具有负面形象的人；

6. 所崇拜的人最好是与自己所应聘的工作能"搭"上关系的；

7. 最好说出自己所崇拜的人的哪些品质、哪些思想感染、鼓舞着自己。

问题五："你的座右铭是什么"

思路：

1. 座右铭能在一定程度上反映应聘者的观念、心态、志向，这是面试官问该问题的主要原因；

2. 不宜说会易引起不好联想的座右铭；

3. 不宜说太抽象的座右铭；

4. 不宜说太长的座右铭；

5. 座右铭最好能反映出自己某种优秀品质；

6. 参考答案——"只为成功找方法，不为失败找借口"。

问题六："谈谈你的缺点"

思路：

1. 不能说自己没缺点；

2. 不宜把明显的优点说成缺点；

3. 不宜说出严重影响所应聘工作的缺点；

4. 不宜说出令人不放心、不舒服的缺点；

5. 可以说出一些对于所应聘工作"无关紧要"的缺点，甚至是一些表面上看是缺点，从工作的角度看却是优点的"缺点"。

问题七："谈谈你的一次失败经历"

思路：

1. 不宜说自己没有失败的经历；

2. 不宜把明显的成功说成是失败；

3. 不宜说出严重影响所应聘工作的失败经历；

4. 所谈经历的结果应是失败的；

5. 宜说明失败之前自己曾尽心尽力、完全付出；

6. 宜说明仅仅是由于外在客观原因导致失败；

7. 宜说明当时是为了验证自己的某个想法而做出的尝试；

8. 失败后自己很快振作起来，以更加饱满的热情面对以后的工作。

问题八："你为什么选择我们公司"

思路：

1. 面试官试图从中了解你求职的动机、愿望及对此项工作的态度；

2. 建议从行业、企业和岗位这三个角度来回答；

3. 参考答案——"我十分看好贵公司所在的行业，我认为贵公司十分重视人才，而且这项工作很适合我，相信自己一定能做好"。

问题九："对这项工作，你有哪些可预见的困难"

思路：

1. 不宜直接说出具体的困难，否则可能令对方怀疑你的能力不行；

2. 可以尝试迂回战术，说出你对困难所持有的态度——"工作中出现一些困难是正常的，也是难免的，但是只要有坚忍不拔的毅力、良好的合作精神及事前周密而充分的准备，任何困难都是可以克服的"。

问题十："如果我们录用你，你将如何开展工作"

思路：

1. 如果应聘者对于应聘的职位缺乏足够的了解，最好不要直接说出自己开展工作的具体办法；

2. 可以尝试采用迂回战术来回答，如"首先听取领导的指示和要求，然后就有关情况而不是对环境提出要求，只要能发挥我的专长就可以了"。

模拟面试活动训练

活动过程：

1. 寻找3~5个有面试经验、熟悉面试流程的人作为"面试官"；

2. 在面试前，准备3分钟以内的自我介绍；

3. 进行正式的面试自我介绍环节；

4. 与"面试官"们探讨以下问题。

(1) 自我介绍有哪些吸引人的部分？

(2) 它令人信服吗？

(3) 还有哪些需要补充的方面？

(4) 如何使回答变得更好？

活动思考：

1. 通过此次训练，发现哪些过程中存在问题？

2. 如何改进自我介绍，使它更具吸引力？

拓展阅读面试素材小故事

案例一：

宋濂小时候酷爱读书，但是家里很穷，也没钱买书，只好向别人借。每次借书，他都与人提前约好还书期限，按时还书，从不违约，人们都乐意把书借给他。一次，他借到一本书，越读越爱不释手，便决定把它抄下来，可是还书的期限快到了。他只好连夜抄书。时值隆冬腊月，滴水成冰。他母亲说："孩子，都半夜了，这么寒冷，天亮再抄吧。人家又不是等着书看。"宋濂说："不管人家等不等着看，到期限就要还，这是信用问题，也是尊重别人的表现。如果说话做事不讲信用，失信于人，怎么可能得到别人的尊重。"

启示一：诚信是力量的一种象征，它显示着一个人的高度自重和内心的安全感与尊严感。做人要固守信诺，它是人立足于社会的根本，不守诚信可以凭侥幸赢得别人的帮助，但是从长远来看，是不会有长足发展的。

启示二：人与人之间的尊重是相互的，我们只有先学会尊重他人，才能够从他人那里得到应有的尊重。

案例二：

唐伯虎是明朝著名的画家和文学家，小的时候便在画画方面显示了超人的才华。唐伯虎也曾拜师学艺，拜在大画家沈周门下。起初他学习作画刻苦勤奋，能够很快掌握绘画技艺，时常受到师傅沈周的称赞。不料，由于沈周的多次称赞，这使一向谦虚的唐伯虎也渐渐地产生了自满的情绪，觉得在技艺上即将超过恩师。对于这样的情况，沈周看在眼中，记在心里。一次，师徒二人一起吃饭，沈周指示唐伯虎去打开窗户，出乎意料的是，唐伯虎发现自己手下的窗户竟是老师沈周的一幅画，这让唐伯虎非常惭愧，从此潜心学画。

启示一：古语说："谦虚使人进步，骄傲使人落后。"谦虚的人更能看到自身的缺点与不足，让自己不断改进、不断成长。

启示二：谦虚的人也更能看到他人身上的优点与长处，让自己不断学习、不断进步。自满是自身进步最大的拦路虎。所以做人不要过高地估算自己的水平，轻视身边的人。

启示三：沈周并没有批评唐伯虎，而是启发式地教育。教育要讲究方式方法，因材施教。

案例三：

沈括是北宋著名的政治家和科学家，对中国地理、物理等方面的发展做出了突出的贡献。一天，当他读到"人间四月芳菲尽，山寺桃花始盛开"这句诗时，沈括的眉头凝成了一个结，对于这句诗词疑惑不解。"为什么我们这里花都开败了，山上的桃花才开始盛开呢？"为了解开这个谜团，沈括约了几个小伙伴上山实地考察一番。四月的山上，乍暖还寒，凉风袭来，冻得人瑟瑟发抖，沈括矛茅塞顿开，原来山上的温度比山下要低很多，因此花季才来得比山下来得晚呀。于是，他不禁逐开笑颜。

启示一：书中自有一方世界。我们在学习的过程中，第一手资料大部分来源于书本，阅读可以让我们不断增长知识。

启示二：尽信书不如无书。对于书本知识要有敢于质疑的精神，不能人云亦云，阻碍自己进步。

启示三：苏格拉底曾说过："问题是接生婆，它能帮助新思想的诞生。"爱因斯坦曾说过："提出问题比解决问题更重要。"如果前人写在书本上的东西，引起了你的质疑，这个时候要敢于探索，敢于通过自己的调查研究去检验和证明。

（资料来源：根据网络资料整理）

就业权益与政策

第 10 章

劳动与社会保障

当前，社会经验不足、法律知识缺乏、供需关系失衡等因素让毕业生择业就业和劳动关系建立时完全处于弱势地位。本节将主要介绍大学业生在择业就业过程中依法享有的权利与义务，帮助毕业生正确认识自己的合法权利。

10.1　大学生就业的基本权利

10.1.1　获取信息服务与接受就业指导权

所谓获取信息服务与接受就业指导权，是指学生有权从学校、社会获得公开、及时、全面的就业信息服务，学校、社会应成立专门机构，安排专门人员对毕业进行就业指导。《中华人民共和国就业促进法》(以下简称《就业促进法》)第三十五条规定：县级以上人民政府建立健全公共就业服务体系，设立公共就业服务机构，为劳动者免费提供下列服务：就业政策法规咨询；职业供求信息、市场工资指导价位信息和职业培训信息发布；职业指导和职业介绍；对就业困难人员实施就业援助；办理就业登记、失业登记等事务；其他公共就业服务。公共就业服务机构应当不断提高服务的质量和效率，不得从事经营性活动。公共就业服务经费纳入同级财政预算。《就业促进法》还对政府举办经营性的职业中介机构、招聘会等行为做出了禁令，规定政府在就业指导与就业信息服务方面的责任。《就业促进法》等法律法规还规定了社会力量提供就业服务、指导的途径和鼓励措施。此外，近年来有关部门重视就业指导，开设了大量获取就业信息的专门网站、知信信息服务平台为毕业生提供信息，广泛征集毕业生需求信息，不断提高就业服务信息化水平。另外，各高校还有计划地请校外大学生就业辅导专家进行有针对性的辅导，努力提高毕业生的就业技巧。

10.1.2　自荐权和被推荐权

所谓被推荐权，是指毕业生有要求学校在就业工作中如实、公正、择优、分型向用人单位推荐自己的权利。毕业生享有的被推荐权具体包括：第一，真实推荐，即高校在对毕业生进行推荐时，应实事求是，根据毕业生本人的实际情况向用人单位进行介绍、推荐，不能故意贬低或随意捧高对毕业生在校表现的评价；第二，公正推荐，学校对毕业生进行推荐应做到公平、公正，应给每一位毕业生以就业推荐的机会，不能厚此薄彼，公正推荐是学校的基本责任，也是毕业生享有的最基本的权益；第三，择优推荐，学校根据毕业生的在校表现，在公正、公开的基础上，还应择优秀学生推荐，以及根据学生个人优点推荐。

10.1.3　公平自由择业权

所谓公平择业权，是指公民在择业过程中不得因其民族、种族、性别、政见、信仰、身体状况、社会出身等原因而受到歧视，或被排斥适用公平均等机会，或被取消、损害就业与职业机会，或违反待遇平等原则给予区别对待的权利。其主要针对用人单位对毕业生的就业歧视而提出。近年来，本科、外地、女生，被大学生们戏称为最不好找工作的"类型"，此外，身高歧视、性别歧视、容貌歧视、生源地歧视、对乙肝病毒携带者的歧视以及，对学生毕业学校的歧视等，不胜枚举。《中华人民共和国劳动法》(以下简称《劳动法》)第三条将"劳动者享有平等就业和选择职业的权利"规定为劳动者的劳动权利之一。

自由择业权是指毕业生有权按照自己的意愿选择职业，包括自由选择是否从事职业劳动，从事何种职业劳动，何时从事职业劳动，在哪一类或哪一个用人单位从事职业劳动等权利。劳动者的自由择业权否定了行政安置和强制劳动，充分体现了毕业生可以自由行使自己的劳动权。毕业生自由选择工作岗位，成为人才市场的主体，通过与企业的双向选择实现就业，自由独立地享有支配自身劳动力的权利，根据自身素质、意愿和市场价格信号，选择用人单位。用人单位招聘毕业生时通过扣押毕业证、学位证或身份证等手段侵害学生的自由择业权，不仅违反了《中华人民共和国居民身份证条例》的有关规定，而且违反了《劳动法》，对于非法限制劳动者人身自由情节严重的，甚至违反《中华人民共和国刑法》(以下简称《刑法》)并构成犯罪。此外，用人单位也不能用高额的违约金来剥夺劳动者自由择业权，《中华人民共和国劳动合同法》(以下简称《劳动合同法》)规定，除了以下两种情形，用人单位不得与劳动者约定由劳动者承担违约金：

(1) 用人单位劳动者提供专项培训费用，对其进行专业技术培训的，劳动者违反服务期约定，应当按照约定向用人单位支付违约金；

(2) 用人单位与劳动者可以在劳动合同中约定保守用人单位的商业秘密和与知识产权相关的保密事项。

10.1.4　择业知情权

所谓择业知情权，是指被征集信息的劳动者对所征集的个人信息，以及根据这些信息所加工的产品及其征集信息者的信息享有了解真实情况的权利。毕业生在应聘过程中，用人单位作为主动征集信息主体和处于劳动关系中的强势一方，与劳动者之间存在事实上的信息不对称问题，许多用人单位利用这种信息不对称在规定劳动者工作内容、工作条件、职业危害、安全生产状况、劳动报酬等方面取得实质性优势。为保护劳动者知情权的需要，《劳动合同法》第八条规定：用人单位招用劳动者时，应当如实告知劳动者工作内容、工作条件、工作地点、职业危害、安全生产状况、劳动报酬，以及劳动者要求了解的其他情况。

10.1.5　过渡期保障权

所谓过渡期保障权，是指毕业生在到用人单位工作前后的实习期、试用期、见习期所应当具有的保障个人安全与和谐发展的权利。部分用人单位对毕业生在到用人单位工作前后的过渡期保障权约定比较笼统定义比较含糊，甚至有的故意模糊实习期、试用期 见习期的概念。所谓实习期，是指在校学生通过参加实际工作，提高其自身素质的过程或时间。所谓试用期，是指用人单位和劳动者为相互了解、选择而约定的不超过6个月的考查期。所谓见习期，是指全日制普通高校毕业生到用人单位工作后，实行的一年期见习制度，见习期满后需由上级人事主管部门为毕业生办理转正、工资及职称评定手续。而一些用人单位在实习期任意削减学生权益，或在见习期内设定超过半年的试用期，或随意延长毕业生试用期，或随意取消毕业生试用期，或同一单位在不同岗位之间轮换时重复设定试用期，利用毕业生在这些职业过渡期的弱势地位，侵犯他们的权利。《劳动合同法》第二十条规定了试用期工资的最低水平：劳动者在试用期的工资不得低于本单位相同岗位最低档工资或者劳动合同约定工资的百分之八十，并不得低于用人单位所在地的最低工资标准。

10.1.6　违约及求偿权

违约及求偿权是指毕业生、用人单位、学校在签订三方协议后，如用人单位无故要求解约，毕业生有权依照《普通高等学校毕业生就业工作暂行规定》要求对方严格履行就业协议。否则用人单位应对毕业生承担违约责任，支付违约金，毕业生有权要求用人单位进行赔偿或补偿。

10.2　大学生就业的基本义务

10.2.1　毕业生有服从国家需要，遵守国家就业政策以及学校据此制定的具体规定的义务

毕业生"自主择业"并不是完全的"自由择业"，是在国家就业方针政策指导下的自主就业，毕业生有服从国家需要的义务。招生并轨后，大学生实行缴费上学、自主择业，但是毕业生所缴纳的学费只是国家培养学生所需费用的一部分，大部分费用仍由国家承

担。另外，毕业生作为一名国家公民有为国家和社会服务的义务，所以毕业生有义务服从国家需要，为国家的建设做出应有的贡献。

10.2.2　毕业生有向用人单位如实介绍个人基本情况的义务

毕业生在自荐或求职过程中，应该实事求是，按照诚实守信的原则，如实向用人单位介绍自己的情况。这包括政治思想品质、学习成绩、健康状况、能力特长、在校表现等，应保证毕业生就业推荐表、协议书和个人简历等有关材料内容真实。

10.2.3　严格按照就业协议及其他合法约定履行相应义务

就业协议对用人单位和毕业生均有约束力，毕业生与用人单位签订就业协议后，必须在规定的时间内到签约单位报到工作，严格按照协议约定履行义务，不得无故擅自变更或自行解除。

10.3　社会保险与住房公积金（"五险一金"）

10.3.1　社会保险的意义

社会保险是指国家通过立法手段，建立社会保险基金，在劳动者因年老、疾病、伤残失业、生育及死亡等原因，暂时或永久性失去劳动能力或劳动机会，从而全部或部分失去生活来源的时候，由国家或社会对其本人或家属给予一定物质帮助的强制保险制度。

社会保险是保险中的一个部分，是处理社会风险的一种手段和方式。在我们的劳动和生活中可能会遇到各种风险与困难，其中与员工切身利益关系最密切的就是由于丧失劳动能力或劳动机会所造成的收入损失，这将直接影响员工及其家庭基本生活的安定。社会保险正是国家针对特定社会风险所采取的一种经济补偿手段，专门为全部或部分丧失劳动能力或劳动机会的劳动者及其家庭提供一定的物质生活保障。

10.3.2　社会保险的种类

社会保险包括养老保险、医疗保险、失业保险、工伤保险和生育保险 5 个项目（即人们通常所说的"五险"）。其中，养老保险、医疗保险和失业保险这三种险由用人单位和个人共同缴纳保费，工伤保险和生育保险完全由用人单位承担，个人不需要缴纳。

1. 养老保险

基本养老保险是国家通过立法强制实行，保证劳动者在年老丧失劳动能力时，给予生活保障的制度。基本养老保险实行社会统筹和个人账户相结合。

用人单位和劳动者应当依法按时足额缴纳基本养老保险费。劳动者以本人上一年月平均工资为缴费基数，按 8%的比例缴纳基本养老保险费。新招收人员以本人第一个月的工资作为当年缴费基数。用人单位按全部被保险人缴费工资基数之和的 20%为本单位职工缴纳基本养老保险费。

劳动者在符合条件时享受基本养老保险待遇。享受养老保险待遇的条件一般是：达到国家规定的退休年龄，缴纳养老保险费累计满十五年。按照国家规定，退休年龄为：男工人年满六十周岁，女工人年满五十周岁，女干部年满五十五周岁；从事井下、高空、高温、特别繁重体力劳动或者有害身体健康的工作，男年满五十五周岁，女年满四十五周岁。养老保险待遇包括退休金、生活补贴等项目。退休金一般依本人投保年限、所缴养老金总额及一定时期内平均工资的适当比例确定，按月发放，直至劳动者去世。

2. 失业保险

失业保险是国家通过立法强制实行的，由社会集中建立基金，对失业者在失业期间提供物质帮助，以保障其生活并促进其再就业的一种制度。

城镇企事业单位按照本单位工资总额的 2%缴纳失业保险费，城镇企事业单位职工按照本人工资的1%缴纳失业保险费。失业保险待遇一般包括下列项目：失业救济金、失业职工在领取失业救济金期间的医疗补助金、失业职工在领取失业救济金期间死亡的丧葬补助金和其供养的直系亲属抚恤金、失业职工的职业培训费等。

失业人员享受失业保险待遇必须符合下列条件：

(1) 失业前所在单位及个人参加失业保险；

(2) 按规定履行缴费义务满一年；

(3) 非本人意愿中断就业；

(4) 进行失业登记，并有求职要求，因辞职、自动离职等本人意愿中断就业的，不能享受失业保险待遇。

另外，有下列情况之一的，停止领取失业保险金：

(1) 重新就业的；

(2) 应征服兵役的；

(3) 移居境外的；

(4) 享受基本养老保险待遇的；

(5) 被判刑收监执行或者被劳动教养的：

(6) 无正当理由，拒不接受当地人民政府指定的部门或者机构介绍的工作的；

(7) 法律法规规定的其他情形。

失业人员领取失业救济金的期限，根据其失业前累计缴费的时间确定：

(1) 累计缴费满一年不满五年的，领取失业救济金的期限最长十二个月；

(2) 累计缴费满五年不满十年的，领取失业救济金的期限最长十八个月；

(3) 累计缴费十年以上的，领取失业救济金的期限最长二十四个月。

3. 医疗保险

医疗保险是保障劳动者患病或负伤后在医疗上获得物质帮助的社会保险制度。基本医疗保险费由单位和个人共同缴纳。用人单位缴费比例在10%上下，职工个人一般为本人工资的2%。

基本医疗保险实行个人账户和统筹基金相结合。用人单位为职工缴纳的医疗保险费的一部分和职工个人缴纳的医疗保险费记入个人账户。个人账户主要用于支付门诊和小额医疗费用，统筹基金用于支付大额和住院医疗费用。

统筹基金支付设定起付标准和最高限额。起付标准是指统筹基金支付前必须由个人负担的医疗费用额度，一般为当地职工平均工资的10%左右。最高支付是指统筹基金所能支付的医疗费用上限，一般按当地职工平均工资的4倍左右确定一个年度的最高支付限额。

4. 工伤保险

工伤保险是指职工因工伤残或患职业病享受必要物质保障的制度。中华人民共和国境内的各类企业、有雇工的个体工商户均应为本单位的职工或者雇工缴纳工伤保险费。职工个人不缴纳工伤保险费。

应当认定为工伤的有：在工作时间和工作场所内，因工作原因受到事故伤害的；工作时间前后在工作场所内，从事与工作有关的预备性或者收尾性工作受到事故伤害的；在工作时间和场所内，因履行工作职责受到暴力等以外伤害的；患职业病的；因公外出期间，由于工作原因受到伤害或者发生事故下落不明的；在上下班途中，受到机动车事故伤害的；法律行政法规规定应当认定为工伤的其他情形。在工作时间和工作岗位，突发疾病死亡或者在四十八小时内经抢救无效死亡的可以视同工伤。

职工因工伤残或者患职业病进行治疗，享受工伤医疗待遇。治疗工伤所需费用符合规定的，从工伤保险基金支付。另外，工伤职工还可以享受伙食补助、治疗期间停工留薪等待遇，职工因工致残的，根据伤残等级的不同，享受伤残补助金和伤残津贴等。职工因工死亡，其直系亲属从工伤保险基金领取丧葬补助金、抚恤金和工亡补助金。

5. 生育保险

生育保险是指保障女职工因怀孕和分娩而应获得物质帮助等待遇的制度，生育保险享受的对象当前主要是女职工。生育保险不是对女性的照顾，而是对于女性担当人类延续重任应有的尊重。生育保险实行产前和产后都享受的原则。女职工怀孕后在临产前会行动不便，不能正常工作，需要休假。分娩后，为恢复身体又需要休假一段时间。女职工生育享受不少于九十天的产假，不得安排女职工在怀孕期间从事三级劳动强度的劳动和孕期禁止从事的劳动。对怀孕七个月以上的女职工，不得安排延长工作时间和夜班劳动。女职工生育的检查费、接生费、手术费、住院费、药费由生育保险基金支付。

10.3.3　住房公积金

住房公积金是指国家机关、国有企业、城镇集体企业、外商投资企业、城镇私营企业及其他城镇企业、事业单位、民办非企业单位、社会团体及其在职职工缴存的长期住房储金。住房公积金由两部分组成，一部分由职工所在单位缴存，另一部分由职工个人缴存。职工个人缴存部分由单位代扣后，连同单位缴存部分一并缴存到住房公积金个人账户内。

毕业生怎样办理社会保险？高校毕业生一定要关心自己档案的存放和社会保险关系的建立、转移和接续。毕业后，有用人单位的，其所在用人单位应按规定为其办理参保缴费手续，建立社会保险关系；灵活就业的，本人应到当地社会保险经办机构办理参保缴费手续。用人单位和个人应按规定按时足额缴纳社会保险费。与单位解除劳动合同关系后，要按当地政府的规定，到社会保险经办机构办理社会保险关系的中断或转出等事宜。毕业生在与新单位重新确立劳动合同关系后，社会保障经办机构应为毕业生办理社会保险关系的转移和接续手续。

10.4 高校毕业生就业服务机构及就业准入制度

10.4.1 就业服务与指导机构

1. 公共就业和人才服务机构

由各级人力资源社会保障部门举办的公共就业和人才服务机构，为高校毕业生免费提供政策咨询、就业信息、职业指导、职业介绍、就业援助、就业与失业登记或求职登记等各项公共服务，按规定为登记失业的高校毕业生免费提供人事档案管理等服务。此外，该机构还定期开展面向高校毕业生的公共就业和人才服务专项活动，如每年 5 月的"民营企业招聘周"，每年9月的"高校毕业生就业服务月"，每年11月"高校毕业生就业服务周"等，为高校毕业生和用人单位搭建供需对接平台。

2. 高校毕业生就业指导机构

目前，各省教育部门、各高校普遍建立了高校毕业生就业指导机构，为毕业生提供就业咨询、用人单位招聘及实习实训信息、求职技巧、职业生涯辅导、毕业生推荐、实习实践能力提升和就业手续办理等多项就业指导和服务。

3. 职业中介机构

职业中介机构主要包括从事人力资源服务的经营性机构，政府鼓励各类职业中介机构为高校毕业生提供就业服务，对为登记失业高校毕业生提供服务并符合条件的职业中介机构按规定给予职业介绍补贴。

10.4.2 就业准入制度

就业准入制度，即根据《劳动法》和《职业教育法》的有关规定，对从事技术复杂、通用性广、涉及国家财产、人民生命安全和消费者利益的职业(工种)的劳动者，必须经过培训并获得职业资格证书后，方可就业上岗的制度。如果劳动者未获得相应的职业资格证书即被招用上岗，用人单位将受到处罚。实行就业准入的职业范围由人力资源和社会保障部门确定并向社会发布。全国现有87个工种实行就业准入制度。

　　2000年3月，劳动和社会保障部发布了《招用技术工种从业人员的规定》，2003年7月1日正式施行。该规定要求用人单位招用从事技术工种复杂，以及涉及国家财产、人民生命安全和消费者利益工种(职业)的从业人员，必须从取得相应职业资格证书的人员中录用。实施就业准入制度是社会经济发展的需要，也是合理开发和配置我国劳动力资源的战略举措。它的目的是促进改善劳动者结构和提高素质水平，进而促进从业者主动提高自身的技术业务素质。

第 11 章

就业材料与政策

11.1　毕业生就业推荐表

　　《毕业生就业推荐表》是由省级就业指导中心或学校统一印制的，用于向社会推荐合格毕业生的法定书面文件。推荐表在求职材料中具有举足轻重的作用，它是官方认证的具有权威性的材料，各用人单位高度认可。"毕业生推荐表"的内容与表格式简历有些相似，但更客观、全面，具有普适性。其主要内容包括姓名、性别、民族、出生年月、政治面貌、学校名称、专业、学历、培养类别、外语水平、健康状况、学校地址、特长、奖惩情况、在校表现、自我鉴定、院系推荐意见学校毕业生就业指导意见、备注等。

11.1.1　《毕业生就业推荐表》的填写

　　(1) 推荐表具有代表校方向用人单位推荐毕业生的作用，是唯一认可的法定文件，因此填写必须规范，字迹必须工整。很多学校把就业推荐表公布在网上，毕业生可以下载后填写并打印。注意打印时应用 A4 纸双面打印。

　　(2) 内容填写要完整。完整的推荐表应填写好所有栏目，有些栏目没有可以填"无"。

　　(3) 签章有效。推荐表填完后，由院系审核并在院系推荐意见栏内盖章确认。最后由学校毕业生就业指导中心在学校推荐意见一栏签署"同意推荐"字样并盖上公章，毕业生就业推荐表有效。

11.1.2　《毕业生就业推荐表》使用的注意事项

　　(1) 不能涂改。推荐表具有代表校方的作用，有关部门加盖了公章。填表的时候一定要细心、认真，不要出错。特别是个人成绩、院系推荐意见等部分，一旦有错误或涂改的痕迹，就可能引起用人单位的误解。所以，发现错误时，应更换推荐表，重新填写。

(2) 自我鉴定要写得客观全面，既要突出成绩，也要客观，同时还要体现出层次性。

(3) 推荐表的填写内容要与简历的相关内容一致，不能和简历出现不一致或相互矛盾的地方。

(4) 用备注栏来突出自己的优势。推荐表篇幅有限，某些突出优势可以写在备注栏里，展示出来，如发表了重要作品或具有突出的外语能力、工作经历等。

(5) 保证推荐表的唯一性。推荐表不可仿制，毕业生在"双向选择"的过程中可以使用推荐表的复印件进行"自我推销"，在同用人单位签就业协议时再向用人单位交出推荐表的原件。

11.2　户口与档案

11.2.1　毕业生户籍迁移

毕业生户籍关系的转移由学校户口管理部门到辖区公安机关按规定办理。公安机关一般按报到证标明的就业单位迁移户口，毕业生不得自行指定户籍迁移地址。到工作单位报到后，毕业生持户口迁移证明、报到证和工作证明到单位辖区公安部门办理迁移手续。没有办理暂缓就业的未就业毕业生，户口迁回生源地。

11.2.2　档案管理

毕业生的人事档案是记录学生个人经历的文件资料，包括各个阶段的学籍卡、成绩单、奖惩证明、党团资料、工作经历等，并且都是原件。这些材料对以后的职业发展具有十分重要的作用，当毕业生参加工作后，会面对诸如转正定级、职称评审、养老保险办理、人事调动、社保福利、工龄计算、继续深造(如出国、考研)、公务员考试等众多问题，这些都离不开档案。因此毕业生对自己的档案必须重视，了解档案动向，积极协助学校做好档案递转工作。

1. 对已就业毕业生档案的处理

高校对已就业的毕业生档案的投递一般根据就业协议上填写的投递地址或报到证的报到地址投递。通常有以下三种状况。

一是直接递转给用人单位。毕业生就业单位如是国家机关、国有事业单位、国有企业，这些单位自身或其主管单位是有人事管理权的，可以接收档案，毕业生档案由学校直接通过机要方式投递到单位。

二是转入政府主管的人才中心或人才代理机构。毕业生签约的单位如果属于非公企事业单位、各类民营机构，这些单位没有人事管理权的，要通过人才交流中心来接收学生，这类毕业生就业后档案投放到人才中心。

三是转入生源地人力资源和社会保障局(以下简称人社局)。毕业生就业单位为非公企事业单位，没有人事管理权，也未在人才交流中心开户，无法接受档案的，这类学生档案原则上转入生源地人社局。

2. 对升学的毕业生档案的处理

对于专升本或者考上研究生的毕业生，学校一般在 7 月份前将学生档案和思想政治表现表寄到所考取学校。

3. 对未就业毕业生的档案处理

目前国家对于毕业未就业的大学生的档案，一般采取以下三种方法。

一是把档案转至生源地，由所在地级市的人社局接收。一般市级单位生源地的毕业生，档案将发回市人社局，县级及县以下单位将寄到所属市级人社局，再转派到县级人社局。

二是把档案留在学校。国家规定，允许毕业时尚未落实单位的毕业生将户口、档案留校两年。待落实工作单位后，再将户籍和档案迁至工作单位所在地。申请户口、档案留校超过两年仍未落实工作的，学校将其档案和户口迁回生源地。

三是把档案转至人事代理或当地人才交流服务中心。

11.3 就业协议书

11.3.1 就业协议书的概念和作用

《全国普通高等学校毕业生就业协议书》(以下简称《就业协议书》)是由教育部制定，省、自治区、直辖市就业主管部门印制的，是学校编制就业方案、用人单位同意接受毕业生、就业主管部门统计就业率的主要依据，是明确毕业生、用人单位、学校三方在毕业生就业工作中的权利和义务的书面表达形式，经学校、毕业生和用人单位三方共同签订后，就具有了法律效力，因此对协议三方都有约束力。

就业协议书的作用：一是为毕业生与用人单位确立劳动关系的重要依据，即标志着毕业生落实了用人单位，以及用人单位同意接收毕业生；二是作为毕业生就业主管部门制订就业计划和毕业生派遣的依据；三是明确就业活动中的权利和义务，避免双向选择的随意性，保护用人单位和毕业生的权益。

11.3.2 签订就业协议书的内容

1. 毕业生的情况及意见

这部分内容由毕业生本人填写，毕业生的情况包括姓名、性别、年龄、民族、政治面貌、培养方式、健康状况、专业、学制、学历等。在"培养方式"栏中，对属于国家计划招收的毕业生要填写"非定向"。在毕业生的意见一栏中，由毕业生填写自己的应聘意见，要求毕业生对是否愿意到用人单位就业表明自己的意见，同时应将与用人单位在洽谈中达成的基本条件写明，以避免日后发生争议。应该说，从整个就业协议书的内容来看，应聘意见对毕业生是十分重要的，要求毕业生认真严肃地填写，这是毕业生行使自己权利的重要体现。但在实际中，许多毕业生并不重视填写自己的应聘意见，或只是草率地填写"同意"两字，对自己的权利和义务无任何表述，有的甚至一字不写放弃了自己应有的权利，为以后产生争议埋下了隐患。

2. 用人单位的情况及意见

这部分内容由用人单位填写。用人单位的情况包括单位名称、单位性质、联系人、联系电话、邮政编码、通讯地址、所有制性质、单位行业和毕业生档案转寄详细地址。用人单位意见一栏包括两方面的内容：用人单位的意见，以及用人单位上级主管部门的意见。这就是说，用人单位同意录用毕业生以后，还必须有用人单位上级主管部门的录用意见。之所以这样规定与国家的人事体制有关，部分地区如北京、上海、深圳等，其用人单位虽然可以自主录用毕业生，但是毕业生的户口、档案关系受用人单位的上级主管部门或省、市级人事部门控制，只有经过主管部门的审核或备案，毕业生申报户口关系时才能在当地派出所办理登记手续。

3. 学校意见

学校意见主要包括两级意见，即院系意见和学校就业部门意见。院系意见是毕业生所在单位的基层意见，院系再签署意见是除进行初步审核外，还要了解毕业生具体的就业去向，便于进行就业统计。学校签署意见是代表学校一方在就业协议书上签字盖章。学校对就业协议书进行实质性的审核，表明学校对毕业生与用人单位所持就业协议书的态度。

4. 双方约定

现行的毕业生就业协议属于"格式条款"，但双方约定部分允许毕业生与用人单位另行约定各自的权利义务，因此毕业生在就业时，不仅要研读正文部分的内容，而且要留意双方约定条款中规定的内容。毕业生与用人单位约定的条款，必须要有毕业生和用人单位双方的签字，否则当发生争议时，条款很难发生作用。如果条款经双方协议一致并签字盖章，则具备了法律上的效力，对各方都有法律上的约束力，因此在签约时，不应忽视双方约定条款的内容。

随着毕业生就业制度改革的深化，毕业生就业协议的内容也在进一步规范化、法律化。目前，一些用人单位已在就业协议书上附加有关劳动合同的内容，以保证毕业生的权益，进一步明确用人单位与毕业生之间的权利和义务，这些内容包括：服务期工作岗位和工作内容、劳动保护和工作条件、工资报酬和福利待遇、劳动纪律、协议终止的条件、违反协议的责任等。

表11-1　就业协议书样表

用人单位情况	单位名称			组织机构代码		
	通信地址			单位所在地		
	安排岗位		单位所属行业	邮编		
	联系人		联系电话	E-mail		
	单位性质	国有企业/其他企业/机关事业单位/医疗卫生/教育/科研/其他				
	毕业生档案、户口党团关系接收	档案接收单位名称		联系人		
		档案转寄详细地址		邮编		
		户口接收单位		接收单位电话		
		党、团组织关系接收单位				
毕业生情况	姓名		身份证号		性别	民族
	政治面貌		学号	专业		
	毕业时间		学历	学位类别		
	联系方式			E-mail		
	家庭地址			QQ		
	应聘方式	学校招聘会/政府举办招聘会/人才市场/网络签约		应聘时间		

应聘意见：
毕业生签名：　　　　　　年　月　日

用人单位意见	用人单位上级主管部门或所属地人社局意见
签章　　年　月　日	签章　　年　月　日
院(系)意见	校(院)就业部门意见
经办人：签章 联系电话：　年　月　日	经办人：签章 联系电话：　年　月　日

(续表)

双方约定	毕业生对用人单位约定	签章： 年　月　日
	用人单位对毕业生约定	签章： 年　月　日

11.3.3　签订就业协议书的步骤

就业协议的签订没有固定的程序，通常按以下步骤进行。

(1) 学校就业指导部门通过学院发放就业协议书。各高校一般在每年的9至10月向毕业生发放空白就业协议。

(2) 毕业生和用人单位平等协商达成协议后，双方在就业协议书上签字盖章。协议书上应注明是否可以接受毕业生档案和户籍，并写清通信地址。

(3) 无独立人事权的用人单位报请上级主管部门批准，上级主管部门在协议书上签署"同意接收"，并签字盖章。

(4) 用人单位或毕业生将签字的就业协议书送至学院毕业生管理部门进行备案、登记并加盖学院公章。

(5) 学校对就业协议书进行鉴证、登记后，将就业协议列入就业方案并将信息反馈给用人单位。

(6) 就业协议生效。就业协议在学生签字、用人单位签字盖章，经学校盖章登记后生效。

11.3.4　签订就业协议书的注意事项

毕业生经过双向选择找到意向单位后，在签订就业协议前应注意以下问题。

1. 认真了解和掌握国家的就业政策和规定

毕业生在择业签约前要认真全面地掌握国家关于高等学校毕业生的就业政策和规定。这些政策和规定是指导和规范毕业生求职活动的行为准则，是保障毕业生顺利就业的政策依据。

2. 了解用人单位的相关政策

要了解用人单位的劳动用工政策、吸引人才政策，以及发达地区和中心城市录用非本地生源高校毕业生的政策。这些政策都将对毕业生的择业签约产生导向、调控和制约作用。

3. 认真研究协议书中条款内容

毕业生在与用人单位签约前，要认真阅读就业协议书中的全部条款，力求了解条款的内容和含义，如有不清楚的，应向用人单位询问，切忌草率签约。重点要弄明白以下内容。

(1) 要明确就业的具体工作部门或岗位，工作条件和生活条件，薪酬、福利等内容，并以文字形式在附件中体现，而非口头上达成一致。

(2) 要了解用人单位有无人事权以及用人单位的隶属关系；无人事权的用人单位除在协议书上签字盖章，必须加盖上级主管部门的公章才可同意录用，否则学校将无法将该生列入就业派遣方案。

(3) 要明确工作以后是否可以深造、考研及调离的条件等；明确考取研究生或公务员的处理办法，并在协议书上予以明确。

(4) 注意协议中的补充条款和以后的劳动合同相衔接，要有利于以后劳动合同的签订。

(5) 明确违约责任，注意违约赔款的合理性及本人的承受能力。

4. 认真填写就业协议

就业协议的填写和签署要全面、工整、规范和正确。单位和学校名称必须是全称，并与公章一致。接收毕业生档案和户口的单位名称、地址和邮政编码必须填写正确、清楚，最好由用人单位填写。特别要注意填写清楚用人单位的单位机构代码及信息登记号，否则将无法在就业指导部门登记。

5. 按规定的程序签订协议

毕业生与用人单位达成就业协议后，应在用人单位填写完毕、盖章后，再到学校就业导中心签字盖章。此程序由学校最后把关，更有利于维护学生的合法权益。有的学生偷懒，自己填写完毕后就直接到学校毕业生就业指导中心要求盖章，结果单位在填写时所说的工资待遇等与过去承诺的大相径庭。

6. 注意把握好签订就业协议的时机

毕业生通过双向选择，确定了目标单位，对方如果也明确表示出录用意愿，就要抓紧与用人单位签订就业协议书；要避免在自荐求职时积极主动，而在签约时左顾右盼、犹豫不决，这会使用人单位心怀疑虑，丧失签约机会。

7. 注意就业协议书的管理

每位毕业生仅有一套就业协议书，不能涂改和伪造，且必须经毕业生、用人单位、学校三方签字并加盖公章后才能生效，毕业生应该妥善保管，防止丢失。

11.3.5　就业协议的生效、无效和解除

1. 就业协议的生效

就业协议不同于一般协议，只需要双方签字即可生效。就业协议有三方主体：毕业生、用人单位和学校，就业协议必须通过三方主体共同签字后才可以生效，缺少任何一方的签字都是无效协议。

毕业生在和用人单位签订协议后，应在15日内将就业协议送就业指导部门审核，学校就业指导部门审核签章后就业协议生效。签章后毕业生应该把就业协议书反馈给用人单位。就业协议生效后即具有法律效力，任何人不得更改，否则承担违约责任。

2. 就业协议的无效

就业协议的无效是指在欠缺就业协议有效的条件或者违反就业协议订立的原则等情况下签订的不发生法律效力的协议。无效协议自订立之日起就没有法律约束力。无效就业协议通常有以下三种情况。

(1) 采取欺骗等违法手段签订的就业协议无效。如用人单位未如实介绍本单位情况，根本无录用计划而与毕业生签订的就业协议；毕业生通过简历注水骗取用人单位信任而签订

的就业协议。

(2) 采用恐吓、胁迫等违背当事人意愿手段签订的就业协议无效。

(3) 就业协议未通过学校见证，学校拒绝登记、盖章的协议无效。对此学校将不列入就业方案，不予派遣。例如，有的协议经学校审查认为对毕业生显失公平，或违反公平竞争、公平录用的原则，或违反法律政策规定等学校可以不盖章登记，协议不具法律效力。

无效协议产生的法律责任应由责任方承担。

3. 就业协议的解除

就业协议签订后，由于情况有变，协议中的权利与义务无法得到履行，导致协议终止称为就业协议解除。就业协议解除分为协商解除和单方解除两种。

1) 协商解除

这是指毕业生、用人单位，经协商一致解除原订立的协议，原协议失去法律效力。此类解除是双方当事人真实意思的表示，且协商一致，双方均不须承担额外法律责任。

2) 单方解除

这包括单方擅自解除和单方依法或依协议解除。

单方擅自解除是指一方未征得对方的同意，而单方面终止协议的行为。单方擅自解除协议属违约行为，解除方应对另一方承担违约责任。

单方依法或依协议解除，是指一方解除就业协议有法律上或协议上的依据。如学生未取得毕业资格，用人单位有权单方解除就业协议。毕业生考上研究生后，如果协商条款中有这方面的约定，可以根据约定解除就业协议。

双方解除协议，应签署解除协议文件；若单方擅自解除，由责任方按就业协议规定承担违约责任。有关解约或违约手续完备后，学生可重新择业。

3) 违约及其处理

就业协议经各主体签字盖章后即具有法律效力，任何一方都不得擅自解除，否则属于违约，应向另一方支付协议条款所约定的违约金。从实际情况来看，毕业生违约状况时有发生，很多毕业生基于求稳的原则，先签下一家单位然后再寻找更高目标，结果在签约后仍频频出入招聘洽谈会，继续与多家单位洽谈、面试，当遇到新单位优于原签约单位时便义无反顾地抛弃前者，违约就此发生。

毕业生违约不仅会影响学校的声誉、损害签约单位的利益，而且会妨碍其他毕业生顺利就业，也会给自己带来很多不必要的损失。因此，毕业生在签约时一定要慎重，签约后尽量不要违约。

毕业生违约时要注意与用人单位协商，争取协商解除就业协议。协商时要态度诚恳真挚，委婉地说出理由，以获得用人单位的理解和支持。如果协商未果，提出单方面解除协议时，一定要有礼貌，及时支付违约金并诚恳道歉，以获得签约单位的谅解，消除负面影响，及时办理解约手续。

解约的毕业生在与新的用人单位达成就业意向后，凭用人单位的接收函，以及原用人单位的解除协议的文件或办理违约手续相关材料，到学校就业指导部门重新领取就业协议书，再按程序签订就业协议。为了维护学校声誉和良好的就业择业秩序，原则上要求毕业生只可以违约一次或尽量不违约。

11.4　劳动合同

11.4.1　劳动合同的内容

根据《劳动法》的规定，建立劳动关系应当签订劳动合同，无论是长期工、短期工、季节工还是临时工，都必须与企业签订劳动合同。根据《劳动法》的规定，劳动合同的内容可以分为两部分：必备条款和补充条款。必备条款也称法定条款，就是在劳动合同中必须具备的内容，不可缺少；法定条款又分为一般法定条款和特殊法定条款。

1. 一般法定条款

一般法定条款主要包含劳动合同的期限、工作内容、劳动保护条件、劳动报酬、劳动纪律、劳动合同终止的条件及违反劳动合同的责任等内容。具体表现在以下几点。

(1) 劳动合同的期限。即指劳动合同开始的时间和结束的时间。如 2019 年 7 月 5 日被录用开始工作，工作时间为 1 年，那么合同的期限一般规定为：本劳动合同从 2019 年 7 月 5 日生效，到 2020 年 7 月 4 日结束。

(2) 工作内容。这条规定劳动者在该单位做什么工作，如在装修公司做木工，那么合同中应该注明工作的内容是"木工"，具体承担木质家具制作、装修等木工活。

(3) 劳动保护和劳动条件。如建筑工人应该佩戴安全帽，高空作业应有一些必要保护措施等。

(4) 劳动报酬。即工资给多少，怎么算，什么时候发工资等。

(5) 劳动纪律。如上班时间不得私自外出，如何请假等。

(6) 劳动合同终止的条件。如合同到终止期，或者就业单位出现破产停业等情况终止合同，或者就业者出现特殊情况要求终止合同等，以及终止合同时双方应该承担的责任。

(7) 违反劳动合同的责任。这一条规定了签约双方的任何一方违反了合同中的规定应该怎么办等。

2. 特殊法定条款

特殊法定条款是指某些劳动合同具有特殊性，法律要求某一种或某几种劳动合同必须具备的条款。例如，中外合资经营企业和私营企业的劳动合同中应该包括工时和休假的条款。如果因为用人单位的原因签订了不完整的劳动合同，之后对劳动者的权益造成了侵害，用人单位应当承担法律责任。

3. 补充条款

补充条款也称商定条款，可有可无，是双方当事人在签订合同时互相商量定下的条款。补充条款是法律赋予双方当事人的自由权利，但是，补充条款的约定不能与国家的法律法规相抵触，不能危害国家、其他组织或个人的权益。

11.4.2　签订劳动合同的原则

签订劳动合同的原则就是指在劳动合同订立过程中的双方当事人应当遵循的法律准则。

1. 平等自愿的原则

平等是指订立劳动合同的双方当事人具有相同的法律地位。在订立劳动合同时，双方当事人是以劳动关系平等主体资格出现的，有着平等的利益要求和权利，不存在命令与服从的关系。自愿是指劳动合同的订立完全是出于双方当事人自己的真实意思，是在充分表达各自意见的基础上，经过平等协商而达成的协议。当事人一方不得强制或者欺骗对方，也不能采取其他诱导方式使对方违背自己的真实意思而接受对方的条件。劳动合同的期限、内容的确定，必须完全与双方当事人的真实意思相符合。

2. 协商一致的原则

协商一致是指劳动合同的内容必须由当事人双方在法律、法规允许的范围内共同协商讨论，取得完全一致后确定。协商一致的原则是维护双方当事人合法权益的基础。

3. 合法原则

合法即劳动合同的签订不得违反法律、行政法规的规定。这条原则是劳动合同有效并受国家法律保护的前提条件，它的基本内涵有以下3点。

(1) 订立劳动合同的主体必须合法。所谓主体合法，是指双方当事人必须具备订立劳动合同的主体资格。用人单位应当依法成立，必须有被批准的经营范围和履行能力，能够依法支付工资、缴纳社会保险费、提供劳动保护条件，并能够承担相应的民事责任。

(2) 该劳动合同的内容必须合法。所谓内容合法，是指双方当事人在劳动合同中订立的具体劳动权利与义务条款必须符合法律、法规和政策的规定，不得从事非法工作。劳动合同涉及国家的用工、工资分配、社会保险、职业培训、工作时间和休息时间，以及劳动安全卫生等多方面内容，用人单位在约定这些内容时，必须在法律和行政法规的范围内确定。

(3) 订立劳动合同的程序与形式必须合法。一般要经过要约和承诺两个步骤，具体方式是先起草劳动合同书草案，然后由双方当事人平等协商，协商一致后签约。劳动合同应以书面形式订立。

11.4.3　签订劳动合同的注意事项

大学生在签订劳动合同时，要特别注意以下5点。

1. 尽快与用人单位签订正式的劳动合同

为了保障个人的利益，求职者在正式进入用人单位工作时，一定要与用人单位签订正式的用工合同，以便明确双方的权利和义务关系。

2. 没有签订劳动合同仍然受劳动法律的保护

有些企业认为只要不与劳动者签订劳动合同，就可以不受劳动法律的约束，在辞退劳动者时较为便利，并且不必支付经济补偿。实际上这种观点是错误的，即使用人单位不与劳动者签订劳动合同，劳动者依然受劳动法律的保护。

根据《劳动合同法》第八十二条规定：用人单位自用工之日起超过一个月不满一年未与劳动者订立书面劳动合同的，应当向劳动者每月支付二倍的工资。

3. 注意细节，保护自己

为使用人单位无隙可乘，当劳动合同涉及数字时，一定要用大写汉字；另外，要注意合同生效的必要条件和附加条件(如是否要鉴证、登记)；合同至少一式两份，双方各执一份，妥善保管；毕业生在签订时要认真阅读内容，一份正式的合同应该条款齐全。如名称、地点、时间、劳动规则、具体工作内容和标准、劳动报酬、合同期限、违约责任、解决争议方式、签名盖章等。要对文本仔细推敲，发现条款表述不清、概念模糊的，及时要求用人单位进行说明或修订。如果对合同条款有任何疑问，一定要确定后再签字，不要怕提出合同条款不妥而失去工作，否则可能给日后留下隐患。如无异议，再当面同单位负责人签字盖章，以防某些单位负责人利用签字时间不同而在劳动合同上做手脚。

4. 慎签英文合同

我国《劳动合同法》规定，劳动合同应以书面形式订立。《劳动合同法》和《外商投资企业劳动管理规定》中对外资企业与中方雇员签订的书面合同应该采用何种文字虽然都没有明文规定，但由于我国宪法赋予公民有使用本民族语言文字的自由，因此，要求签订中文文本合同完全是正当合理的。所以高校毕业生如果到外企工作，可以要求签订中文合同。

5. 注意格式合同

为了提高签订劳动合同效率和节省签约劳动量，实践中较为常用的是用人单位事先拟好劳动合同，由劳动者做出是否签约的决定而不允许改变合同内容，也就是签订格式合同。虽然格式合同中单方面限制劳动者主要权利和免除用人单位主要义务的条款因违反公平和诚实信用原则而归于无效，但劳动者签约时仍然应当注意完全理解格式合同的条款内容，并对其中的不合理部分提出异议。

11.4.4　劳动合同的变更与解除

(一) 劳动合同的变更

劳动合同的变更是指劳动者和用人单位就已订立的劳动合同条款进行修改、补充的法律行为。双方当事人在平等自愿的基础上，经过充分协商达成一致意见，依法对劳动合同内容做修改，补充或调整，从而达成新的协议。

劳动合同变更的条件如下。

(1) 订立合同时依据的法律法规已经修改。

(2) 企业转产。

(3) 企业严重亏损或发生自然灾害，确实无法履行义务。

(4) 当事人双方协商同意。

(5) 法律允许的其他情况。

(二) 劳动合同的解除

劳动合同解除是指劳动合同生效后，尚未履行或还没有全部履行前，当事人一方或双方提前消灭劳动关系的法律行为。根据法律的规定，劳动合同解除的种类如下。

1. 协商解除

《劳动合同法》第三十六条规定：用人单位和劳动者协商一致，可以解除劳动合同。如果是用人单位提出的，用人单位应该向劳动者支付经济补偿。

2. 劳动者单方解除

下列情况下，劳动者可以随时通知用人单位解除劳动合同，用人单位应该向劳动者支付经济补偿。

(1) 用人单位未按照劳动合同约定提供劳动保护或者劳动条件。

(2) 用人单位未及时足额支付劳动报酬。

(3) 用人单位未依法为劳动者缴纳社会保险费。

(4) 用人单位的规章制度违反法律、法规的规定，损害劳动者的利益。

(5) 因用人单位的原因致使劳动合同无效。

(6) 法律、行政法规规定的其他情形。

用人单位以暴力、威胁或者非法限制人身自由的手段强迫劳动者劳动的，或者用人单位违章指挥、强令冒险作业危及劳动者人身安全的，劳动者可以立即解除劳动合同，无须告知用人单位，用人单位应该向劳动者支付经济补偿。

劳动者提前三十日以书面形式通知用人单位，可以解除劳动合同。劳动者在试用期内提前三日通知用人单位可以解除劳动合同。这是法律为保障劳动者的择业自由而赋予劳动者的单方劳动合同解除权。

3. 用人单位单方解除

劳动者有下列情形之一的，用人单位可以解除劳动合同。

(1) 在试用期间被证明不符合录用条件的。

(2) 严重违反用人单位制度的。

(3) 严重失职，营私舞弊，给用人单位的利益造成重大损失的。

(4) 劳动者同时与其他用人单位建立劳动关系，对完成本单位工作造成严重影响，或者经用人单位提出拒不改正的。

(5) 以欺诈胁迫手段或者乘人之危订立劳动合同致使劳动合同无效的。

(6) 被依法追究刑事责任的。

下列情况下，用人单位提前三十日以书面形式通知劳动者本人或者额外支付劳动者一个月工资后，可以解除劳动关系，用人单位应该向劳动者支付经济补偿。

(1) 劳动者患病或者非因工负伤，在规定的医疗期满后不能从事原工作，也不能从事由用人单位另行安排的工作的。

(2) 劳动者不能胜任工作，经过培训或调整工作岗位，仍不能胜任工作的。

(3) 劳动合同订立时所依据的客观情况发生重大变化，致使劳动合同无法履行，经用人单位和劳动者协商，未能就变更劳动合同内容达成协议的。

(4) 用人单位经济性裁员在符合法定条件的情况下，用人单位可以严格依照法律的程序裁员。用人单位应该向劳动者支付经济补偿。

(三) 劳动合同的终止

劳动合同终止是指由于劳动合同期限已满或者双方当事人约定的终止条件出现而丧失效力。但是，在劳动关系存续期间遗留下来的问题，仍应按照《劳动合同法》和《劳动法》的规定予以妥善处理。

具备下列条件之一，劳动合同终止。

(1) 劳动合同期限已满。

(2) 企业宣告破产或撤销。

(3) 劳动者达到法定的退休年龄。

(4) 劳动者完全丧失劳动能力或死亡。

(5) 法律法规规定的其他情况。

11.4.5　违反劳动合同的法律责任

1. 用人单位的违约违法责任

1) 用人单位违法约定的试用期无效的责任

由于试用期内劳动者的权益容易受到侵害，因此劳动合同法限制用人单位规定试用期，并规定劳动合同违法约定的试用期无效。《劳动合同法》第八十三条规定：用人单位违反本法规定与劳动者约定试用期的，由劳动行政部门责令改正；违法约定的试用期已经履行的，由用人单位以劳动者试用期满工资为标准，按已经履行的超过法定试用期的期间向劳动者支付赔偿金。

2) 用人单位违法以担保或其他名义收取财物的责任

禁止用人单位向劳动者收取具有担保性质的定金，或者扣押劳动者的证件是世界各国普遍遵守的原则，这是由劳动合同所具有的人身性质决定的。《劳动合同法》第八十四条规定：用人单位违反本法规定，扣押劳动者居民身份证等证件的，由劳动行政部门责令限期退还劳动者本人，并依照有关法律规定给予处罚。用人单位违反本法规定，以担保或其他名义向劳动者收取财物的，由劳动行政部门责令限期退还劳动者本人，并以每人五百元以上二千元以下的标准罚款；给劳动者造成损害的，应当承担赔偿责任。劳动者依法解除或者终止劳动合同，用人单位扣押劳动者档案或者其他物品的，依照前款规定处罚。

(3) 不按约定支付劳动报酬的责任

支付劳动报酬是用人单位最主要的义务，而且劳动报酬是劳动者基本生活的来源，一旦用人单位违反这项义务，劳动者的生活就难以维持。若出现以上情况，根据《劳动合同法》第八十五条的规定，由劳动行政部门责令限期支付劳动报酬，逾期不支付的，责令用人单位按应付金额百分之五十以上百分之一百以下的标准向劳动者加付赔偿金。

4) 用人单位违法解除劳动合同的责任

根据《劳动合同法》第四十八条、八十七条的规定，用人单位违法解除劳动合同，劳动者要求继续履行劳动合同的，用人单位应当继续履行，劳动者不要求继续履行的，用人单位应当向劳动者支付经济赔偿金。

2. 劳动者的违约责任

1) 劳动者违法解除劳动合同的法律责任

劳动者违法解除劳动合同，是指劳动者违反法定或者约定的劳动合同解除条件或程序，单方解除劳动合同的行为。劳动合同法为保障劳动者的自由择业权，赋予了劳动者单方解除劳动合同的权利，但是劳动者解除劳动合同必须符合法定的程序和条件，否则，给用人单位造成损失，必须承担相应的赔偿责任。

2) 劳动者违反劳动合同中约定的保密条款的法律责任

保密条款是劳动者忠实义务的体现，也是诚实信用原则在劳动合同中的表现。由于企业的商业秘密、技术秘密是企业在市场竞争中的立足之本，所以劳动者在履行劳动合同时不能违反保密条款泄漏企业秘密；在违反这一条款时必须赔偿因此给用人单位造成的损失。

3) 劳动者违反约定培训后工作期限条款的法律责任

根据《劳动合同法》第二十二条的规定，劳动者接收用人单位出资培训可以约定服务期，如果劳动者违反服务期约定，应当按照约定向用人单位支付违约金。

11.4.6　劳动合同与就业协议书的区别

1. 适用的法律、法规不同

劳动合同适用《劳动法》《劳动合同法》及劳动人事部门颁布的有关劳动人事方面的规章。就业协议适用教育部颁布的《普通高等学校毕业生就业工作暂行规定》和有关政策。

2. 适用主体不同

劳动合同是劳动者与用人单位之间确立劳动关系的协议，只要双方当事人协商一致，符合国家的法律，政策法规，无欺诈、胁迫等手段，经双方签字盖章，合同即生效。就业协议目前除毕业生与用人单位双方签字、盖章外，尚需学校和鉴证机关(人事部门)参与。

3. 内容不同

劳动合同的内容依据《劳动合同法》规定，比较详细。就业协议的条款比较简单，主要是毕业生如实向用人单位介绍自己情况，愿意在规定期限内到用人单位报到，用人单位如实向毕业生介绍本单位情况，同意录用该毕业生等，以及一些其他简单条款。

4. 适用的人员不同

劳动合同可以适用于各类人员。凡是中华人民共和国公民，只要有劳动能力并符合法律规定的条件，经过供需见面，双向选择，一经录用都可以与用人单位签订劳动合同。就业协议只适用于高校毕业生、研究生毕业生。

5. 签订时间不同

一般来说就业协议签订在前，劳动合同订立在后。就业协议是毕业生在找工作过程中，落实用人单位后签订的，就业协议的签订在学生离校前。劳动合同是毕业生到用人单位报到后订立的。如果毕业生与用人单位在工资待遇、住房等方面有事先约定，可在就业协议的约定条款中注明，附后补充，日后订立劳动合同是对此内容予以认可。

11.4.7 试用期与见习期、服务期

刚刚走出校门的高校毕业生们陆续开始踏上工作岗位，拥有了自己人生的第一份劳动合同。要迈好在职在岗的第一步，保护自己的正当权益，弄清楚劳动合同中的试用期、见习期与服务期3个概念的区别。

1. 试用期

试用期是指用人单位对新招收的职工思想品德、劳动态度、实际工作能力、身体情况等进一步考查的时间期限。适用于初次就业或再次就业时改变劳动岗位或工种的劳动者。用人单位与劳动者订立劳动合同时依法协商约定的试用期满后，不得以任何理由再延长试用期。

试用期并不是法定的，而是由用人单位和劳动者共同约定，但是约定的期间不得违反法律规定。我国《劳动合同法》第十九条规定：劳动合同期限三个月以上不满一年的，试用期不得超过一个月；劳动合同期限一年以上不满三年的，试用期不得超过二个月；三年以上固定期限和无固定期限的劳动合同，试用期不得超过六个月。各省、自治区、直辖市又分别对试用期做了更细的规定，大学生可以自己有针对性地查询。

2. 见习期

见习期是我国针对应届高校毕业生进行业务适应及考核的一种制度，适用于用人单位招收应届毕业生的情况。见习期满如果合格，则对职工办理转正手续，为其评定专业职称；见习期满，如果达不到见习要求，可延长见习期半年到一年或者降低工资标准，表现特别不好的，用人单位可予以辞退。

根据相关部门的有关规定，大中专、技校毕业生新分配到用人单位工作的，执行为期一年的见习期制度，见习期内可以约定不超过半年的试用期。但对于试用期的特殊权利不能适用于见习期。

3. 服务期

服务期是用人单位在招收或使用劳动者的过程中提供特殊待遇后，与劳动者协商确定的一个附属期限。特殊待遇应具有两个特征：首先，这种待遇不是法律规定的待遇；其次，不是用人单位为本单位所有劳动者提供的普遍待遇，而是只提供给特定的劳动者。

11.5　就业基本政策

普通高校毕业生基层就业政策公告

一、鼓励毕业生到基层就业主要优惠政策

1. 对高校毕业生到中西部地区和艰苦边远地区基层单位就业、履行一定服务期限的，按规定给予学费补偿和国家助学贷款代偿。

2. 结合政府购买服务工作的推进，在基层特别是街道(乡镇)、社区(村)购买一批公共管理和社会服务岗位，优先用于吸纳高校毕业生就业。

3. 艰苦边远地区基层机关招录高校毕业生可适当放宽学历、专业等条件，降低开考比例，可设置一定数量的职位面向具有本市、县户籍或在本市、县长期生活的高校毕业生。

4. 艰苦边远地区县乡事业单位公开招聘高校毕业生可适当放宽年龄、学历、专业等条件，可以拿出一定数量岗位面向本县、本市或者周边县市户籍人员(或者生源)招聘；乡镇事业单位招聘本科以上高校毕业生、县级事业单位招聘硕士以上高校毕业生，以及招聘行业、岗位、脱贫攻坚急需紧缺专业高校毕业生，可以结合实际情况，采取面试、直接考察的方式公开招聘；可以根据应聘人员报名、专业分布等情况适当降低开考比例，或不设开考比例，划定成绩合格线。

二、学费补偿和助学贷款代偿政策

5. 对到中西部地区和艰苦边远地区基层单位就业的中央部门所属高校应届毕业生实行学费补偿或国家助学贷款代偿，本专科生每人每年最高不超过12 000元，研究生每人每年最高不超过16 000元。本科、高职(专科)、研究生和第二学士学位毕业生补偿学费或代偿国家助学贷款的年限，分别按照国家规定的相应学制计算。每年补偿学费或代偿国家助学贷款总额的三分之一，三年代偿完毕。

6. 各省(自治区、直辖市)制定吸引和鼓励本地所属高校毕业生面向艰苦边远地区基层单位就业的学费补偿和国家助学贷款代偿办法。

三、基层就业户口档案政策

7. 落实省会及以下城市放开对高校毕业生落户限制的规定，高校毕业生在基层就业可根据需要自愿迁移户口。人事档案按规定转至就业地县级人力资源社会保障部门所属公共就业和人才服务机构，或有关单位的组织人事部门。

四、中央基层就业项目简介

8. 近年来，中央有关部门组织实施的引导高校毕业生基层就业项目，主要包括："大学生志愿服务西部计划""三支一扶"计划、"农村义务教育阶段学校教师特设岗位计划"。

五、中央基层就业项目优惠政策

9. 公务员招录优惠：每年拿出公务员考录计划的一定比例，专门用于定向招录服务期满且考核称职(合格)的服务基层项目人员。服务基层项目人员也可报考其他职位。

10. 事业单位招聘优惠：各省(区、市)县乡基层事业单位公开招聘时，应根据本地区实际拿出一定数量或比例的岗位，对"三支一扶"等服务期满考核合格的人员进行专项招聘，并增加工作实绩在考察中的权重，聘用后可以不再约定试用期；省市事业单位公开招聘时，对"三支一扶"等服务期满且考核合格的人员同等条件下优先聘用。

11. 考学升学优惠：服务期满后三年内报考硕士研究生初试总分加10分，同等条件下优先录取；高职(专科)学生可免试入读成人本科。

12. 国家补偿学费和代偿助学贷款政策：参加中央基层就业项目的毕业生，符合规定条件的，可享受相应的学费补偿和助学贷款代偿政策。

13. 服务期满自主创业的，可享受税收优惠、行政事业性收费减免、创业担保贷款和贴息等有关政策。

14. 参加基层服务项目前无工作经历的人员，服务期满且考核合格后2年内，在参加机关事业单位考录(招聘)、各类企业吸纳就业、自主创业、落户、升学等方面可同等享受应届高校毕业生的相关政策。

15. 各基层就业项目服务年限计算工龄。服务期满到企业就业的，按照规定转接社会保险关系。

教育部高校学生司

教育部学生服务与素质发展中心

普通高校学生自主创业政策公告

一、税收优惠政策

1. 持人社部门核发《就业创业证》的高校毕业生在毕业年度内创办个体工商户的，可按规定在3年内以每户每年12 000元为限额(最高可上浮20%，具体由各省、自治区、直辖市人民政府根据本地区实际情况确定)依次扣减其当年实际应缴纳的增值税、城市维护建设税、教育费附加、地方教育附加和个人所得税。

2. 对高校毕业生创办小微企业的，可按规定享受小微企业普惠性税费政策；创办个体工商户的，对其年应纳税所得额不超过100万元的部分，在现行优惠政策基础上减半征收个人所得税。

二、担保贷款和贴息政策

3. 创业担保贷款和贴息支持：可在创业地申请创业担保贷款，最高贷款额度为20万，对符合条件的个人合伙创业的，可根据合伙创业人数适当提高贷款额度，最高不超过总额的10%。对10万元及以下贷款、获得设区的市级以上荣誉的高校毕业生创业者免除反担保要求；对高校毕业生设立的符合条件的小微企业，最高贷款额度提高至300万元，财政按规定给予贴息。

4. 创业担保贷款申请程序：申请创业担保贷款贴息支持的个人和小微企业应向当地人力资源社会保障部门申请资格审核，通过资格审核的个人和小微企业，向当地创业担保贷款担保基金运营管理机构和经办银行提交担保和贷款申请，符合相关担保和贷款条件的，与经办银行签订创业担保贷款合同。

三、资金扶持政策

5. 免收有关行政事业性收费：毕业2年以内的普通高校毕业生从事个体经营的，3年内，免收管理类、登记类和证照类等有关行政事业性收费。

6. 求职创业补贴：对在毕业学年有就业创业意愿并积极求职创业的低保家庭、贫困残疾人家庭、原建档立卡贫困家庭和特困人员中的高校毕业生，残疾及获得国家助学贷款的高校毕业生，给予一次性求职创业补贴。

7. 一次性创业补贴：对首次创办小微企业或从事个体经营，且所创办企业或个体工商户自工商登记注册之日起正常运营1年以上的离校2年内高校毕业生，试点给予一次性创业补贴。

8. 享受培训补贴：对大学生在毕业年度内参加创业培训的，按规定给予培训补贴。

四、工商登记政策

9. 简化注册登记手续：创办企业，只需填写"一张表格"，向"一个窗口"提交"一套材料"，登记部门直接核发加载统一社会信用代码的营业执照，"多证合一"。

五、户籍政策

10. 取消落户限制：高校毕业生可在创业地办理落户手续(直辖市有关规定执行)。

六、创业服务政策

11. 免费创业服务：可免费获得公共就业和人才服务机构提供的创业指导服务。

12. 技术创新服务：各地区、各高校和科研院所的实验室以及科研仪器、设施等科技创新资源可以面向大学生开放共享，提供低价、优质的专业服务。

13. 创业场地服务：鼓励各类孵化器面向大学生创新创业团队开放一定比例的免费孵化空间。政府投资开发的孵化器等创业载体应安排30%左右的场地，免费提供给高校毕业生。有条件的地方可对高校毕业生到孵化器创业给予租金补贴。

14. 创业保障政策：加大对创业失败大学生的扶持力度，按规定提供就业服务、就业援助和社会救助。毕业后创业的大学生可按规定缴纳"五险一金"。

七、学籍管理政策

15. 折算学分：各高校要设置合理的创新创业学分，建立创新创业学分积累与转换制度，探索将学生开展自主创业等情况折算成学分。

16. 弹性学制：学校可以根据情况建立并实行灵活的学习制度，可放宽学生修业年限，保留学籍休学创新创业。

教育部高校学生司
教育部学生服务与素质发展中心

普通高校学生应征入伍政策公告

一、优先征集政策

1. 大学生入伍优先报名应征、优先体检政考、优先审批定兵、优先安排使用，大学生参加体检开辟绿色通道。高校新生应当在户籍所在地参加应征；高校应届毕业生和在校生可在学校所在地参加应征，也可在入学前户籍所在地参加应征。

2. 报名网址：全国征兵网 https：//www.gfbzb.gov.cn/

3. 报名时间：

上半年 男兵：上年12月1日至当年2月10日

女兵：当年1月1日至当年2月10日

下半年 男兵：上年12月1日至当年8月10日

女兵：当年7月1日至当年8月10日

二、学费资助及优待政策

4. 学费补偿、国家助学贷款代偿、学费减免，本专科生每人每年最高不超过12 000元，研究生每人每年最高不超过16 000元。

5. 入伍大学生按规定享受优待政策，义务兵家庭优待金由批准入伍地发放，其家庭享受军属待遇。

三、升学优惠政策

6. 设立"退役大学生士兵"专项硕士研究生招生计划，每年专门面向退役大学生士兵招生约8000人，并向"双一流"建设高校倾斜。

7. 在部队荣立二等功及以上，免试(指初试)攻读硕士研究生。

8. 在完成本科学业后3年内参加全国硕士研究生招生考试，初试总分加10分，同等条件下优先录取。

9. 高职(专科)学生应征入伍，退役后在完成高职(专科)学业的前提下，可免试入读普通本科，或根据意愿入读成人本科，自2022年专升本招生起执行。

四、复学政策

10. 高校学生(含高校新生)服役期间按国家有关规定保留学籍或入学资格，退役后2年内允许复学或入学。

11. 经学校同意，大学生士兵退役后复学可转入本校其他专业学习。

12. 退役复学后免修军事技能等课程，可直接获得学分。

五、在部队选拔培养政策

13. 符合条件的取得全日制本科学历和学士学位的毕业生(含毕业学年入伍，服役期间取得的)，入伍1年半以上，可选拔为提干对象。

14. 参加全军统一考试，录取到有关军队院校学习。

15. 优先选取士官。

16. 参加保送入学对象选拔，同等条件下优先推荐。

六、退役后技能培训政策

17. 面向自主就业退役士兵开展职业技能培训，实施学历证书+若干职业技能等级证书制度和学分银行制度，建立学习成果认定、积累和转换机制，按规定享受培训资助。

七、退役后就业服务政策

18. 退役后一年内，凭用人单位录(聘)用手续，可办理就业报到手续，户档随迁。

19. 退役高校毕业生士兵可参加户籍所在地省级毕业生就业指导机构、原毕业高校就业招聘会，享受就业信息、重点推荐、就业指导等就业服务。

20. 乡镇补充干部、基层专职武装干部配备时，注重从退役大学生士兵中招录；在军队服役5年(含)以上的高校毕业生士兵可以报考面向服役基层项目人员定向考录的职位。

21. 教育部在"24365校园招聘服务"活动中开辟退役大学生士兵岗位专区，畅通求职就业渠道。

中央军委国防动员部动员征集局

教育部高校学生司

教育部学生服务与素质发展中心

第 12 章

择业与就业权益保护

12.1　就业陷阱及其应对策略

12.1.1　常见的就业陷阱

在处理就业信息的过程中，毕业生一定要注意社会环境的复杂性、招聘信息的真实性，以及招聘过程中出现的各种骗局。大学生通过了解就业陷阱，可以提高防范能力，学会保护自己。

下面向大家介绍一些在就业市场中出现的虚假招聘信息、招聘骗局，供毕业生们参考，以避免在以后的应聘求职过程中上当。

1. 使用廉价劳动力"陷阱"

1) 陷阱分析

有一些企业以"就业考察"为幌子，把毕业生当作"廉价劳动力"，招一批毕业生在本单位工作，承诺表现优秀的学生可以录用，但是快到签劳动合同时又延长一个试用期或找借口把他们全部退回学校，这对那些实习表现优秀的学生打击很大。这些企业通常是一些展会公司、季节性比较强的单位，他们需要人的时候就来学校要一些即将毕业的学生，往往"借用"几个月，最后一个都没有被录用。

2) 应对措施

关于试用期，我国《劳动合同法》第十九条明确规定，劳动合同期限三个月以上不满一年的，试用期不得超过一个月；劳动合同期限一年以上不满三年的，试用期不得超过二个月；三年以上固定期限和无固定期限的劳动合同，试用期不得超过六个月。同一用人单位与同一劳动者只能约定一次试用期。

用人单位辞退毕业生必须有条件，即毕业生只有在试用期被证明不符合单位录用条件，才可以被解除劳动合同。如果单位不能充分证明，或没有正当理由，则不能将毕业生辞退。如果发生此类情况，毕业生可以请求劳动争议仲裁委员会或人民法院裁定自己在试用期内的表现是不是符合该单位的录用条件，并裁定用人单位的行为是否为违法行为。

2. 施压在职人员"陷阱"

1) 陷阱分析

一些劳动强度大、时常加班加点而薪资较低的就业单位，为了防止职员不满和跳槽，不时拿招聘当幌子。其目的显而易见，就是向上班族施压：不要觉得这儿上班时间长、工资低，外面有的是人想进来。

2) 应对措施

在遇到这种情况时，要保持清醒的头脑，对所去公司进行一番调查和分析，以免白白浪费时间和精力。

3. 岗位骗局、高薪引诱"陷阱"

1) 陷阱分析

有些单位刊登的招聘信息是招聘一些时下热门且级别比较高的职位。但求职者进入就业单位后发现，没有底薪，没有福利，就是让你去拉业务、跑销售。有的单位为了吸引更多的求职者来应聘，还包装岗位名字。例如，把保险业务员说成社区联络员、客户管理员等。还有些单位在招聘广告上写明工资不少于××××元，录用者签订合同时，工资却下降了50%。公司解释说，这是基本工资，另50%靠工作业绩来提成。此类现象在营销员、业务员招聘中最甚。

2) 应对措施

毕业生在应聘时要注意，关于薪酬问题要向招聘单位问清楚，尽量减少薪酬中的"软性成分"。仅仅口头承诺对求职者来说是没有保障的，要让对方把相关内容写入劳动合同的条款中，以法律来约束用人单位履行承诺。

4. 套取私人信息诈骗财产"陷阱"

1) 陷阱分析

当对方要求你提供奇怪的证明材料时，一定要多留个心眼，在任何情况下都不能向只有一知半解的"招聘单位"透露有关自己的隐私信息，一旦发现侵权迹象应立即报案。

犯罪分子往往利用求职者急于找到工作的心理，通过互联网或其他媒体刊登待遇诱人的招聘广告，骗取求职者的个人信息(如身份证号码或复印件、个人联系方式甚至银行账户等)进行非法活动，如直接盗用账户、冒名高额透支甚至专门做起倒卖个人隐私的生意。求职者可能过一段时间之后发现自己的个人利益受到侵害时才恍然大悟。

2) 应对措施

当招聘单位要求提供一些与所应聘岗位没有直接关系的证明材料时，应聘者要多加留意，注意保护个人隐私和利益不要受到侵犯。一旦发现犯罪迹象，应立即报案。

5. 各项收费"陷阱"

1) 陷阱分析

许多非法职业介绍机构会向求职者收取"服务费""信息费"等。求职者交钱之前，中介机构承诺招聘信息很多，总有适合你的职位。可一旦付了费、得到了信息之后，要么是单位不需要招人，要么就是借口职位刚刚招聘完毕，总让你不能如愿。

更加隐蔽的收费还包括服装费、档案管理费、培训费等，这些费用实际应该是用人企业承担的成本。而求职者很少有能遇到后期培训考核的，即使通过了，骗子也会用各种苛刻的工作环境和要求迫使求职者知难而退。

(1) 报名费。有些企业招聘时收取求职者报名费，让求职者填一张简历表，然后以面试不合格为由，将众多求职者拒之门外。

(2) 保证金。有些企业，特别是酒店等服务行业，以便于管理为由，在招聘时要求应聘者交数额不等的押金，当求职者不能承受企业压力辞职时，企业便以自动离职为由，不退所交保证金。

(3) 工装费。有些企业招聘员工时，称工作条件好，操作简单，待遇优厚；待上班后要求每人缴纳服装费，而员工领到的却是一件价格低廉的"工作服"。

(4) 培训费。有些企业在招聘人员时，要求求职者缴纳一定数量的培训费，而培训内容只是由老职工介绍每天的工作内容，在试用期即将结束时，企业便以各种理由，炒求职者的"鱿鱼"

(5) 面试费。在人才招聘市场中，常有人利用学生急于求职的心理，诈骗学生，伪造招聘信息，通知学生前往面试，面试费汇到他们的某个账户上，金额一般为几十元至上百元不等。

招聘收费远远不止这些，如填表费、指导费、资料费、入职费、试用费、卫生费、治安费、样品押金费、接待指导费等，只要能够想得出来，就可以列入收费名录。这些单位基本上都有固定的办公场所，这是隐蔽性极强的一种骗术。

2) 应对措施

法律规定用人单位不得向应聘者收取任何费用。若在应聘过程中遇到交钱的情况，要提高警惕，谨防招聘单位以招聘为名非法敛财。若已经缴纳，可以及时向劳动部门反映并请求查处，要求退还相关费用。

6. 借考试试用之名骗取劳动成果"陷阱"

1) 陷阱分析

一些单位或个人以招工考试的名义，把企业目前存在且难解决的问题作为笔试考题让求职者提出解决方案，或以试用的名义，骗取求职者的劳动成果(如设计方案、计算机程序等)。此种情况主要出现在一些小规模的广告或设计公司，他们由于自身缺乏足够优秀的创意，另行聘请高水平的工作人员又需要较大代价，便想出借招聘新人来获取新鲜创意的点子。

这些企业有一套完整的招聘考核体系，从笔试、复试到最终面试，每个阶段环环相扣极其正规。按道理能进入最后一轮考试就胜利在望了，但往往有很多人就败在这最后一个环节上。面谈得很愉快，工作时间、内容、薪资福利等条件都能够接受，可最后偏偏就没有等到应得的职位。这种企业意在剽窃应聘者的作品、创意和其他工作成果，一般出现在广告和计算机软件开发等行业。

2）应对措施

在应聘过程中遇到此类情况，要事先和该用人单位就相关劳动版权问题进行协商或约定，或提前声明未经本人允许不得随意使用。

7. 传销"陷阱"

1）陷阱分析

传销者的首选对象常常是急于挣钱的打工者特别是刚毕业的学生，打着同乡、同学、亲戚等幌子，以帮助找工作为由，以高薪为诱饵，骗求职者去进行非法传销活动。求职者一旦进入陷阱，要么交 3000～4000 元入门费；要么花 3000～4000 元购买传销产品。

还有一些传销组织者偷梁换柱，冠以"代理""专卖""消费联盟""加盟连锁""动力营销""滚动促销"等新形式，更具隐蔽性。

2）应对措施

非法传销为法律所禁止，应聘者应注意不要被高薪等条件所诱惑，不可能有既省力又赚钱的工作。若招聘者夸夸其谈，反复强调职位轻松能拿高薪，他们可能是引诱你进入传销等非法组织。

8. 非法中介"陷阱"

1）陷阱分析

有些非法中介以介绍工作的名义，向学生骗取报名费、中介费、培训费、办卡费、押金等各种费用，应聘时应提高警惕。

2）应对措施

部分非法中介机构通常采取拖延时间、与用人单位共同欺骗等手段，骗取求职者信息费、介绍费等。求职者碰到"一间门面、一张桌子、一部电话"的职介所或者"人才市场"要格外当心。

9. 虚报招聘人数"陷阱"

1）陷阱分析

虚报招聘人数是目前高校招聘会中普遍存在的情况，某招聘单位明明只要招聘一两个学生，却故意在招聘材料中说要招聘 8～10 人，甚至更多。业内人士分析，招聘单位虚报招聘人数主要是为了"圈"更多好学生，如果说明了只招一个人，许多学生就不敢投简历了。

事实上，在信息不对称的情况下，学生很容易被招聘单位误导，以致对应聘单位的真实需求和就业竞争形势做出误判，无形中加大学生个人的求职难度和求职成本。

2）应对措施

应聘者应提前了解招聘单位的规模、人员等情况，做到有的放矢，尽量不被误导。

10. 人才储备"陷阱"

1) 陷阱分析

有些求职者在就业市场中找到满意的招聘信息，面试前精心准备，但到了面试单位，有的只是问上几句话，有些只让你填上一张表，末了说上一句"等通知"，接下来就是漫长的等待，最终杳无音信。

其实这些单位要招聘的岗位并不缺人，只是怕在岗员工跳槽，因此储备一些人员作为替补。再者，一些大型的企业为了保证运行稳定，不至于因为人员流动导致瘫痪，所以企业必须建立自己的人力资源储备库，而办法就是大批量地招聘。

实际上，这些公司即使对某位应聘者"中意"，也不会马上聘进来，而要等岗位空缺后才会从库内寻找人选；有些企业的岗位由于薪酬、岗位等原因，必须时刻了解人才市场的行情，人力资源部门就通过大量的招聘来掌握这些岗位的薪酬"行情"。在这类招聘信息中，要求应聘者邮寄个人简历的情况较为普遍。

2) 应对措施

遇到此类情况，应聘者应放平心态，不要过分失望，把此次应聘作为检验和提高自身素质的一次锻炼机会即可。

11. 追求广告效应"陷阱"

1) 陷阱分析

由于在公益性职业介绍市场发布招聘信息，招聘单位无须支付任何费用，因此，有些企业利用这个平台做免费广告。特别是一些中小企业，它们将招聘当作形象宣传，借招聘之名行广告之实，看似诱人的工作岗位实际上是在为给自己树招牌。

企业为了长期在网上发布招聘信息，以产生广告效应，把岗位有计划、分批分步地进行流动，夸大招聘数量，说是招10人，其实可能只招1人，而且延长招聘时间。

不只是招聘单位，有些招聘会的承办者为扩大影响、增加收入也会采取类似的做法。承办招聘会的单位为了吸引人才前来与会，会通过许多"关系"找一些正规企业来当"托儿"装门面。更有甚者，一些组织单位向个别小公司承诺"返点"，他们在招聘会上的"任务"就是收集一大摞简历，却不招"一兵一卒"。

2) 应对措施

毕业生遇到此类情况，要保持清醒，及时抽身，改换目标，以免浪费时间等待回音。

12. 进行商业推广活动"陷阱"

1) 陷阱分析

一些企业瞄准了招聘会这个机会，名正言顺地免费进校设摊，名为招聘，实为进行商业推广活动，在招聘时表现得大张旗鼓，实际只收简历不招人，或只招几个人。而且在许多企业眼里，大学生都是现实或潜在客户，有较强消费能力，一旦接受了某企业的产品，基本上会有比较强的品牌忠诚度。

2) 应对措施

应聘者遇到此类情况，要及时抽身，改换目标，不要浪费时间继续等待该用人单位的面试或录用通知。

12.1.2　网络求职中的招聘陷阱

1. 网络求职陷阱的表现

(1) 诈骗钱财。这是求职陷阱中出现频率最高的一种犯罪活动，不法分子利用网上求职双方互不见面的特点，以种种名义骗取求职者的钱财。他们的惯用伎俩通常有如下几种：一是先在网上发布一些薪酬诱人的虚假"招聘信息"，利用求职者急于找到工作的心理，要求求职者将招聘费、培训费、押金等各种名目的费用，汇到可以全国通存通兑的指定账号，钱一到账就立刻取走；二是利用应聘者留下的家庭住址和电话，先哄骗学生关机，然后盗用老师、警察、医生等名义，与学生家长或亲友联系，编造不幸消息，通知家长孩子得了重病或遭遇车祸正在抢救等情况，诱骗家长汇款到指定账号。

(2) 骗色陷阱。不法分子从应聘者中寻找经历简单、处事单纯的女大学生，冒充招聘人员，采用手机联系，单独约见应聘者在宾馆、度假村等高档消费场所面试，趁机进行犯罪活动。有的多次约见应聘人，甚至故意交给应聘人一些文字材料，让其整理等，麻痹被害人。面对高薪诱惑，大学生们通常会放松警惕，有的在见面时被不法分子在饮料中下药后遭到侵犯，有的在孤立无援的状态下成了不法分子的猎物。

(3) 其他犯罪活动。与传统犯罪相比，网络犯罪更具隐蔽性，手法也更加多样，利用网络求职进行的犯罪活动充分体现了网络犯罪的这一特点。有的不法分子利用招聘广告刊登的个人求职信息，将大学生骗至偏僻处实施抢劫；有的将女大学生的个人信息张贴在色情交友网站上，骗取网民的点击率和中介费；有的将网上求职的大学生骗至传销窝点，对他们的人身自由加以限制，强迫其参加传销活动，更有部分大学生不幸成为不法分子换取金钱的人质，甚至遭绑匪撕票。

2. 防范措施

1) 注意保护个人信息

简历中不要出现身份证号码等信息，网络求职填写简历时，请不要在规定的表单以外的地方填写联系方式，这样会使所有人都看到你的联系方式，从而导致不安全的情况发生。建议求职者只留本人联系电话并保持畅通，勿长时间关机，若非必要最好不留家庭电话。

简历不要漫无目的地张贴，做好调查和整理，有的放矢，效率更高。这样也不容易被不相关的人看到自己的简历，从而有效避免被骚扰或者受到别的影响。

不要在陌生网站填写简历信息或往不了解的机构投递简历。现在网络发达，很多求职者都喜欢在网上填写或投递简历，但一定要提高警惕，避免信息泄露或者被不法分子利用，投递简历前同样要了解并核实所要求职企业的信息。

2) 远离传销

传销是指组织者或者经营者发展人员，对被发展人员以其直接或间接发展的人员数量或销售业绩为依据来计算和给付报酬，或者要求被发展人员以交纳一定费用为条件取得加入资格等方式牟取非法利益，扰乱经济秩序，影响社会稳定的行为。目前，传销违法犯罪主要有两种形式，一种是聚集型传销活动，另一种是网络传销。

聚集型传销即传统的拉人头式的传销形式。这种传销参与人员一般有固定的聚集地点，通过讲课或推销会等形式对参与人员进行洗脑，灌输传销能够挣大钱的理念，引诱参与人员缴纳入门费，加入传销组织。聚集型传销因为空间的限制规模大都较小，往往会发生非法拘禁、故意伤害等暴力型的犯罪，具有严重的社会危害性。

网络传销是一种以互联网为载体的传销行为。组织者多以电商平台等网络平台的形式，销售价格虚高的商品或各种积分形式的虚拟货币，并以投资或理财产品作为包装，许以高额的返利回报，诱使他人参与传销组织，并积极发展下线。网络传销具有隐蔽性强、传播速度快等特点，传销组织在短时间内就可以将规模做大，对社会具有严重的危害性。当代年轻人都渴望成为更美好的自己，尤其是大学生，很想一展平生所学，成就一番大事业。对于求职心切或者不满现状的大学生而言，急于求成，追求快速致富的其实大有人在。而传销恰恰就是抓住了这点，反复灌输致富观念，描绘"美好"前景，在金钱的驱使下，大学生很容易陷入传销的行列，被彻底洗脑，最后血本无归、倾家荡产、妻离子散，甚至丢失了宝贵的生命。

要想远离传销，首先要提高警惕性，加强辨识能力。传销具有隐蔽性和欺骗性，但还是有明显的主要特征：一是收取入门费，看加入是否需要认购商品或交纳费用；二是拉人头，看是否需要发展他人成为自己的下线，并对发展的人员以其直接或间接滚动发展的人员数量为依据给付报酬：三是看计酬方式，是否以直接或间接发展人员的销售业绩为依据计算报酬。

大学生要提高自身技能，提升自身修养，劳动致富；不要相信有天上掉馅饼的好事，一蹴而就、急于求成的心理很容易被传销分子所利用。

另外，大学生在日常生活中也要多加注意。对消费返利性商品不要轻易相信，同时注意商品是否有完整的售后保障服务；对于网络兼职要有理性的对待，如网络打字、写评价等；遇有可能陷入传销的朋友或者亲人，要第一时间寻求工商、公安部门协助，通过正规渠道挽回损失，一旦误入传销组织，切不可为赚回本金而再去骗人，害人害己。

12.1.3 大学生求职防骗攻略

在不少针对应届大学生的招聘中，类似上述这样的"陷阱"五花八门、层出不穷，涉世未深、缺少社会经验的应届大学毕业生要识破招聘中的这些"猫腻"其实不太容易。因此，大学生在择业过程中要事先给自己的择业确定一个比较明确的目标，使整个就业活动有的放矢、有条不紊，以避免左右摇摆，让一些虚假信息和骗子单位乘虚而入。具体措施有以下几点。

(1) 通过正规渠道求职。职业介绍市场的虚假招聘信息有其复杂的成因，求职者应尽可能到政府开办的正规职业介绍所求职，在那里不仅能享受到免费的优质服务，还能请教到专业的职业指导员，避免上当受骗。

(2) 参加正规招聘会。信息的不对称是学生在招聘中经常受骗的主要原因。为了避免浪费时间、精力和金钱，在考虑向何处递交简历之前，最好先选择适合的招聘会。选择招聘会要注意三点：一要避免盲目出击；二要尽量回避一些常设性的人才市场；三要了解招聘会的专业场次、性质和服务对象，有的放矢。毕业生应当尽量选择由校方或者当地教委、人社局举办的应届毕业生专场招聘会，因为主办方会对进招聘会的企业进行资格审查。

(3) 掌握"及时放弃"的原则。应届毕业生有针对性地选择招聘会，投送简历三四天后，如果没有得到回音，应主动根据对方提供的联系方式与招聘主管人员取得联系，摸清对方的"底牌"。真正具有招聘意图的企业一般会比较具体地告诉你面试的时间和其他要求，如果对方出现推托的现象，应及时放弃。

(4) 认真考察中介单位。如果选择职业中介寻找工作，就得到中介单位认真审查，做到"四看"。一看中介单位是否具有职业介绍许可证和营业执照或者事业单位登记证，相关证明是否在明显位置悬挂，如果没有就是假中介。二看收费标准和依据是否公开，收费是否合理，如果未公开，收费过高，也要小心。三看提供的信息是否真实有效，如果提供的信息是假的或者过时的，肯定是黑中介。四看承诺的服务是否兑现，如果说得好听，但做得不好，属于没有信誉的中介。当发现遇到假中介或黑中介时，要到劳动监察部门举报。

(5) 通过网络鉴别信息真假。应届毕业生若要想避开这些虚假的信息"陷阱"，可以通过互联网进行鉴别。首先要有选择地考察招聘信息、参加招聘会，认为适合自己的企业可以先在网上查找相关的资料，对于那些被请来当"托儿"的企业，或者长期把招聘广告挂在网站上以求广告效应的企业，网上的招聘信息发布时间上就可以鉴别。具体方法是先在其公司的网站上了解眼下的招聘信息，在其他求职网站上再搜寻3个月乃至半年前该公司的招聘信息，将两者相比，在招聘信息变动不大的情况下，就要多加考虑，因为虚假或"广告"性质的招聘一般是不会有太大改动的。

12.2　就业歧视：常见的几种就业歧视

12.2.1　性别歧视

性别歧视现象是高校毕业生中最常见，也是最主要的形式，其主要表现是用人单位拒绝录用女大学生或是提高对女大学毕业生的录用标准，某些用人单位甚至开出"单身条款""禁孕条款"等歧视性条件。另外，许多用人单位虽然在招聘广告或录用条件中没有明显的性别歧视，但在实际操作中排斥女大学生，类似的情况比比皆是。南开大学人口与发展研究所教授谭琳调查发现，许多招聘中的性别限制，绝大多数既不符合法律规定的范围，也不属于具有合理性别要求的特殊职业和职位。

12.2.2　学历和经验歧视

学历和经验歧视在当今人才市场中也已经屡见不鲜，许多城市的公司在招聘一个普通的文秘也需要研究生学历，需要有几年的工作经验等。这种用人单位的招聘条件不断攀升的现象，对大学毕业生，尤其是对地方高校的本科、专科毕业生筑起了一道道"壁垒"，将许多毕业生求职者拒于就业的大门之外。

1. 非名校歧视

非名校歧视是指用人单位在招聘高校毕业生中违反国家就业法规和人事政策，采取显性或隐性办法设定只评特定的名校或重要院校毕业生准入的一种就业模式，从而构成了对非名校毕业生的就业歧视。地方高校毕业生在求职的过程中，除与部属重点院校或省属重点院校毕业生一样可能遇到的学历、经验歧视外，还有一个突出的非名校歧视问题。现在许多用人单位在招聘人才的时候往往唯学历论，而同一层次的毕业者中又以是否毕业于名牌大学作为取舍标准或准入条件。

2. 贫困生的弱势歧视

贫困生是各个高校都存在的一种普遍现象，但由于地方办学的经费不足和取得社会等机构对贫困生的资助资金不足的影响，地方高校贫困生比例较高于部属、省属院校，无论是在数量上还是困难的程度上都要大一些。贫困生是地方高校毕业生中的弱势群体。他们交不起学杂费，生活费也很低，主要来自广大贫困地区的农村、城市低收入者(下岗职工和较早退休的低薪国企职工)家庭、城市中体制外无技能者家庭和残疾人或长期患病者家庭。普通地方高校的贫困生比例大都在15%~30%。有些老少边穷地区的农、林、地、矿等高校的贫困生比例要略高于这个数。同时由于社会关系、地域、户口等因素的限制，与经济条件好的学生相比，贫困毕业生多来自农村家庭，没有好的经济基础；没有可靠的社会关系，只能靠自己努力；面对家庭的寄托、自身承受着巨大的压力。虽然当前我国实行供需见面、双向选择的招聘形式，在同等条件下，贫困学生仍然不占优势，屡次碰壁使得他们心灵受到打击，使得有些贫困生对待就业存在悲观消极的情绪。

12.2.3　就业的市场准入条件不公平

就业的市场准入条件是指劳动者在就业过程中具有的自身能力条件与社会需求之间适应于平衡的关系。凡劳动者自身的能力条件符合需求的，其在就业市场中就能获得更多的就业机会，其就业的成功率也更高。高校毕业生的就业市场准入条件中，最核心的问题是所学的专业结构及人才素质与社会需求之间是否平衡的问题，这也是影响大学生在激烈的人才市场竞争中就业机会不公平的内在的本质因素之一。

12.3 就业权益保障

12.3.1 法律政策保障

(1) 我国政府和有关部门制定了一系列的与毕业生就业相关的法律、法规，如《中华人民共和国高等教育法》《中华人民共和国民法典》《中华人民共和国劳动法》《劳动保障监察条例》《中华人民共和国公务员法》《普通高等学校毕业生就业暂行规定》等。

(2) 各地方教育主管部门根据本地方实际情况出台的有关毕业生就业的规范性文件。

(3) 高等学校结合学校实际，根据关键的就业方针、政策和规定，以及主管部门工作意见制定的本校工作实施办法、细则。

12.3.2 毕业生权益保护

毕业生享有就业权益，但在就业过程中往往会出现一些侵害毕业生权益的行为，毕业生可通过以下途径对自身权益实施保护。

1. 毕业生就业主管部门的保护措施

毕业生就业主管部门的保护可通过制定相应的规范来确定毕业生的权益，并对侵犯毕业生权益的行为予以抵制或处理。例如，《上海市高校毕业生就业信息登记制度具体实施办法》规定，对不履行就业信息公开登记手续侵犯毕业生获取信息权的，上海市高校毕业生就业办公室不予审批非上海生源高校毕业生进沪就业，不予审批就业计划和打印就业派遣报到证；同时对这种情况给予通报批评，严重者将取消其录用毕业生的资格。

2. 高校的保护措施

学校对毕业生权益的保护最为直接。学校可通过制定各项措施来规范毕业生就业指导和就业推荐，对用人单位在录用毕业生过程中的不公平、不公正行为，学校有权予以抵制以维护毕业生公平受录用权。对于用人单位与毕业生签订不符合有关规定的就业协议，学校有权不予以同意，未经学校同意的就业协议不发生法律效力，不能作为编制就业计划的依据。

3. 毕业生自我保护措施

毕业生权益保护的一个重要方面就是毕业生自我保护，毕业生自我保护体现在三方面。

一是毕业生应了解目前国家关于毕业生就业的有关方针、政策和规范及它们之间的关系，熟悉毕业生在就业过程中的权利和义务，这是毕业生权益自我保护的前提。如果在就业过程中因为所谓的公司规定或部门规定与国家政策法规有抵触，侵犯了自己的权益，则可以依据法规办事，维护自己的合法权益。

二是毕业生应自觉遵循有关就业规范，接受其制约，保证自己的就业行为不违反就业规范，不侵犯其他毕业生的合法权益。毕业生如有下列情形之一，由学校报地方主管毕业生调配部门批准，不再负责其就业；在其向学校缴纳全部培养费和奖助学金后，由学校将其户口关系和档案转至家庭所在地，按社会待业人员处理：①不顾国家需要，坚持个人无理要求，经多方教育仍拒不改正的；②自派遣之日起，无正当理由超过三个月不去就业单位报到的；③报到后拒不服从安排或提出无理要求被用人单位退回的；④其他违反毕业生就业规定的。

三是在用人单位接收毕业生的过程当中，毕业生也应对自身权益进行自我保护。例如，按照国家规定，毕业生在报到后应享受正常的福利待遇，如养老金、公积金等；对某些工作岗位的特殊体质要求，用人单位应在与毕业生双向选择时就明确，否则不得以单位体检不合格为由(如仅仅是肝功能表面抗原阳性等) 将学生退回学校；另外，正常的人才流动也应根据国家和当地的有关人才流动规定，不应受到限制；报到后毕业生发生疾病不能坚持正常工作的，则按单位在职人员有关规定处理，不能退回学校，毕业生应对自己的权利有正确认识。

12.3.3 劳动争议及解决途径

大学生就业时，与用人单位签订的劳动合同、《就业协议书》及其他一些书面约定都是重要的法律文件，对其性质和相互关系一定要弄清楚。如果发生劳动争议，则可以以这些法律文件为依据进行合理解决。

1. 劳动争议

劳动争议又称劳动纠纷，许多国家和地区称为劳资争议或劳资纠纷。其广义指劳动关系双方当事人或其团体之间关于劳动权利和劳动纠纷的争议；其狭义仅指劳动关系双方当事人之间关于劳动权利和劳动义务的争议。在劳动立法和劳动法学中，一般取其狭义。

(1) 劳动争议是双方的。劳动争议的当事人，一方为劳动者或其团体，另一方为用人单位或其团体。若争议不是发生在劳动关系双方当事人或其团体之间，即使争议内容涉及劳动问题，也不构成劳动争议。例如，劳动者之间在劳动过程中发生的争议、企业之间因劳动力流动发生的争议、劳动者或企业与劳动行政部门在劳动行政管理中发生的争议，以及劳动者或企业与劳动者服务主体在劳动服务过程中发生的争议，都不属于劳动争议。

(2) 劳动争议内容。劳动争议的内容涉及劳动权利和劳动义务，即劳动争议以劳动权利和劳动义务为标的劳动权利和劳动义务是依据《劳动法》、集体合同和劳动合同具体确定的，因而劳动争议在特定意义上是在实施《劳动法》，签订、履行、变更或终止集体合同或劳动合同时发生的争议。劳动权利和劳动义务的内容包括：就业、工时、工资、劳动保护、保险福利、职业培训、民主管理、奖励惩罚等。劳动争议的内容相当广泛，但凡是以劳动权利义务之外的权利义务为标的的争议，不属于劳动争议。

(3) 劳动争议形式。劳动争议形式表现为当事人双方提出不同主张和要求的意思表示。即当事人双方对劳动权利和劳动义务的确定或实现各持己见，既包括当事人一方反驳另一方的主张或者拒绝另一方的要求，也包括当事人向国家机关、劳动争议处理机构或有关团体提出给予保护或处理争议的请求。

2. 劳动争议的解决途径

处理劳动争议的解决途径，归纳起来可分为合意方式和裁判方式两大类。

1) 合意方式

劳动争议处理的合意方式，即当事人双方通过自行协商或者在特定机构干预下协商互相妥协或单方妥协，从而达成解决劳动争议的协议，因而又称为妥协方式或协议方式。其具体形式主要表现如下。

(1) 和解，即当事人双方自行协商，达成解决劳动争议的协议。其特征主要是，无第三方参与，不受程序约束，协议的达成和遵守完全是双方自愿。

(2) 调解，即在第三方主持下，通过说服、疏导，使劳动争议在当事人双方的互谅互让中得以解决。我国立法所允许的劳动争议调解，包括用人单位调解机构调解、仲裁程序中调解和诉讼程序中调解。

(3) 调停，即当事人双方在第三方的调和下，根据第三方提出的关于解决有争议问题的建议(即调停方案)达成解决劳动争议的协议。

这里需要特别说明的是，调停和调解的主要区别在于，调解机构只促使当事人和解而不提出建议，调停机构则要提出调停方案并促使当事人接受。

2) 裁判方式

劳动争议处理的裁判方式，即由特定机构对劳动争议依法进行审理并做出具有法律效力的处理决定，使其得以解决。其具体形式主要表现如下。

(1) 仲裁裁决，即由仲裁机构对劳动争议做出裁决。

(2) 法院判决，即由审判机构依法对劳动争议做出判决。

总结起来，我国劳动争议的处理方式有和解、调解、仲裁、诉讼等。按照《劳动法》第七十九条的规定：劳动争议发生后，当事人可以向本单位劳动争议调解委员会申请调解；调解不成，当事人一方要求仲裁的，可以向劳动争议仲裁委员会申请仲裁。当事人一方也可以直接向劳动争议仲裁委员会申请仲裁。对仲裁裁决不服的，可以向人民法院提起诉讼。

3. 劳动争议的处理机构

在我国，劳动争议的处理机构有三种类型，即调解(调停)机构、仲裁机构和司法机构。

(1) 劳动争议调解(调停)机构。劳动争议调解(调停)机构是只能进行调解而不能裁决的机构，在我国是在用人单位内部设立的劳动争议调解委员会。劳动争议调解委员会由职工代表、用人单位代表和工会代表组成，劳动争议调解委员会主任由工会代表担任。

(2) 劳动争议仲裁机构。在我国指劳动争议仲裁委员会。劳动争议仲裁委员会由劳动行政部门代表、同级工会代表、用人单位方面的代表组成，劳动争议仲裁委员会主任由劳动行政部门代表担任。

(3) 劳动争议司法机构。我国没有设立专门负责审理劳动争议案件的劳动法院，因此，劳动争议的司法审判机构就是人民法院，一般由民事审判庭来审理。

参考文献

[1] 李菊顺，张翠萍. 大学生职业发展与就业指导教程[M]. 天津：南开大学出版社，2010.

[2] 张义俊. 大学生职业发展与就业指导[M]. 北京：人民邮电出版社，2022.

[3] 范晓莹，刘九龙. 大学生职业发展与就业指导[M]. 北京：清华大学出版社，2022.

[4] 邹振栋. 大学生职业生涯规划与就业创业指导[M]. 西安：西安电子科技大学出版社，2021.

[5] 马瑞芹，闫瑞明，章春军. 大学生职业规划与就业创业指导[M]. 长春：吉林大学出版社，2014.

[6] 蒲波. 大学生职业发展与就业指导[M]. 北京：清华大学出版社，2021.

[7] 张向东，李厚艳，林强. 大学生就业与创业指导[M]. 西安：西安电子科技大学出版社，2019.

[8] 辽宁省教育厅. 大学生职业生涯规划[M]. 大连：大连理工大学出版社，2010.

[9] 郑美群，李洪英，刘丹. 职业生涯管理[M]. 北京：机械工业出版社，2022.

[10] 就业指导课题组. 大学生就业指导教程[M]. 北京：中国传媒大学出版社，2010.

[11] 任小龙. 大学生就业指导[M]. 西安：西安电子科技大学出版社，2019.

[12] 王耀远，张子婵，卢文昊. 大学生就业指导[M]. 西安：西安电子科技大学出版社，2020.

[13] 周文霞. 职业生涯管理[M]. 上海：复旦大学出版社，2019.

[14] 徐笑君. 职业生涯规划与管理[M]. 成都：四川人民出版社，2008.

[15] 张再生. 职业生涯管理[M]. 北京：经济管理出版社，2002.

[16] 廖泉文. 人力资源管理[M]. 北京：高等教育出版社，2003.

[17] 王垒，等. 实用人事测量[M]. 北京：经济科学出版社，1999.